Jacqueline Rieger
Sponsoring im Investitio

Jacqueline Rieger

Sponsoring im Investitionsgüterbereich

Möglichkeiten des optimalen Imagetransfers

Springer Fachmedien Wiesbaden GmbH

Die Deutsche Bibliothek — CIP-Einheitsaufnahme

Rieger, Jacqueline:
Sponsoring im Investitionsgüterbereich / Jacqueline Rieger. —
Wiesbaden : DUV, Dt. Univ.-Verl., 1996
Zugl.: Berlin, Freie Univ., Diss., 1994 u. d. T.: Rieger, Jacqueline:
Sponsoring als Instrument der Imagepolitik im Investitionsgüterbereich
ISBN 978-3-8244-0276-2

Der Deutsche Universitäts-Verlag ist ein Unternehmen
der Bertelsmann Fachinformation.

Ursprünglich erschienen bei Deutscher Universitäts-Verlag GmbH, Wiesbaden 1996
Lektorat: Monika Mülhausen

Gedruckt auf chlorarm gebleichtem und säurefreiem Papier

ISBN 978-3-8244-0276-2
ISBN 978-3-663-14548-6 (eBook)
DOI 10.1007/978-3-663-14548-6

Vorwort

Sponsoring als öffentlichkeitswirksames Instrument der Unternehmenspolitik wird bislang fast ausschließlich von Unternehmen der Konsumgüterindustrie praktiziert. Demgegenüber ist die Investitionsgüterindustrie - von Ausnahmen abgesehen - auf diesem Gebiet eher zurückhaltend. Nur vereinzelt kann registriert werden, daß Unternehmen dieses Wirtschaftsbereichs mit auffälligen Sponsoringmaßnahmen in Erscheinung treten. Angesichts dieser Situation, die sich auch in der Zahl der Publikationen zum Sponsoring widerspiegelt, kann die Frage aufgeworfen werden, ob Sponsoring denn ausschließlich für die Konsumgüterunternehmen reserviert bleiben muß, ob es sich nicht auch um ein Instrument handelt, das in den Branchen der Investitionsgüterindustrie eine Rolle spielen kann.

Mit der vorliegenden Arbeit werden der Investitionsgüterindustrie auf der Grundlage fundierter Analyse die entscheidenden Wege gewiesen, die ihr Zugang zu dem Gebiet des Sponsoring erschließen. Zwei zentrale Aspekte sprechen dafür, daß investitionsgüterproduzierende Unternehmen Veranlassung haben, sich dem Sponsoring nicht länger zu verschließen.

Zum einen sind Investitionsgüterunternehmen wie Unternehmen jeglicher Art ungewollte Verursacher gesellschaftlicher und ökologischer Beeinträchtigung. Dies allein veranlaßt gesellschaftliches Engagement zu demonstrieren. Die Betätigung auf dem Feld des Sponsoring bietet dazu eine Vielzahl von Möglichkeiten.

Des weiteren ist zu sehen, daß zahlreiche Produkte der Investitionsgüterindustrie einen zunehmend höheren Komplexitätsgrad aufweisen. Sie nehmen die Stellung von Vertrauensgütern ein, die angesichts einer asymmetrischen Informationsverteilung zwischen Anbietern und Nachfragern nur schwerlich mit erfaßbaren konkreten Produktmerkmalen erklärt werden können. Hier kommt es vielmehr auf die Kompetenz eines Anbieters an, ein umfassendes Leistungsangebot zu gewährleisten, aus dem letztlich das Vertrauen beim Abnehmer resultiert, das Kundenzuwendung und -bindung schafft. Ein auf Kompetenzdemonstration und -beweis angelegtes Sponsoring ist davon ausgehend nahezulegen.

Diesen Überlegungen folgend werden mit der vorliegenden Arbeit die Kompetenzen herausgearbeitet und den verschiedenen Sponsoringarten zugeordnet, die von einem Investitionsgüterunternehmen verstärkt in den für sie relevanten Umfeldsektoren verdeutlicht werden müssen. In umfassender Weise wird ein solches Sponsoring für die Unternehmen der Investitionsgüterindustrie handhabbar gemacht. Der gesamte Sponsoringplanungsprozeß wird in diesem Buch beschrieben, auf dessen Grundlage es zum Entwurf eines Sponsoringplanungsmodells kommt. Auch die organisatorischen Konsequenzen, die mit der Implementierung des Sponsoring in ein investitionsgüterproduzierendes Unternehmen verbunden sind, werden im Detail Gegenstand der Betrachtung.

Der vorliegenden Arbeit ist eine hinreichend große Verbreitung zu wünschen. Dies diktieren allein die aktuellen, von der Industrie ausgehenden positiv und negativ wirkenden Handlungen von sozio-ökologischem Belang. An diesen Fällen wird deutlich, wie schwierig es ist, in der Sprache von Public Relations und Werbung das eigentlich Gewollte öffentlichkeitswirksam zu verdeutlichen. Gerade auf sensiblen Gebieten kann mit Sponsoring das eigentlich Angestrebte diskreter zum Ausdruck gebracht werden, als es mit Aussagen von Public Relations und Werbung möglich ist.

In erster Linie ist dieses theoretisch fundierte Buch der Praxis der Investitionsgüterindustrie zugedacht. Von Wert ist es darüber hinaus für Lehrende und Lernende an Universitäten und Fachhochschulen der verschiedensten Disziplinen, wie Wirtschaftswissenschaft, Publizistik, Kommunikationswissenschaft sowie der mit dem Künstlerisch-Musischen befaßten Fächer. Letzteres deutet darauf hin, daß auch die verschiedenen Sponsoringnehmer Gewinn aus der Lektüre dieser Arbeit ziehen können.

Karl-Heinz Strothmann

Vorwort der Autorin

Sponsoring - die besondere Form des Gebens und Nehmens - hat sich in den vergangenen Jahren in Deutschland einen festen Platz erobert, und zahlreiche Unternehmen haben inzwischen unterschiedliche Sponsoring-Erfahrungen gesammelt. Doch obwohl das Thema Sponsoring von vielen Institutionen bereits mit mehr oder weniger großer Selbstverständlichkeit betrachtet wird, werden noch längst nicht alle sich bietenden Möglichkeiten ausgeschöpft, was aus meiner Sicht darauf zurückzuführen ist, daß Sponsoring häufig lediglich als zusätzliches Instrument der Kommunikationspolitik verstanden wird.

Sponsoring jedoch eröffnet vielfältige Möglichkeiten, die über die Unternehmenskommunikation hinausgehen, wenn man es als Instrument der Corporate Identity-geprägten Imagepolitik betrachtet. So habe ich versucht aufzuzeigen, wie Sponsoring als eine Art Ersatzprodukt angesehen werden kann und hierfür nicht nur einen Sponsoring-Entscheidungsprozeß skizziert, sondern auch ein neuartiges Sponsoring-Mix entwickelt. Unternehmen, die sponsern wollen, können anhand eines geschlossenen Ansatzes ermitteln, ob und in welcher Konstellation ein Sponsorship sinnvoll sein könnte.

Es hat mich gereizt, mit der vorliegenden Schrift einen theoretisch-fundierten Ansatz für die Praxis zu entwickeln. Da ich aus eigener Unternehmens- und Agenturerfahrung weiß, daß oft genug versucht wird, das vielzitierte Rad neu zu erfinden, hoffe ich, daß diese Veröffentlichung Inspiration und konkrete Hilfestellung bei der Bewältigung schwieriger Entscheidungen liefert.

In diesem Zusammenhang möchte ich mich herzlich bei meinem akademischen Lehrer und Doktorvater, Herrn Prof. Dr. Karl-Heinz Strothmann vom Institut für Marketing am Fachbereich Wirtschaftswissenschaft der Freien Universität Berlin, bedanken, der mich über viele Jahre konstruktiv unterstützte und mir zahlreiche Impulse gab. Vertrauen und gute Zusammenarbeit bildeten die Grundlage für diese Arbeit. Weiterhin gilt mein Dank Herrn Prof. Dr. Bernd Günter vom Lehrstuhl für Betriebswirtschaftslehre - insbesondere Marketing - an der Heinrich-Heine-Universität Düsseldorf, der mir als Zweitgutachter ebenfalls wertvolle und weiterführende Anregungen gab. Außerdem richtet sich mein Dank an den Verlag Dr. Th. Gabler für die Unterstützung bei dieser Publikation.

Jacqueline Rieger

Inhalt

Abbildungsverzeichnis

Abkürzungsverzeichnis

a.a.O.	am angegebenen Ort
Abb.	Abbildung
Aufl.	Auflage
Bd.	Band
BDW	Deutscher Kommunikationsverband
bspw.	beispielsweise
bzw.	beziehungsweise
CAD	Computer Aided Design
CI	Corporate Identity
CIM	Computer Aided Manufacturing
d.h.	das heißt
DBW	Die Betriebswirtschaft
Diss.	Dissertation
DIW	Deutsches Institut für Wirtschaftsforschung
DSB	Deutscher Sport-Bund
EBS	European Business School
evtl.	eventuell
F&E	Forschung & Entwicklung
f.	folgende
ff.	fortfolgende
FfM	Frankfurt am Main
Gf.	Geschäftsführung
GK	Gesellschaftliche Kompetenz
Hrsg.	Herausgeber
IG	Investitionsgüter
IHK	Industrie- und Handelskammer
IOK	Internationales Olympisches Komitee
JfB	Journal für Betriebswirtschaft
Jg.	Jahrgang
KG	Konsumgüter
M&M	Marktforschung und Management
m.E.	meines Erachtens
Mio DM	Millionen Deutsche Mark
Mrd.	Milliarde

NOK	Nationales Olympisches Komitee
Nr.	Nummer
o.ä.	oder ähnliches
o.J.	ohne Jahresangabe
o.V.	ohne Verfasser
OEM	Original Equipment Manufacturer
PC	Personal Computer
PR	Public Relations
S.	Seite
SK	Service Kompetenz
Su.	Summe
TDM	Tausend Deutsche Mark
TK	Technologische Kompetenz
u.a.	und andere
u.U.	Unter Umständen
vgl.	vergleiche
VIP	Very important persons
w&v	werben & verkaufen
WISU	Wirtschaftsstudium
z.B.	zum Beispiel
ZAW	Zentralverband der deutschen Werbewirtschaft
ZfB	Zeitschrift für Betriebswirtschaft
zfbf	Schmalenbachs Zeitschrift für betriebswirtschaftliche Forschung
ZFP	Zeitschrift für Forschung und Praxis

"Ein "gutes Image" ist das Resultat "guter Taten". Allerdings hat die Sache einen Haken: Gute Taten führen nicht automatisch auch zu einem entsprechend guten Image."[1]

I. Einleitung

1. Problemstellung, Zielsetzung und Vorgehensweise

"Sponsoring im Investitionsgüterbereich? Ist denn das sinnvoll?" lautete die Frage von vielen Diskussionspartnern zum vorliegenden Thema. Zum einen, weil mehr Sponsorships[2] aus dem Konsumgüterbereich bekannt sind, zum anderen, weil Möglichkeiten zum gezielten Einsatz von Sponsoring auch bei kleinem Budget in der Theorie bislang kaum aufgezeigt wurden.

Derartige Reaktionen indessen sind - schaut man einige Jahrzehnte zurück - verständlich, weil Sponsoring heute noch ähnliche Probleme aufwirft, wie bspw. das Thema Werbung in den 50er Jahren.[3] Zwar wird von Entscheidern zunehmend der Trend erkannt, Sponsoring für Zwecke der Unternehmenskommunikation einzusetzen, doch es ist für viele Marketing- und PR-Experten in der Investitionsgüterindustrie noch relativ schwer, ein für ihr Unternehmen optimales Sponsoring-Mix anzudenken. Auch die Literatur half bisher nur bedingt weiter. Es existieren einige Darstellungen über Gestaltungsmöglichkeiten von Sponsoring im konkreten Einzelfall für Konsumgüterhersteller,[4] eine spezielle Abhandlung jedoch, wie Sponsoring auch von Investitionsgüter-produzierenden bzw.

---

1) Antonoff, R.: Methoden der Image-Gestaltung für Unternehmen und Organisationen, Essen 1975, S. 9.

2) Handelt es sich um konkrete Sponsoring-Projekte, die zwischen Sponsor und Gesponsertem vereinbart worden sind, werden diese auch als Sponsorships bezeichnet. Vgl. Bruhn, M./Mehlinger, R.: Rechtliche Gestaltung des Sponsoring, München 1992, S. 5.

3) Vgl. Bruhn, M.: Sponsoring, Frankfurt a.M./Wiesbaden 1987, S. 254.

4) Vgl. z.B. Grüßer, B.: Image durch erfolgreiches Ökosponsoring: mit 50 Fallbeispielen, Landsberg/Lech 1992, S. 70 ff.; Grüßer, B.: Handbuch Kultursponsoring: Ideen und Beispiele aus der Praxis, Hannover 1992, S. 37 ff.; Strahlendorf, P. (Hrsg.): Jahrbücher Sponsoring '91/'92/'93, Düsseldorf, Wien, New York, Moskau 1991 / 1992 / 1993.

-anbietenden Unternehmen eingesetzt werden kann, fehlte. Diese Lücke soll mit der vorliegenden Arbeit geschlossen werden.

Grundsätzlich gibt es im Investitionsgüterbereich mehrere Gründe, das kommunikationspolitische Instrumentarium im Laufe der Zeit daraufhin zu überprüfen, ob sich durch die bisher eingesetzten Kommunikationsinstrumente sowohl die aktuellen als auch zukünftigen Kommunikationsziele erreichen lassen, oder ob weitere Instrumente zu entwickeln sind.

Ein Grund dafür ist, daß durch straffere Produktlebens- und Innovationszyklen in immer kürzeren Abständen neue Erzeugnisse auf den Markt kommen, für die Broschüren, Funktionsbeschreibungen u.ä. erstellt werden, welche auf potentielle Käufer einwirken sollen, diese teilweise jedoch überfordern.

Als weiterer Grund ist zu sehen, daß gleichzeitig - vor allem bei Entscheidungen über Systemtechnologien, die betriebliche Arbeitsabläufe mehrerer Abteilungen steuern - die Unsicherheit auf Entscheiderseite zunimmt, den optimalen Anbieter auszuwählen.[5] Da die Festlegung auf ein spezielles System die weitere Existenz des Unternehmens beeinflussen kann, werden Entscheidungsgremien aus immer mehr Bereichsverantwortlichen gebildet, was u.a. zur Verlängerung von Entscheidungsprozessen beiträgt. Doch auch, wenn viele Personen ein Investitionsvorhaben vorbereiten, kommt es aufgrund der technologischen Komplexität nicht immer zu vollständig faktenbasierten Entscheidungen. Vielmehr werden neben technischen Faktoren von Käufern zunehmend weitere Kriterien zur Auswahl eines Anbieters herangezogen, wie z.B. das Image des Herstellers.[6] Die Einschätzung, ob ein Lieferant kompetent genug ist, eine individuelle Problem- bzw. auch Systemlösung für den potentiellen Kunden zu erarbeiten und kontinuierlich weiterzupflegen, kann dabei zum auftragsentscheidenden Aspekt werden.

---

5) Vgl. Strothmann, K.-H.: Image-Politik für innovative Technologien - Neue Dimensionen, in: innovation, Nr. 1/1986, S. 53.

6) Vgl. Merbold, C.: Marken-Status bei Investitionsgütern, in: Werbeforschung & Praxis, Nr. 3/1990, S. 56.

Gerade diese ergänzenden Kriterien lassen sich jedoch durch die klassischen Kommunikationsinstrumente, wie z.B. Anzeigen, Prospekte, Direktmarketing u.ä. nicht immer hinreichend vermitteln[7]. Durch den Einsatz neuartiger Instrumente in der Unternehmenskommunikation besteht hingegen die Chance zur Erweiterung der Kommunikationsmöglichkeiten. Bei der Auswahl und Gestaltung der Instrumente sollte zugleich den veränderten gesellschaftlichen Entwicklungen Rechnung getragen werden, denn

> "Es ist unverkennbar, daß sich einkaufsentscheidende Fachleute auf der Abnehmerseite zunehmend als Bestandteile der Gesellschaft empfinden und Implikationen aus dem gesellschaftlichen Bereich in ihr Entscheidungsvorhaben hineintragen."[8]

Aus diesem Grund sind Themen bei der kommunikationspolitischen Arbeit zu berücksichtigen, die früher entweder keine oder nur eine untergeordnete Bedeutung hatten. Die Diskussion über den Umweltschutz sowie die Auseinandersetzung mit sozialen Fragen sind Beispiele dafür. Diese Dynamik der gesellschaftlichen Werte sollte bei allen unternehmerischen Entscheidungen bedacht werden.[9] Zu nennen sind bspw. folgende Entwicklungen:

"* Von der materiellen zur postmateriellen Gesellschaft,
* von der Arbeits- zur Freizeitgesellschaft,
* von der Leistungs- zur Anspruchsgesellschaft,
* von der achtlosen zur gesundheits- und ökologiebewußten Gesellschaft,
* von der Konsum- zur Kulturgesellschaft,
* von der Industrie- zur Informationsgesellschaft,
* von der passiven zur aktiven Gesellschaft,

---

7) Vgl. Strothmann, K.-H./Kliche, M.: Innovationsmarketing - Markterschließung für Systeme der Bürokommunikation und Fertigungsautomation, Wiesbaden 1989, S. 118.

8) Strothmann, K.-H.: Image-Politik für innovative Technologien, in: Meynen, H. (Hrsg.): Jahrbuch der Industriewerbung 1986, Wiesbaden 1986, S. 22; vgl. ähnlich Heinen, E./Dill, P.: Unternehmenskultur - Überlegungen aus betriebswirtschaftlicher Sicht, in: ZfB Zeitschrift für Betriebswirtschaft, Nr. 3/1986, S. 208; vgl. auch Strothmann, K.-H./Kliche, M.: Innovationsmarketing, a.a.O., S. 169 f.

9) Vgl. Raffée, H./Wiedmann, K.P.: Der Wertewandel als Herausforderung für Marketingforschung und Marketingpraxis, in: Marketing ZFP Zeitschrift für Forschung und Praxis, Nr. 3/1988, S. 205.

* Pluralisierung und Polarisierung der Wertsysteme,
* Wertezerfall und -erosion".[10]

Auch Begriffe wie Wirtschafts- oder Unternehmensethik[11], über die seit einiger Zeit intensiv diskutiert wird, signalisieren neue Denkansätze für betriebliches Handeln. Entscheidungsträger in Unternehmen sind zunehmend gefordert, ihr bisheriges Tun mit Blick auf "societal strategies"[12] zu überdenken, da nur solche Unternehmen eine Chance haben, sich langfristig am Markt zu behaupten, die auf relevante gesellschaftliche Anforderungen ausgerichtet sind.[13]

Für die Überprüfung der bisher eingesetzten Instrumente in der Unternehmenskommunikation spricht aber auch, daß internationale unternehmerische Aktivitäten - z.B. im Europäischen Binnenmarkt - sprachbarrierenüberschreitende Kommunikation erfordern. Und sogar eine Entwicklung wie die Arbeitszeitverkürzung kann Einfluß auf die Wahl der Kommunika-

---

10) Raffée, H.: Wertewandel in seinen Konsequenzen für das Konsumentenverhalten und das unternehmerische Marketing, Zusammenfassung eines Referats im Rahmen einer Fachtagung, in: Wimmer, F./Weßner, K.: Marketing in einer sich ändernden Umwelt, Dokumentation einer Fachtagung, Bamberg 1986, S. 13.

11) Hermann, B.: Wirtschaftsethik - Stand der Forschung, in: ZfB Zeitschrift für Betriebswirtschaft, Ergänzungsheft Unternehmensethik: Konzepte - Grenzen - Perspektiven, Nr. 1/1992, S. 1 ff; Vgl. Schauenberg, B.: Zur Notwendigkeit der Verbindung von Ethik und Betriebswirtschaftslehre, in: Schauenberg, B. (Hrsg.): Wirtschaftsethik - Schnittstellen von Ökonomie und Wissenschaftstheorie, Wiesbaden 1991, S. 8. Hermanns/Püttmann sprechen sogar von Öko-Ethik. Vgl. Hermanns, A./Püttmann, M.: Die ökologische Herausforderung für die Marketing-Kommunikation, in: Werbeforschung & Praxis, Nr. 1/1990, S. 5; vgl. Kreikebaum, H.: Unternehmensethik und strategische Planung, in: Hahn, D./Taylor, B. (Hrsg.): Strategische Unternehmensplanung - Strategische Unternehmensführung: Stand und Entwicklungstendenzen, 6., aktualisierte Auflage, Heidelberg 1992, S. 839 ff.

12) Vgl. Abels, H.: Gesellschaftsorientierte Unternehmensstrategien - Societal strategies sind notwendiges Element zukunftsorientierter Unternehmensführung, in: Harvard Manager, Nr. II/1985, S. 99.

13) Vgl. Strothmann, K.-H./Kliche, M.: Innovationsmarketing, a.a.O., S. 62 f.; Bachinger, R.: Die große Illusion vom großen Geld für die Kultur - Sponsoring kommt ohne planvolles Vorgehen nicht aus, in: Blick durch die Wirtschaft, vom 9.1.1991, S. 7. Knapp führt sogar aus, daß Marketing heute als Marktethik betrieben werden sollte. Vgl. Knapp, H. G.: Marketing: Sozialtechnik oder Marktethik? in: Schauenberg, B. (Hrsg.): Wirtschaftsethik - Schnittstellen von Ökonomie und Wissenschaftstheorie, Wiesbaden 1991, S. 81. Zum Stand der Diskussion über die Notwendigkeit von Ethik in bezug auf unternehmerisches Handeln vgl. die Ausführungen von Homann, K.: Marktwirtschaftliche Ordnung und Unternehmensethik, in: ZfB-Ergänzungsheft Unternehmensethik: Konzepte - Grenzen - Perspektiven, Nr. 1/1992, S. 75 ff; Díez-Hochleitner, R.: Ethik bringt Visionen, in: absatzwirtschaft, Nr. 1/1994, S. 16.

tionsinstrumente haben, da auch wichtige Entscheider mehr Zeit zur aktiven Freizeitgestaltung haben.[14] Die Möglichkeiten, diese privaten Sphären und Vorlieben zu nutzen, wurde bisher im Investitionsgüterbereich von Unternehmensseite kaum für kommunikative Zwecke erkannt.

Derartigen Entwicklungen muß jedoch von seiten der Unternehmen Rechnung getragen werden, weil das Verhalten von Entscheidern dadurch beeinflußt werden kann. In der vorliegenden Arbeit wird daher untersucht, ob Sponsoring Bestandteil einer neuen Kommunikations- bzw. Imagepolitik im Investitionsgüterbereich sein und unter welchen Prämissen es ggf. sinnvoll eingesetzt werden kann. Unter Berücksichtigung des entscheidungsorientierten Ansatzes nach Heinen[15] wird hierzu ein Modell vorgestellt, durch das verdeutlicht werden soll, welche Sponsoring-Aktivitäten bei gegebener Zielsetzung für bestimmte Unternehmen empfehlenswert sind. Die Einsatzfelder von Sponsoring im Investitionsgüterbereich werden als Partialmodell eines übergeordneten Corporate Identity-geprägten imagepolitischen Gesamtkonzeptes aufgezeigt.[16]

Zur Bearbeitung des Themas wird im folgenden zunächst auf einige Besonderheiten des Investitionsgüterbereiches eingegangen, woran sich eine Betrachtung der Konstrukte Image und Kompetenz anschließt. Danach werden die Grundzüge der Sponsoringmaterie dargestellt, um die Basis für die weiteren Ausführungen zu schaffen, durch welche die Möglichkeiten für einen sponsoringinduzierten Imagetransfer aufgezeigt werden. Diese Erkenntnisse fließen schließlich in die Darstellung eines neuartigen Sponsoring-Mix sowie eines Sponsoringprozesses für den Investitionsgüterbereich ein.

---

14) Mitte der 80er Jahre hatten die Bundesbürger 40 % mehr freie Zeit als Mitte der 60er Jahre bzw. sogar 60 % mehr als Mitte der 50er Jahre. Vgl. Roth, P.. Sport-Werbung: Werbung in einem besonders attraktiven Erlebnisfeld treiben, in: Marketing Journal, Nr. 3/1985, S. 253; vgl. Kühn, R.: Wandel im Marketing und seine Konsequenzen, in: Marketing & Kommunikation, Nr. 6/1994, S. 9.

15) Vgl. Heinen, E.: Industriebetriebslehre als Entscheidungslehre, in: Heinen, E. (Hrsg.): Industriebetriebslehre. Entscheidungen im Industriebetrieb. 8., durchgesehene und verbesserte Auflage, Wiesbaden 1985, S. 7.

16) Siehe zu Corporate Identity Abschnitt II.4.

2. Gründe für ein spezielles Sponsoring im Investitionsgüterbereich

Wie dargestellt, lassen sich für den Investitionsgütersektor Entwicklungen aufzeigen, die zu einer wachsenden Bedeutung imagepolitischer Maßnahmen führen. Zum besseren Verständnis der Materie wird auf einige investitionsgüterspezifische Besonderheiten eingegangen.

2.1 Besonderheiten von Investitionsgütern

Der Begriff "Investitionsgüter" wird in der Literatur unterschiedlich definiert und interpretiert. Produktorientiert lassen sich Investitionsgüter im engeren und im weiteren Sinne beschreiben. Nach der engeren Betrachtungsweise, wie sie bspw. Kirsch/Lutschewitz/Kutschker vertreten, handelt es sich um Einsatzfaktoren,

> "die in das Anlagevermögen der beschaffenden Organisation eingehen. Dabei stehen vor allem solche Investitionsgüter im Mittelpunkt des Interesses, deren Umfang und Komplexität für die investierende, nicht selten aber auch für die anbietende Unternehmung Probleme tiefgreifender organisatorischer Veränderungen mit sich bringen."[17]

Zwar läßt sich diese Beschreibung auch auf moderne Systemtechnologien übertragen, doch durch die Konzentration auf Güter, die in das Anlagevermögen übergehen, bleiben Erzeugnisse unberücksichtigt, die dem Umlaufvermögen des Abnehmers zuzurechnen sind. Da es jedoch auch bei der Beschaffung z.B. von Roh-, Hilfs- und Betriebsstoffen oder Komponenten zu schwierigen Entscheidungen kommen kann, dominieren in der Literatur Definitionen, die von einer weiteren Auslegung des Begriffes ausgehen. So definiert Scheuch, daß es sich bei Investitionsgütern generell um Wirtschaftsgüter handelt, "deren Absatz nicht an private Letztver-

---

17) Kirsch, W./Lutschewitz, H./Kutschker, M.: Ansätze und Entwicklungstendenzen im Investitionsgütermarketing, München 1977, S. 1; siehe zu einer engeren Sichtweise auch Arbeitskreis "Marketing in der Investitionsgüterindustrie" der Schmalenbach-Gesellschaft: Systems Selling, in: Zeitschrift für betriebswirtschaftliche Forschung, 1975, wonach Investitionsgüter solche Güter sind, "für die eine Investitionsentscheidung getroffen wird", S. 758.

wender, sondern an Organisationen erfolgt"[18]. Kurz und prägnant beschreiben auch Engelhardt/Günter Investitionsgüter "als alle Nicht-Konsumgüter".[19] Ähnlich äußert sich Strothmann, der alle Erzeugnisse und Leistungen zu Investitionsgütern erklärt, "die nicht unmittelbar für den Endverbrauch bestimmt sind, also nicht von Konsumenten gekauft werden bzw. nicht in privaten Haushalten zum Einsatz kommen"[20].

Der Begriff Leistung in Ergänzung zu Gütern ist wesentlich, weil der Dienstleistungsanteil im Investitionsgüterbereich permanent wächst.[21] Backhaus baut darauf auf, denn er definiert, daß unter Investitionsgütern Leistungen zu verstehen sind, "die von Organisationen beschafft werden, um weitere Leistungen zu erstellen, die nicht in der Distribution an Konsumenten bestehen"[22]. Dabei kann es sich um Sachleistungen, Dienstleistungen, Rechte und Nominalgüter handeln, die nicht nur von Unternehmen, sondern auch von staatlichen und anderen Organisationen, wie z.B. Behörden beschafft werden können.

Im Rahmen der vorliegenden Arbeit wird einer weiter gefaßten Definition der Vorzug gegeben, d.h. unter Investitionsgütern werden alle Erzeugnisse und Leistungen verstanden, die von Institutionen zu geschäftlichen Zwecken beschafft werden.

2.2 Typologien im Investitionsgüterbereich

Um für die unterschiedlichen Arten von Investitionsgütern und die mit ihrer Veräußerung verbundenen Aufgaben marktorientierte Handlungsempfeh-

---

18) Scheuch, F.: Investitionsgüter-Marketing, Opladen 1975, S. 23.
19) Engelhardt, W. H./Günter, B.: Investitionsgütermarketing, Stuttgart-Berlin-Köln-Mainz 1981, S. 15, siehe weiterführend dazu S. 24.
20) Strothmann, K.-H.: Investitionsgütermarketing, München 1979, S. 15.
21) Vgl. Schade, C./Schott, E.: Kontraktgüter im Marketing, in: Marketing ZFP, Nr. 1/1993, S. 16. Vgl. Engelhardt, W. H./Kleinaltenkamp, M./Reckenfelderbäumer, M.: Leistungsbündel als Absatzobjekte - Ein Ansatz zur Überwindung der Dichotomie von Sach- und Dienstleistungen, in: zfbf, Nr. 5/1993, S. 396; vgl. Kleinaltenkamp, M.: Investitionsgüter-Marketing aus informationsökonomischer Sicht, in: zfbf, Nr. 9/1992, S. 809 f. u. 815.
22) Backhaus, K.: Investitionsgütermarketing, 3., überarbeitete Auflage, München 1992, S. 7.

lungen geben zu können, wurden u.a. Typologien zu Produkt- bzw. Angebotsgruppen entwickelt, für die ein einheitliches Marketing sinnvoll erscheint. Dabei ist zu beachten, daß in der Marketingtheorie sehr unterschiedliche Ansatzarten diskutiert werden.

Grob unterscheiden bspw. Engelhardt/Günter[23] zwischen vier Kategorien, und zwar a) instrumentalen, b) institutionalen, c) funktionalen und d) güterbezogenen Ansätzen. Während bei instrumentalen Ansätzen die Darstellung einzelner absatzpolitischer Instrumente im Mittelpunkt steht, sollen die Marktteilnehmer durch institutionale Ansätze nach ihren Zielsetzungen, Vorgehensweisen und Problemen analysiert werden. Mittels funktionaler Ansätze hingegen werden die beim Verkauf und Kauf von Investitionsgütern infrage kommenden Tätigkeiten hinsichtlich ihrer Ausprägungen und betrieblichen Konsequenzen dargestellt, und die Aufgabe von güterbezogenen Ansätzen ist es schließlich, Produktkategorien zu bilden und diesen entsprechende Marketingaktivitäten zuzuordnen.[24]

Die vielfältigen Ansätze in der Marketingtheorie sind dabei nicht ganz überschneidungsfrei, auch wenn sich zahlreiche Autoren um eine möglichst systematische Einordnung in einen theoretischen Rahmen bemühen.[25] So differenziert bspw. Backhaus mit Blick auf das organisationale Beschaffungsverhalten nach Partialansätzen und Totalmodellen[26]. Durch Partialansätze sollen u.a. einzelne Fragen geklärt werden, z.B. von welchen Kaufentscheidungsprozeßphasen auszugehen ist, welche Personen bzw. -gruppen an Kaufentscheidungen beteiligt sind und wie sich die Käufer informieren und verhalten sowie welche Faktoren Entscheidungs-

---

23) Vgl. Engelhardt, W.H./Günter, B.: Investitionsgüter-Marketing, a.a.O., S. 20 f.; etwas kürzer gefaßt gehen Engelhardt/Witte in einer späteren Abhandlung von einer Dreiteilung aus, und zwar einer instrumentellen, einer produktbezogenen sowie einer verhaltensorientierten Sichtweise. Vgl. Engelhardt, W.H./Witte, P.: Konzeptionen des Investitonsgüter-Marketing - eine kritische Bestandsaufnahme ausgewählter Ansätze, in: Kliche, M. (Hrsg.): Investitionsgütermarketing - Positionsbestimmung und Perspektiven, Wiesbaden 1990, S. 7 ff.

24) Vgl. hierzu ähnlich Gemünden, H.G.: Innovationsmarketing, Interaktionsbeziehungen zwischen Hersteller und Verwender innovativer Investitionsgüter, Tübingen 1981, S. 6.

25) Vgl. hierzu Kliche, M.: Industrielles Innovationsmarketing, Wiesbaden 1991, S. 69 ff.; Ritzerfeld, U.: Marketing-Mix-Strategien in Investitionsgütermärkten - Entwicklung und Simulation marktstrukturspezifischer Strategien, Wiesbaden 1993, S. 11.

26) Vgl. Backhaus, K.: Investitionsgütermarketing, a.a.O., S. 53 ff.

prozesse beeinflussen können. In Totalmodellen hingegen werden Einflußfaktoren auf Entscheidungsprozesse als Strukturmodelle zusammengestellt bzw. im Rahmen von Prozeßmodellen werden Beschaffungsprozesse skizziert.[27]

Trotz der Unterschiedlichkeit der einzelnen Ansätze, dienen sie doch alle weitestgehend dem Ziel, Kaufentscheidungen transparenter und für den Anbieter dadurch beeinflußbar zu machen. Manche Entscheidungen kommen aufgrund ihrer Komplexität sogar oft erst dann zustande, wenn zwischen Anbietern und Abnehmern eine intensive Zusammenarbeit erfolgt.[28] Diesem Tatbestand tragen vor allem die sogenannten Interaktionsansätze Rechnung[29], wobei Interaktionen, in deren Mittelpunkt der Austausch von Gütern steht, als Transaktionen bezeichnet werden[30]. Kirsch/Kutschker stellen dafür bspw. ein Episodenkonzept vor, das neben den jeweiligen Entscheidungen in einer Transaktionsepisode auch vorgelagerte Entscheidungen berücksichtigt, die mehrere Transaktionen betreffen. Dabei handelt es sich um den längerfristigen Aufbau von Potentialen einer Unternehmung, die sich nach Macht-, Wissens- und Konsenspotentialen unterscheiden lassen.[31]

Die Herbeiführung von Transaktionen kann in Konsequenz als eine wichtige Aufgabe des Marketing-entscheidungsorientierten Ansatzes gesehen werden, wobei zu untersuchen ist, welche Faktoren transaktionsfördernd bzw. -hemmend wirken können.[32] So gehen viele Autoren davon aus, daß im Investitionsgüterbereich längerfristige Kontakte und Austauschbeziehungen zwischen Anbietern und Abnehmern anzustreben sind und in Zu-

---

27) Vgl. Backhaus, K.: Investitionsgütermarketing, S. 53 und 96.

28) Vgl. Kliche, M.: Industrielles Innovationsmarketing, a.a.O., S. 91.

29) Vgl. zu Interaktionsansätzen Backhaus, K.: Investitionsgütermarketing, a.a.O., S. 107 ff.

30) Vgl. Kirsch, W./Kutschker, M./Lutschewitz, H.: Ansätze und Entwicklungstendenzen im Investitionsgütermarketing, 2. überarbeitete und erweiterte Auflage, Stuttgart 1980, S. 76.

31) Vgl. ebenda, S. 90; Kirsch, W./Kutschker, M.: Das Marketing von Investitionsgütern, Theoretische und empirische Perspektiven eines Interaktionsansatzes, Wiesbaden 1978, S. 3 f.

32) Vgl. hierzu Kleinaltenkamp, M.: Typologien von Business-to-Business-Transaktionen - Kritische Würdigung und Weiterentwicklung, in: Marketing ZFP, Nr. 2/1994, S. 77 ff.

kunft an Bedeutung gewinnen werden, da dauerhafte Geschäftsbeziehungen für beide Partner zahlreiche Vorteile bringen.[33]

Die vorstehenden Ausführungen sind für die vorliegende Arbeit insofern relevant, als einzelne theoretische Modelle die Grundlage für die weiteren Darstellungen bilden, so vor allem Ansätze zu Produkttypologien und Entscheidungsprozessen. Diese Auswahl ist von der Intention geleitet, zu möglichst entscheidungsrelevanten Aussagen hinsichtlich der Einsatzmöglichkeiten von Sponsoring im Rahmen der Imagepolitik Investitionsgüter-anbietender Unternehmen zu kommen. Dabei geht es nicht primär um die Frage, wie ein einzelner Entscheidungsprozeß durch Sponsoring beeinflußt werden kann, sondern vielmehr darum, wie sich durch imagepolitische Maßnahmen generell Einfluß auf das Entscheidungsverhalten unterschiedlicher Abnehmer ausüben läßt. Vor diesem Hintergrund werden theoretische Modelle, in deren Mittelpunkt die Einflußmöglichkeiten auf einzelne Transaktionen stehen, im folgenden nicht weiter berücksichtigt.

Zurückkommend auf die Produkttypologien, läßt sich aussagen, daß zwar auch hierfür unterschiedliche Ansätze entwickelt wurden, jedoch immer mit dem Ziel, für einzelne Angebotsgruppen zu möglichst einheitlichen Aussagen hinsichtlich der Entscheidungsprozesse auf Abnehmerseite zu kommen.[34] Eine der ältesten Darstellungen wurde bereits 1925 von Copeland vorgestellt,[35] der nach dem Verwendungszweck der Produkte zwischen großen Anlagegütern, kleineren Anlagegütern und Zubehör,

33) Vgl. Plinke, W.: Investitionsgütermarketing, in: Marketing ZFP, Nr. 3/1991, S. 173 f.; vgl. Günter, B./Platzek, T.: Management von Kundenzufriedenheit - Zur Gestaltung des After-sales-Netzwerkes, in: M&M Marktforschung und Management, Nr. 3/1992, S. 110. Diesem Gedanken tragen auch Begriffe wie Relationship-Marketing und Beziehungsmanagement Rechnung. Vgl. hierzu Plinke, W.: Ausprägungen der Marktorientierung im Investitionsgütermarketing, in: zfbf, Nr. 9/1992, S. 841; Peter, S./Schneider, W.: Strategiefaktor Kundennähe - Vom Transaktionsdenken zum Relationship Marketing, in: M&M Marktforschung und Managemtn, Nr. 1/1994, S. 7; Diller, H./Kusterer, M.: Beziehungsmanagement - Theoretische Grundlagen und explorative Befunde, in: Marketing ZFP, Nr. 3/1988, S. 211.

34) Vgl. Strothmann, K.-H.: Investitionsgütermarketing, a.a.O., S. 23.

35) Vgl. Copeland, M.T. Principles of Merchandising, Chicago-New York, 3. Aufl., 1925, zitiert nach Engelhardt, W. H./Witte, P.: Konzeptionen des Investitionsgüter-Marketing - eine kritische Bestandsaufnahme ausgewählter Ansätze, a.a.O., S. 9.

Betriebsstoffen, Halbfabrikaten und Teilen sowie Rohstoffen unterschied. Ähnlich differenzieren Engelhardt/Günter[36] zwischen Anlagegütern (Einzelaggregate, Systeme), Teilen, Roh- und Einsatzstoffen sowie dem Energiebereich. Strothmann[37] hingegen unterschied ursprünglich zwischen komplexer Anlagentechnik, konkretisierbaren Erzeugnissen sowie Erzeugnissen des laufenden Fertigungsbedarfs, erweiterte diese Untergliederung jedoch um unternehmensintegrierende Systeme, denen "Einstiegstechniken und Systembestandteile (..) zugerechnet werden, wenn der Abnehmer mit ihnen eine Systemimplementierung beabsichtigt"[38].

Für Systeme gilt, daß keine isolierte Maschine zum Einsatz kommt, sondern zusammenwirkende Systemelemente, die im Unternehmen funktionsbereichsübergreifend miteinander verknüpft sind. Als Beispiel lassen sich komplexe Fertigungsstraßen nennen, die mit dem Auftragseingangswesen, der Konstruktion und Planung, der Materialwirtschaft und dem Einkauf bis hin zum Vertrieb und zur Ausgangsüberwachung gekoppelt sein können. Charakteristisch für Systeme sind auch die nicht abgeschlossenen Investitionsprozesse. So dient eine erarbeitete Systemarchitektur als Ausgangsbasis zahlreicher Investitionsschritte, zwischen denen unterschiedlich lange Zeiträume liegen können.

Die marketingspezifischen Besonderheiten neuer Technologien werden von einzelnen Autoren gesondert behandelt[39], sollen jedoch nicht zum zentralen Gegenstand der weiteren Betrachtungen gemacht werden. Da die Frage zu prüfen ist, wie Sponsoring unter imagepolitischen Gesichtspunkten generell im Investitionsgüterbereich Einsatz finden kann, wird einer umfassenden Typologie der Vorzug gegeben und hierfür der auch in der Praxis bewährte Ansatz von Strothmann gewählt.

---

36) Vgl. Engelhardt, W.H./Günter, B.: Investitionsgütermarketing, a.a.O., S. 28 und S. 93 ff.

37) Vgl. Strothmann, K.-H.: Investitionsgütermarketing, a.a.O., S. 22 f.; Strothmann, K.-H./Kliche, M.: Innovationsmarketing, a.a.O., S. 34.

38) Vgl. Strothmann, K.-H./Kliche, M.: Innovationsmarketing, a.a.O., S. 35.

39) Vgl. hierzu Baaken, T.: Technologie-Marketing, in: Kliche, M. (Hrsg.): Investitionsgütermarketing, Wiesbaden 1990, S. 293, der zwischen Komponenten, reinem Technologiewissen und Systemen differenziert. Siehe auch Backhaus, K.: Investitionsgütermarketing, a.a.O., der aus Nachfragersicht zwischen den drei Geschäftstypen Produkt-, Anlagen- und Systemgeschäft differenziert und dabei letzterem ausführliche Beachtung schenkt.

2.3 Entscheidungsprozeßorientierung

Investitionsgüter werden normalerweise nicht spontan gekauft, denn Entscheidungen geht vielmehr ein Entscheidungsprozeß voraus, in dessen Verlauf sich für anbietende Unternehmen unterschiedliche Einflußmöglichkeiten ergeben. Um untersuchen zu können, in welchen Prozeßphasen ggf. durch Sponsoring Wirkungen erzielt werden können, wird die Theorie des Entscheidungsprozesses in die weiteren Betrachtungen integriert.

Entscheidungsprozesse bei der Beschaffung von konventionellen Erzeugnissen, wie z.B. bei isoliert zum Einsatz kommenden Maschinen, bestehen idealtypisch aus einer Vorüberlegungsphase, einer Phase der vertiefenden Information sowie einer Kaufentscheidungsphase.[40] Der Abnehmer verschafft sich zunächst einen groben Marktüberblick, holt Informationen ein und vergleicht, bis er sich entschließt, einem Anbieter den Auftrag zu erteilen.

Bei Entscheidungen für Systemtechnologien sind die Prozeßverläufe aufgrund der größeren Risiken für die nachfragenden Unternehmen wesentlich langwieriger. Fragen zur Unüberschaubarkeit von Folgekosten, zum funktionsbereichsübergreifenden Einsatz und der Verstärkung sozioökonomischer Probleme kann der Abnehmer oft nicht allein lösen.[41] Er muß deshalb schon vor einer Kaufentscheidung mit dem Anbieter zusammenarbeiten, um prüfen zu können, ob von diesem ein System angeboten werden kann, mit dem die unternehmensspezifischen Probleme zu lösen sind. Dazu können von seiten des Anbieters Leistungen beitragen, die über das reine Produktangebot weit hinausgehen und den Abnehmer qualifizieren sollen, eine Entscheidung zu treffen. Schulungen, die Ausar-

---

40) Vgl. Strothmann, K.-H.: Investitionsgütermarketing, a.a.O., S. 43.

41) Vgl. Baaken, T.: Besonderheiten des Technologiemarketing - Veränderungen im Marketing durch technologische Entwicklungen, in: Baaken, T./Simon, D. (Hrsg.): Abnehmerqualifizierung als Instrument des Technologie-Marketing, Berlin 1987, S. 6.

beitung von Finanzierungsmodellen und Wirtschaftlichkeitsberechnungen mögen hierfür als Beispiele dienen.[42]

Idealtypisch trifft der potentielle Abnehmer zunächst im Laufe eines Entscheidungsprozesses die Wahl für einen Lieferanten, möglicherweise auch schon für ein Fabrikat. In einer zweiten Phase, der Vorbereitungszeit, arbeiten Käufer und Verkäufer eng zusammen und prüfen, ob eine adäquate Problemlösung für den Abnehmer geschaffen werden kann. Ist dies der Fall, schließt sich dieser Vorbereitungszeit ein Investitionsprozeß an, andernfalls erfolgt eine erneute Prüfung mit einem anderen Anbieter.[43]

Mit Blick auf das Verhältnis zwischen Anbietern und Nachfragern kann daraus abgeleitet werden, daß Strategien und Konzepte für langjährige Kundenbeziehungen zu entwickeln sind[44], wobei z.B. exzellenter Service eine wichtige Rolle spielt, um nach einer Entscheidung sogenannte Kognitive Dissonanzen, d.h. Zweifel, ob die richtige Wahl getroffen wurde, auf seiten des Abnehmers zu vermeiden.[45] Besondere Aufmerksamkeit müssen Anbieter von Systemtechnologien dabei der Gestaltung sogenannter Investitionspausen[46] widmen, d.h. jenen Zeiträumen, in denen ein Investitionsschritt abgeschlossen ist und der nächste noch nicht begonnen hat.

Auf diese investitionsgüter-spezifischen Grundlagen wird im weiteren Verlauf der Arbeit zurückgegriffen. Zunächst werden im sich anschließenden Kapitel II jedoch die Konstrukte Image und Kompetenz ausführlich dargestellt.

---

42) Vgl. auch Strothmann, K.-H./Kliche, M.: Innovationsmarketing, a.a.O., S. 98; vgl. Strothmann, K.-H.: Innovationsmarketing, Herausforderungen für Theorie und Praxis, in: Baaken, T./Simon, D. (Hrsg.): Abnehmerqualifizierung als Instrument des Technologie-Marketing, Berlin 1987, S. 196 f.

43) Vgl. Strothmann, K. H./Kliche, M.: Innovationsmarketing, a.a.O., S. 42 + 96.

44) Vgl. Strothmann, K.-H.: Dienstleistung - Das Instrument im Marketing für innovative Systeme, in: Hofmaier, R. (Hrsg.): Investitionsgüter- und High-Tech-Marketing (ITM), Landsberg/Lech 1992, S. 510.

45) Vgl. Festinger, L.: A Theory of Cognitive Dissonance, Stanford 1957. Deutsche Übersetzung unter dem Titel Theorie der kognitiven Dissonanz, Bern 1978.

46) Vgl. Strothmann, K.-H./Simon, D./Prüser, S./Ginter, T.: Kundenzufriedenheit in Investitionspausen, Fachreihe Dialog der Marktpartner, Nr. 14, Würzburg Berlin 1993, S. 27.

II. Imagepolitik im Investitionsgüterbereich

1. Das Konstrukt Image

Zur Zeit der Industrialisierung waren die heutigen Großunternehmen noch von der Persönlichkeit ihrer Gründer geprägt, wie z.B. Daimler, Krupp, Bosch, Borsig, Philips und Siemens. Durch sie erhielten die Firmen Inhalt, Zielsetzung und Identität. Doch Expansion und Diversifikation führten dazu, daß nicht mehr alle Beteiligten die Gründer persönlich kennen konnten.

> "Das Profil der Unternehmen verwischte sich, an die Stelle exakten Wissens traten Vorstellungen, Meinungen, Images; jede Fusion, jede Kooperation und jedes Joint Venture ließ das Firmenprofil noch unklarer erscheinen."[1]

Mit diesem Phänomen setzten sich Mitte der 50er Jahre Gardner/Levy auseinander, die die erste wesentliche marktpsychologische Veröffentlichung über Image herausbrachten.[2] Fast gleichzeitig führte Boulding den Begriff Image unter dem Aspekt der subjektiven Wahrnehmung in die Sozialpsychologie ein.

> "Wissen ist vielleicht kein guter Ausdruck dafür. Man sollte lieber von meinem Leitbild (Image) der Welt sprechen. Wissen beinhaltet Gültigkeit, Wahrheit. Ich spreche aber über etwas, das ich für wahr halte; von meinem subjektiven Wissen."[3]

---

1) Braun, H.: Corporate Identity, in: Rost, D./Strothmann, K.-H. (Hsrg.): Handbuch Werbung für Investitionsgüter, Wiesbaden 1983, S. 186.

2) Vgl. Gardner, B./Levy, S.: The Product and the Brand. Harvard Business Review, Heft 33, 1955, S. 33 ff. Der Begriff Image wurde erstmalig 1922 von Lippmann in einer sozialwissenschaftlichen Studie benutzt und bezeichnete Image als Vorstellungsbild, wurde dort jedoch im politischen Zusammenhang benutzt. Vgl. Kleining, G.: Zum gegenwärtigen Stand der Imageforschung, in: Psychologie und Praxis, 3. Jg., 1959, S. 199.

3) Boulding, K.: Die neuen Leitbilder, Düsseldorf 1958, S. 9. Dies deckt sich mit dem von Spiegel in die Marktpsychologie eingeführten Realitätsbegriff, wonach nicht die objektive Beschaffenheit eines Gegenstandes Realität ist, sondern die Vorstellung des Käufers. Vgl. auch Spiegel, B./Nowak, H.: Image und Image-Analyse, in: Marketing-Enzyklopädie, Bd. 1, Das Marketing-Wissen unserer Zeit in drei Bänden, München 1974, S. 966; vgl. Müller, G.: Das Image des Markenartikels, Opladen 1971, S. 16 ff.; Vgl. hierzu weiterhin Bausch, H. H.: Produktimage-Management für technische Gebrauchsgüter, in: Schöttle, K. M. (Hrsg.): Jahrbuch Marketing, 4. Ausgabe, Essen 1987, S. 121; vgl. weiter Nitsch, H.: Dynamische Public Relations - Unternehmerische Öffentlichkeitsarbeit - Strategie für die Zukunft, Stuttgart 1975, S. 236.

Die in den Zitaten verwendeten Begriffe Image, Meinung und Vorstellung liegen sprachlich eng beieinander. Daher gab es bereits in der Vergangenheit zahlreiche Versuche, die einzelnen Termini zu definieren und voneinander abzugrenzen[4], wobei die Autoren teilweise zu unterschiedlichen Betrachtungen gekommen sind. Einige setzen bspw. "Image" und "Einstellung" weitgehend gleich[5], andere Verfasser hingegen gehen davon aus, daß Menschen durch ihr Vorwissen und ihre bisherigen Erfahrungen Meinungen, Einstellungen, Motive etc. verinnerlicht haben, welche das innere Bild einer Person über einen Meinungsgegenstand beeinflussen.[6] Images können danach als komplexe Systeme aufgefaßt werden, als "Ganzheit richtiger, d.h. objektiver und subjektiver, also eventuell auch falscher, teilweise stark emotional getönter Vorstellungen, Ideen, Einstellungen, Gefühle, Erfahrungen und Kenntnisse einer Person bzw. einer Personengruppe von einem 'Meinungsgegenstand' (z.B. einem Produkt, einer Marke, einer Firma)"[7].

Die Ursachen für die Verschiedenartigkeit der Definitionen mögen zum einen im Versuch begründet sein, den Begriff Image durch ein deutsches Wort zu ersetzen. Zum anderen mag der wissenschaftliche Hintergrund eine Rolle spielen, da im Bereich der Sozialpsychologie der Terminus Einstellung Verwendung findet, in der Wirtschaftspsychologie sich hingegen der Begriff Image etabliert hat. Kroeber-Riel kritisiert diese Unterscheidung massiv, da sie zu Mißverständnissen führe und schlägt viel-

---

4) Eine umfangreiche Übersicht stellte bereits Anfangs der 70er Jahre Johannsen zusammen. Vgl. Johannsen, U.: Das Marken- und Firmen-Firmen - Theorie, Methodik, Praxis, Diss., Berlin 1968, S. 26 ff.

5) Kroeber-Riel, W.: Konsumentenverhalten, 4., verbesserte und erneuerte Auflage, München 1990, S. 191.

6) Vgl. Peters, U.: Psychologie der Marketingkommunikation: ein Handbuch der Psychologie für Marketing-, Verkaufs- und Werbepraktiker, Savosa 1991, S. 168.

7) Johannsen, U.: Das Marken- und Firmen-Image, a.a.O., S. 28; Vgl. auch Crompton, J.L./Lamb, C. W.: Marketing Government and Social Services, New York, 1986, S. 215. Einige Autoren weisen darauf hin, daß Images jene Vorstellungsbilder seien, die sich Personenkreise bzw. Zielgruppen, wie z.B. Verwender, Absatzmittler u.ä. über Anbieter, Produkte, Marken u.a. machen. Siehe hierzu Kapferer, C.: Kapferer's Marketing-Wörterbuch, Hamburg 1979, S. 108 f.; Huber, B.: Strategische Marketing- und Imageplanung - Theorie, Methoden und Integration der Wettbewerbsstrukturanalyse aus Imagedaten, Diss., Frankfurt a.M. 1993. S. 27.

mehr vor, statt des Ausdrucks Image nur noch den der Einstellung zu verwenden.[8]

Auch wenn die Definitionen der Verfasser recht unterschiedlich wirken, so lassen sie sich relativ leicht miteinander in Verbindung bringen. In der vorliegenden Arbeit wird folgender Kompromiß bevorzugt. Personen können sich über Meinungsgegenstände eine Einstellung bilden, welche sich nach der 3-Komponenten-Attitüden-Konzeption aus einer kognitiven, einer affektiven sowie einer Handlungskomponente zusammensetzt.[9] Diese Einstellungen werden u.a. beeinflußt durch die erlernten Werte und bisherigen Erfahrungen des Betrachters.[10]

Das gesamte "Meinungsbild" einer Person z.B. über ein Unternehmen, kann als Image verstanden werden. Erst der Betrachter "gibt dem Unternehmen sein Image, nicht umgekehrt".[11] Hierbei handelt es sich um das Fremdbild, das vom Selbstbild zu unterscheiden ist, d.h. jenem Image, das bspw. die Mitarbeiter eines Unternehmens von diesem haben.[12]

---

8) Vgl. Kroeber-Riel, W.: Konsumentenverhalten, a.a.O., S. 191.

9) Vgl. Rosenberg, M.J./Hovland, C.I.: Cognitive, affective, and behavioral components of attitudes, in: Rosenberg, M.J./Hovland, C.I. (Hrsg.): Attitude organization and change, New Haven, Conn. 1960, S. 1 ff., zitiert nach Staehle, W.: Management, 6., überarbeitete Auflage, München 1991, S. 158. Vgl. zu unterschiedlichen Konzepten der Attitütenkonzeption Lilli, W.: Perzeption, Kognition: Image, in: Irle, M. (Hrsg.): Marktpsychologie als Sozialwissenschaft, Göttingen 1983, S. 439. Der Autor beschreibt diverse Ansätze zu Ein-, Zwei- und Drei-Komponenten-Attitüten-Konzepten. Vgl. weiterführend zur Abgrenzung von Einstellungen zu Meinungen auch Secord, P.F./Backman, C.W.: Social psychology, New York 1964, zitiert nach Staehle, W.: Management, a.a.O., S. 159.

10) Staehle bezeichnet Einstellungen, die aufgrund vorgelagerter Werte zustandekommen als "System von Gedanken, Gefühlen und Handlungsprädispositionen". Vgl. Staehle, W.H.: Management, a.a.O., S. 158. Sowohl Werte als auch Einstellungen werden danach erlernt, doch während Werte situationsübergreifend sind, richten sich Einstellungen auf bestimmte Objekte, Personen oder Situationen.

11) Vgl. Antonoff, R.: Methoden der Image-Gestaltung für Unternehmen und Organisationen, a.a.O., S. 23; vgl. ähnlich Ind, N.: The Corporate Image - Strategies for effective identity programmes, London 1992, S. 21.

12) Bezogen auf Konsumgüterunternehmen wird ausgesagt, daß Unternehmen langfristig nur dann Erfolg haben werden, wenn zwischen dem Selbstimage des Käufers und dem Image des gekauften Produktes eine Harmonie besteht. Vgl. Berth, R.: Marktforschung zwischen Zahl und Psyche - Eine Analyse der befragenden Marktbeobachtung in Westdeutschland, in Kamp, M.E. (Hrsg.): Beiträge zur Erforschung der wirtschaftlichen Entwicklung, Heft 3, Stuttgart 1959, S. 22; ähnlich auch Trommsdorff, V./Schuster, H.; Strategie- und Imageplanung für junge Technologiefirmen, absatzwirtschaft, Nr. 9/85, S. 117; Kapferer, C.:

"Imageträger" können z.B. Menschen, Gegenstände oder Unternehmen sein.[13] Da Fremdbilder über diese Imageträger nicht nur bei einer Person entstehen, definiert z.B. Huber den Begriff Image als "mehrdimensionale und ganzheitliche Struktur der Einstellung einer Zielgruppe zum Gegenstand."[14]

Bei der Gestaltung imagepolitischer Maßnahmen sollte einerseits berücksichtigt werden, daß Menschen unterschiedlich geprägt sind und bestimmte Kommunikationsinhalte zu differierendem Verhalten führen können.[15] Außerdem darf nicht übersehen werden, daß die Empfänger einer Botschaft "diese Informationen zu einem Vorstellungsbild (komprimieren). Das Beachtliche dabei ist, daß in diesem Bild, also dem Image, wesentlich weniger Informationen enthalten sind, als empfangen wurden."[16] Dennoch können auch die verbleibenden Signale stark verhaltensbeeinflussend wirken, was nicht nur auf private Käufer zutrifft[17], sondern auch auf Entscheider im Investitionsgüterbereich.[18]

Wie sich diese theoretischen Grundlagen auf das vorliegende Thema übertragen lassen, wird im weiteren Verlauf der Arbeit dargestellt.

Forts. Image, a.a.O., S. 109. Diese Aussage läßt sich zwar nicht ungeprüft auf Investitionsgüterunternehmen übertragen, doch es scheint plausibel, davon auszugehen, daß Teilbereiche übertragbar sind. Handelt es sich z.B. um Abnehmer, die sich selbst als sehr umweltorientiert einschätzen, werden sie diesem Aspekt bei der Lieferantenauswahl ebenfalls Beachtung schenken und eher Anbieter mit einem ähnlich positiven ökologischen Image präferieren. Vgl. ähnlich Bausch, H.H.: Produktimage - Management für technische Gebrauchsgüter, in: Schöttle, K. M. (Hrsg.): Jahrbuch Marketing, 4. Ausgabe, Essen 1987, S. 122 ff.

13) Vgl. u.a. Scheuch, F.: Entscheidungen im Marketing, 2., überarbeitete Auflage, Wien 1981, S. 284.

14) Vgl. Huber, B.: Strategische Marketing- und Imageplanung, a.a.O., S. 27.

15) Vgl. Heintz, P.: Soziale Vorurteile, Köln 1957, S. 44 f.

16) Vgl. Antonoff, R.: Methoden der Image-Gestaltung für Unternehmen und Organisationen, a.a.O., S. 16.

17) Vgl. Bergler, R.: Psychologie des Marken- und Firmenbildes, Göttingen 1963, S. 49.

18) Vgl. Johannsen, U.: Image, in: Tietz, B. (Hrsg.): Handwörterbuch der Absatzwirtschaft, Stuttgart 1974, Sp. 816, der dem Firmenimage von Produzenten die Funktion der Individualisierung und Abhebung des Angebotes und damit der Absatzförderung zuschreibt. Vgl. auch Maaß, K.: Die industrielle Werbeforschung als Grundlage der Werbeplanung, in: Rost, D./Strothmann, K.-H. (Hrsg.): Handbuch Werbung für Investitionsgüter, Wiesbaden 1983, S. 145.

2. Zielsetzung und Zielgruppen

Bevor über die Auswahl konkreter Sponsoring-Maßnahmen entschieden werden kann, ist im Vorfeld zu klären, für welche Zielgruppen imagebeeinflussende Aktivitäten geplant und welche Ziele damit erreicht werden sollen.

2.1 Zielsetzung

Um prüfen zu können, ob sich Sponsoring für imagepolitische Maßnahmen von Investitionsgüterunternehmen eignet, ist es erforderlich, zunächst die allgemeinen Zielsetzungen der Imagepolitik zu untersuchen.

Grundsätzlich wird unter einem Ziel

> "ein angestrebter, künftiger Zustand der Realität verstanden, den ein Unternehmen auf der Basis der in der Situationsanalyse ermittelten internen und externen Rahmenbedingungen definiert."[19]

Unterschieden werden kann u.a. nach

* monetären/nicht-monetären Zielen
* Haupt-/Neben-/Ober- und Unterzielen sowie
* komplementären/konfliktären/indifferenten Zielbeziehungen[20]

In der Zielhierarchie stehen die Unternehmensziele an der Spitze, aus denen sich Produktions-, Finanz-, Marketingziele etc. ableiten.[21] Als oberstes Unternehmensziel werden in der betriebswirtschaftlichen Theorie von der überwiegenden Zahl der Autoren die Gewinnmaximierung[22] bzw. Produktivitätssteigerung und Wettbewerbsfähigkeit angesehen. Allerdings haben sich Normen und Wertvorstellungen verändert, was vor

---

19) Nieschlag, R./Dichtl, E./Hörschgen, H.: Marketing, 15., überarbeitete und erweiterte Auflage, Berlin 1988, S. 829.

20) Vgl. ebenda, S. 829 ff.; Vgl. ähnlich Wöhe, G.: Einführung in die Allgemeine Betriebswirtschaftslehre, 17., überarbeitete und erweiterte Auflage, München 1990, S. 122 ff.

21) Vgl. Bidlingmaier, J.: Marketing 2, 9. Auflage, Opladen 1982, S. 234.

22) Vgl. Wöhe, G.: Einführung in die Allgemeine Betriebswirtschaftslehre, a.a.O., S. 42.

allem bei der Formulierung von Nebenzielen seinen Niederschlag findet. Unternehmen, die ihren zukünftigen Fortbestand sichern wollen, müssen gesellschaftliche Trends, wie z.B. die "langfristige Sicherung der Lebensqualität"[23] berücksichtigen.[24]

Aus der stärkeren Beachtung von veränderten Wertvorstellungen ergibt sich, daß die Beeinflussung von Images im Zielkatalog eines Unternehmens einen immer größeren Stellenwert erlangt. Als grobe Ziele lassen sich dabei **Imagestabilisierung** und **Imageforcierung** formulieren.[25]

Stabilisierung bedeutet in diesem Zusammenhang, daß das bisherige Image beibehalten werden soll, jedoch unter Berücksichtigung zukünftiger Entwicklungen. Dazu ist es erforderlich, mögliche Problemzonen für ein Unternehmen zu analysieren und zu prüfen, welche Auswirkungen sich für den Betrieb dadurch ergeben können.

Nach Strothmann/Kliche[26] sind insbesondere folgende Bereiche angesprochen, aus denen sich für Unternehmen zukünftig gravierende Pro-

---

23) Raffée, H./Wiedmann, K.-P.: Das gesellschaftliche Bewußtsein in der Bundesrepublik und seine Bedeutung für das Marketing, hrsg. von Stern, Gruner & Jahr Verlag, in der Reihe Dialoge, Hamburg 1983, S. 2 f.; vgl. ähnlich Fuchs, R./Kleindiek, die feststellen "Gewinn erzielen allein genügt nicht zur Bestimmung einer Unternehmensaufgabe." Vielmehr müsse auch das gewinnorientierte Management "mit den Wertvorstellungen der Gesellschaft übereinstimmen". Vgl. Fuchs, R./Kleindiek, H. W.: Öffentlichkeitsarbeit heute, Bochum 1984, S. 57; vgl. auch Marquis, H.H.: The Changing Corporate Image, USA 1970, S. 142, der bereits sehr frühzeitig auf diese Veränderungen hinwies.

24) Interessant in diesem Zusammenhang ist eine Untersuchung von Meffert u.a., die die Beziehungen zwischen betriebswirtschaftlichen und ökologischen Zielsetzungen analysiert und kategorisiert haben. Für ökologieorientierte Innovatoren ist die Wettbewerbsfähigkeit das wichtigste Unternehmensziel, das zugleich eine sehr hohe komplementäre Beziehung zum Umweltschutz hat, während das Ziel Kosteneinsparung eine stark konfliktäre Beziehung bei diesem Typ aufweist. Vgl. ausführlich Meffert, H./Kirchgeorg, M./Ostmeier, H.: Der Einfluß von Ökologie und Marketing auf die Strategien, in: absatzwirtschaft Sondernummer Oktober 1990, S. 50; Meffert, H./Kirchgeorg, M.: Marktorientiertes Umweltmanagement - Grundlagen und Fallstudien, 2., überarbeitertete und erweiterte Auflage, Stuttgart 1993, S. 188 f.

25) Hermanns definiert die Stabilisierung und die Veränderung bestehender Images als Ziele. Vgl. Hermanns, A.: Sponsoring - Zukunftsorientiertes Instrument der Marktkommunikation, in: Hermanns, A. (Hrsg.): Sport- und Kultursponsoring, München 1989, S. 6.

26) Vgl. Strothmann, K.-H./Kliche, M.: Innovationsmarketing, a.a.O., S. 160.

bleme ergeben können, wenn mögliche Konsequenzen nicht rechtzeitig genug erkannt und berücksichtigt werden :

* Umweltschädigungen[27]
* Ressourcen-Verknappung
* Arbeitslosigkeit
* Informatorische Überforderung durch zunehmende Technologiekomplexität
* Gefährdung von Menschen durch Technologieeinsatz
* Überforderung der menschlichen Qualifikationsfähigkeit

In Abschnitt II.6 wird versucht, diese Anforderungen in ein Kompetenzartenmodell zu integrieren, wobei für jedes einzelne Unternehmen zu prüfen ist, welche Aspekte im konkreten Fall von besonderer Relevanz sind. Es sei jedoch darauf hingewiesen, daß sich die Beseitigung der Problempunkte nicht allein durch imagepolitische Maßnahmen realisieren läßt, sondern diese Aufgaben vielmehr in der gesamten Unternehmensplanung verankert werden müssen.

Die Bedeutung der benannten Konfliktpotentiale kann sich im Laufe der Zeit verändern. So erhalten Unternehmen. die sich erst seit kurzem im Umweltschutz engagieren, einen wesentlich geringeren Imagebonus, als dies noch vor einigen Jahren der Fall gewesen wäre. Zum einen hat gerade dieses Thema stark an Bedeutung gewonnen, so daß sich Manager in vielen Unternehmen mit dem Thema Umweltschutz auseinandersetzen. Zum anderen erwarten inzwischen sowohl Gesetzgeber als auch Gesellschaft konkrete Maßnahmen von den Firmen.[28]

---

27) Siehe zur Umweltproblematik in diesem Zusammenhang auch Freimann, J./Pfriem, R.: Unternehmen und natürliche Umwelt - programmatische und wissenschaftstheoretische Aspekte sozial-ökologischen Denkens in der Betriebswirtschaftslehre, in: Schauenberg, B. (Hrsg.): Wirtschaftsethik - Schnittstellen von Ökonomie und Wissenschaftstheorie, Wiesbaden 1991, S. 128.

28) Stitzel führt aus, daß bspw. ökologische Ethik von den staatlichen Umweltschutznormen abhängig sei. Nur Unternehmen, die mehr tun, als der Gesetzgeber verlangt, würden hinsichtlich des Umweltschutzes auch ethisch wertvoll handeln. Vgl. Stitzel, M.: Ökologische Ethik und wirtschaftliches Handeln, in: Schauenberg, B. (Hrsg.): Wirtschaftsethik - Schnittstellen von Ökonomie und Wissenschaftstheorie, Wiesbaden 1991, S. 102; vgl. weiter Mast, C.: Kampf um Marktanteile auf dem Markt der Meinungen - Offensive Information als Herausforderung für Unternehmen, in: Blick durch die Wirtschaft, vom 13.9.1991, S. 7.

In diesem Zusammenhang stellt sich die Frage nach dem Aufbau eines Image- bzw. Goodwill-Polsters[29], das Unternehmen im Falle eines negativen Ereignisses vor tiefgreifenden Imageschäden bewahren soll. Ein negatives Ereignis ist bspw. ein Unfall, durch den Umweltschäden verursacht werden. Kann in einem solchen Fall von Unternehmensseite nachgewiesen werden, daß alle erdenklichen Sicherheitsmaßnahmen berücksichtigt wurden, besteht eine gewisse Chance, dauerhafte schwerwiegende Imageschäde abzufangen. Allerdings hängt dies von so vielfältigen Faktoren ab, daß auch durch gezielte PR-Maßnahmen nicht automatisch wieder ein positives Image entsteht, wie dies in manchen Publikationen teilweise leichtfertig dargestellt wird.[30]

Während im Fall einer Imagestabilisierung von der weitgehenden Beibehaltung des bestehenden Images ausgegangen wird, kann bei der Imageforcierung angenommen werden, daß Unternehmen auf einem vorhandenen Image aufbauen können, jedoch neue Akzente angestrebt werden, etwa in Form von Imageverschiebungen.

> "Imageziele können demnach als Ziele der Distanzveränderung zwischen Ist- und Soll-Images aufgefaßt werden, wobei das Soll-Image sich - je nach beabsichtigter Marketing-Politik - am Ideal-Image orientiert oder sogar mit ihm identisch ist."[31]

Sowohl durch die veränderten Rahmenbedingungen beim Verkauf von Investitionsgütern als auch durch die gestiegenen gesellschaftlichen Anforderungen an Unternehmen, muß sich eine andere Sichtweise bei der Imagebewertung ergeben. Wenn noch vor einigen Jahren ein positives

---

29) Vgl. o.V., Interview mit Apitz, K.: Den meisten Unternehmern fehlt der Krisenplan, in: impulse, Nr. 10/86, S. 156; vgl. ähnlich Haedrich, G./Jeschke, B. G.: Zum Management des Unternehmensimages, in: Die Betriebswirtschaft, Nr. 2/1994, S. 214, die von einer Immunisierungswirkung durch ein positives Unternehmensimage ausgehen.

30) Vgl. Apitz, K: Konflikte - Krisen - Katastrophen: Präventivmaßnahmen gegen Imageverlust, FfM/Wiesbaden 1987, S. 31. Vgl. auch Spindler, G. P.: Das Unternehmen in kritischer Umwelt - Öffentlichkeitsarbeit zwischen Macht und Menschen, Frankfurt a. M. 1987, S. 361.

31) Becker, J.: Marketing-Konzeption, 3., verbesserte und ergänzte Auflage, München 1990, S. 85.

Unternehmensimage zwar als wichtig, jedoch nicht als überlebenswichtig angesehen wurde, scheint es berechtigt, diese Auffassung inzwischen in Zweifel zu ziehen. Gerade im Investitionsgütersektor, insbesondere im Bereich der Systemtechnologie, konnte festgestellt werden, daß die Bedeutung des Unternehmensimage bei Kaufentscheidungsprozessen zunimmt.[32] Reine Faktenentscheidungen sind aufgrund der Unüberschaubarkeit von Entscheidungskonsequenzen kaum noch möglich.[33] "Ersatzkriterien", die das Anbieterunternehmen betreffen, gewinnen hingegen an Bedeutung.

Wenn imageorientierte Kriterien immer mehr zu entscheidungsrelevanten Faktoren werden, und nicht länger als "schmückendes Beiwerk" gelten können, dann sollte durch die Bereitstellung ausreichender finanzieller Mittel zur Durchführung imagepolitischer Maßnahmen für eine positive Beeinflussung potentieller Käufer gesorgt werden.[34] Imagestabilisierung und -forcierung können daher als Ziele deklariert werden, die zwar nicht unmittelbar auf die Gewinnerzielung abstellen, jedoch als Vorbedingungen zu deren Erreichung zu verstehen sind.[35] Der praxisorientierte Einsatz der Imagepolitik ist deshalb nicht zweckfrei; er dient der langfristigen Erreichung ökonomischer Zielsetzungen, wobei sich die Formulierung

---

32) Vgl. Strothmann, K.-H.: Image-Politik für innovative Technologien, in: innovation, a.a.O., S. 53. Vgl. ähnlich Wöhrle, M.: Imagebildung als Ziel von PR-Prozessen, in: pr magazin, Nr. 8/1987, S. 28. Vgl. ebenfalls Bertram, R.: Informations- und Kommunikationsmanagement im Marketing mittelständischer Unternehmen der Investitionsgüterindustrie, Frankfurt a.M. 1993, S. 152, der im Rahmen einer empirischen Erhebung bei mittelständischen Investitionsgüterunternehmen Erfolgsfaktoren des Marketing analysiert hat. Bei möglichen Mehrfachnennungen lag der Faktor Image mit 44 % bei 11 Faktoren auf dem 5. Platz. Zum Vergleich Marktkenntnisse 68 %, Mitarbeiterqualifikation 58 %, Kundeninformationen 58 %, Termin-/Lieferfähigkeit 45 %.

33) Vgl. Plötner, O.: Bedeutung des Kundenvertrauens im Systemmarketing, in: M&M Marktforschung & Management, Zeitschrift für marktorientierte Unternehmenspolitik, Nr. 2/1992, S. 76.

34) Haas/Rust sprechen in diesem Zusammenhang auch von einer Umwegrentabilität, wenn durch Sponsoring Sympathiegewinne erzielt werden sollen. Vgl. Haas, H./Rust, H.: Kultursponsoring - Ein neues Instrument der Corporate Communications, in: Dorer, J./Lojka, K. (Hrsg.): Öffentlichkeitsarbeit. Theoretische Ansätze, empirische Befunde und Berufspraxis der Public Relations, Wien 1991, S. 151.

35) Vgl. ähnlich Bidlingmaier, J.: Marketing 2, a.a.O., S. 139; Wiegel, C.-H.: Optimale Unternehmensimagepolitik, FfM/Bern/New York 1983, S. 99.

imagepolitischer Ziele selbstverständlich immer an den Zielgruppen zu orientieren hat.[36]

2.2 Zielgruppen

Verbunden mit den zunehmend wichtiger werdenden "weichen" Erfolgsfaktoren wie z.B. Image, stellt sich die Frage, welche Zielgruppen - außer den absatzrelevanten - noch in der Unternehmenskommunikation berücksichtigt werden müssen. Grundsätzlich ist festzuhalten, daß die Erzielung von Transaktionen eine wichtige Rolle für Unternehmen spielt. Die Betrachtungen im Rahmen dieser Arbeit zielen deshalb darauf ab, das imagepolitische Instrumentarium so einzusetzen, daß das Zustandekommen von Transaktionen gefördert wird bzw. transaktionshemmende Einflüsse minimiert werden.

Transaktionsprozesse können durch unterschiedliche Faktoren beeinflußt werden. Webster/Wind[37] beschreiben vier Gruppen von Einflußarten, und zwar umweltbedingte, organisationsbedingte sowie inter- und intrapersonale Determinanten. Unter umweltbedingten Faktoren sind politische, gesetzliche, technologische, physikalische, ökonomische und kulturelle Einflüsse zu verstehen, die von außen auf das Unternehmen einwirken können. Organisationale Einflußnahme kann sich z.B. durch die Organisationsstruktur, die Mitarbeiter sowie deren Ziele und Aufgaben ergeben, wohingegen die interpersonellen Faktoren das konkrete Zusammenwirken unterschiedlicher Personen in einem Entscheidungsgremium beeinflussen können. Weiterhin relevant für das Beschaffungsverhalten sind die intrapersonellen Determinanten bei den Entscheidern, also z.B. deren Motivation, Lernverhalten und Rollenverständnis.

---

36) Vgl. Bidlingmaier, J. Marketing 2, a.a.O., S. 103; Antonoff, R.: Methoden der Image-Gestaltung von Unternehmen und Organisationen, a.a.O., S. 15.

37) Vgl. Webster, F. E./Wind, Y.: A General Model of Organizational Buying Behavior, in: Journal of Marketing, Nr. 36/1972, S. 15.

Mit Blick auf die umweltbedingten Faktoren wird auf Raffée verwiesen, der die Umwelt eines Unternehmens in Umwelt I und Umwelt II unterteilt. Umwelt I ist von Tauschakten, d.h. Transaktionen mit Marktpartnern, wie Lieferanten, Stellenbewerbern und Geldgebern gekennzeichnet. Umwelt II wird von Raffée weiterführend in eine gesellschaftliche und eine natürliche Umwelt unterteilt.[38] Zur gesellschaftlichen Umwelt gehören Personen und Institutionen, die Unternehmen beeinflussen können, ohne mit ihnen in einem Austauschprozeß zu stehen. Die natürliche Umwelt letztlich umfaßt Ressourcen, wie Bodenschätze, Wasser und Luft, aber auch Umweltprobleme.

Personen und Institutionen können zugleich zu Umwelt I und II gehören. Als Beispiel sei auf eine Behörde verwiesen, die durch Lebensmittelverordnungen Einfluß auf ein Unternehmen ausübt, damit zur Umwelt II gehört, zugleich aber dessen Lebensmittel kauft und damit auch Umwelt I zuzurechnen ist.[39]

Ähnlich wie Webster/Wind geht auch Raffée von folgender Zusammensetzung der institutionellen gesellschaftlichen Umwelt aus:[40]

- staatliche Institutionen
- kulturelle, politische Institutionen (kirchliche Organisationen, Parteien)
- Massenmedien
- Einzelpersonen
- Personengruppen (Bürgerinitiativen)

Da diese Gruppen teilweise sehr großen Einfluß auf Unternehmen ausüben können, versteht Raffée vor diesem Hintergrund Marketing als "zielgerichtetes Umwelthandeln mit Hilfe eines speziellen Instrumenta-

---

38) Vgl. Raffée, H.: Marketing und Umwelt, a.a.O., S. 3 ff.

39) Vgl. ebenda, S. 5 f.

40) Vgl. Raffée, H.: Marketing und Umwelt, a.a.O., S. 6; Über die institutionellen Zielgruppen der Öffentlichkeit hinaus bezieht Hundhausen zusätzlich die Mitarbeiter, Gewerkschaften und Aktionäre ein. Vgl. Hundhausen, C.: Werbung um öffentliches Vertrauen - Public Relations, 1. Band, Essen 1951, S. 53; Hart, N.A.: Industrial Advertising and Publicity, 2. Auflage, London 1978, S. 183.

riums"[41], wohingegen andere Autoren Umwelt II in den Zuständigkeitsbereich der Public Relations verweisen.

Mit Blick auf die imagepolitischen Aktivitäten ergibt sich aus den umweltbezogenen Determinanten, daß Lieferanten, Kunden, der Staat, Gewerkschaften, Handels- und Berufsverbände sowie andere industrielle Anbieter und soziale Institutionen zur Umwelt gehören und Einfluß auf organisationales Verhalten nehmen können. Die im Bereich der Öffentlichkeitsarbeit getroffene Unterscheidung zwischen klassischer und gesellschaftspolitischer Öffentlichkeitsarbeit[42] nähert sich bei einer solchen Betrachtung einander an.[43]

Neben der sogenannten externen Öffentlichkeitsarbeit sind aber auch Aktivitäten für die eigenen Mitarbeiter zu initiieren, deren unterschiedliche Erwartungshaltungen im Hinblick auf die Arbeitsplatzgestaltung, die Art und Vielfalt der Arbeit und die Entfaltung sozialer Kontakte zu berücksichtigen sind.[44] Je besser die Mitarbeiter über Ziele und Planungen des Unternehmens unterrichtet sind, desto leichter werden sie auch in kritischen Situationen als Fürsprecher fungieren und einzelne Handlungen erläutern können.[45] Die emotionale Komponente bei der Kommunikation nach innen wird damit immer wichtiger, da das Image eines Unternehmens stark durch die Einstellung seiner Mitarbeiter geprägt wird.[46]

---

41) Vgl. Raffée, H.: Marketing und Umwelt, a.a.O., S. 8.

42) Vgl. Freiberger, S./Rudloff, W.: Die Rolle der Public Relations im Investitionsgütergeschäft, in: Rost, D./Strothmann, K.-H.: (Hrsg.): Handbuch Werbung für Investitionsgüter, Wiesbaden 1983, S. 458.

43) Haedrich/Jeschke sprechen im übrigen von Interessengruppen und unterscheiden dabei zwischen internen (Arbeiter, Management, Aktionäre), marktlichen (Lieferanten, Händler, Abnehmer, Wettbewerber) sowie sozio-politischen Interessengruppen (Bürgerinitiativen, Behörden), die mit einem Unternehmen im Austausch stehen. Vgl. Haedrich, G./Jeschke, B. G.: Zur Integration sozio-politischer Interessen beim Innovations-Management, in: Thexis, Nr. 5/6/1993, S. 11.

44) Vgl. Scior, W.: Der Bedingungsrahmen für die unternehmensinterne Öffentlichkeitsarbeit, in: Haedrich, G./Barthenheier, G./Kleinert, H. (Hrsg.): Öffentlichkeitsarbeit - Ein Handbuch, Berlin - New York 1982, S. 83; Beilcke, H.-J.: Imagewirkung beim Kaufentscheid, in: Marktforschung & Management, Nr. 4/89, S. 110 f.

45) Vgl. Kalmus, M.: Aufgaben und Probleme der innerbetrieblichen Öffentlichkeitsarbeit, in: Haedrich, G./Barthenheier, G./Kleinert, H. (Hrsg.): Öffentlichkeitsarbeit - Ein Handbuch, Berlin - New York 1982, S. 93 ff.

46) Vgl. Achterholdt, G.: Corporate Identity: in 10 Arbeitsschritten die eigene Identität finden und umsetzen, Wiesbaden 1988, S. 35.

Auf Grundlage dieser Betrachtung sind folgende Segmente als Zielgruppen imagepolitischer Maßnahmen zu betrachten:[47]

* Absatzmärkte
* Beschaffungsmärkte
* Personalmärkte
* Finanzmärkte
* Meinungsmärkte (Medien)
* Schulen/Hochschulen/Wissenschaft
* Staat und Gesellschaft
* Öffentliche Dienste, Träger der öffentlichen Meinung sowie
* eigene Mitarbeiter.

Für jede dieser Gruppen lassen sich spezielle imagepolitische Zielsetzungen definieren.[48] So unterscheidet bspw. Strothmann zwischen endogenen und exogenen Firmenimage-Faktoren.

> "Bei endogenen Faktoren handelt es sich um diejenigen Firmenimageaspekte, die die Beziehung eines Unternehmens zum Abnehmer beschreiben sowie den Zustand des Unternehmens, soweit dieser unmittelbar absatzpolitisch relevant ist. Unter exogenen Faktoren sind diejenigen Firmenimageaspekte zu fassen, die die Beziehung eines Unternehmens zu Staat, Wirtschaft und Gesellschaft beschreiben sowie den Zustand des Unternehmens, soweit dieser für dieses Bezugsfeld von Bedeutung ist."[49]

Die Größe der anzusprechenden Zielgruppen kann im Verhältnis zueinander sehr unterschiedlich sein. Ein Hersteller von großen Energiean-

---

47) Vgl. ähnlich Bergler, R.: Unternehmensimage und Corporate Communications: Profilierung am Markt und in der Öffentlichkeitsarbeit, in: Meffert, H./Wagner, H. (Hrsg.): Unternehmensbild und Strategie, Dokumentation des 10. Münsteraner Führungsgesprächs, 1986, Arbeitspapier Nr. 30, S. 7.; Braun, H.: Corporate Identity, a.a.O., S. 193.

48) Allerdings sind Segmentierungsverfahren in der PR-Praxis meist nicht so differenziert wie im Marketing. Entweder wird von der Öffentlichkeit oder einzelnen größeren Gruppen gesprochen. Vgl. Armbrecht, W.: Innerbetriebliche Public Relations: Grundlagen eines situativen Gestaltungskonzepts, Salzburg 1990, S. 251. Statt dem Begriff "Zielgruppen" wird häufig "Teilöffentlichkeiten" verwandt. Vgl. Signitzer, B.: Aspekte neuerer Public Relations Theorie und wissenschaftliche PR-Beratung, in: pr-magazin, Nr. 11/1989, S. 31.

49) Strothmann, K.-H.: Das Verhältnis von Firmen- und Produkt-Image. Vortrag auf dem 4. Forum für die Industriewerbung in Deutschland 8./9.11.1973, Die Welt, Hamburg 1973, S. 10, zitiert nach Roloff, E.: Messen und Medien - Ein sozialpsychologischer Ansatz zur Öffentlichkeitsarbeit, Wiesbaden 1992, S. 106 f.

lagen hat z.B. oft nur eine kleine Zielgruppe von potentiellen Käufern, jedoch eine Vielzahl von Individuen und Organisationen, welche Investitionsentscheidungen für derartige Energieanlagen durch die Ausübung öffentlichen Drucks miteinflussen können,[50] etwa indem sie der Presse gegenüber auf mögliche Umweltgefährdungen durch das neue Werk hinweisen oder sogar einen Baustopp erwirken.

Derartige Aktivitäten verschiedener Gruppen der Öffentlichkeit können durchaus Entscheidungsprozesse auf Abnehmerseite beeinflussen. Einflüsse können sich jedoch auch auf andere Teile der sogenannten Öffentlichkeit auswirken, so z.B. auf staatliche Institutionen und die Gesetzgebung, indem stärkere Auflagen an Hersteller und Betreiber für die Errichtung derartiger Anlagen erlassen werden.

In welchem Maß die Ansprache der genannten Zielgruppen relevant ist, hängt u.a. von der Größe des Absatzmarktes bzw. der Kundenzahl und dem Interesse der Öffentlichkeit am Handeln des Unternehmens ab. Mit Blick auf das kritische Interesse der Öffentlichkeit läßt sich dies durch eine 4-Felder-Matrix verdeutlichen.

Zahl der Kunden		**Kritisches Interesse der Öffentlichkeit: hoch**	**Kritisches Interesse der Öffentlichkeit: niedrig**
	viel	**Typ IV** Chem. Erzeugnis	**Typ I** PC
	wenig	**Typ III** Kraftwerk	**Typ II** Spezialmaschine

Abb. 1: Kundenzahl/Öffentlichkeitsinteresse-Matrix

50) Vgl. Jung, H.: Unternehmensexterne Öffentlichkeitsarbeit, in: Haedrich, G./Barthenheiner, G./Kleinert, H. (Hrsg.): Öffentlichkeitsarbeit. Dialog zwischen Institutionen und Gesellschaft. Ein Handbuch. Berlin 1982, S. 105.

I) Große Kundenzahl, wenig kritisches Interesse der Öffentlichkeit

Hierunter sind Anbieter von universell einsetzbaren Erzeugnissen[51] zu verstehen, welche in fast allen Betrieben einsatzfähig sind, so daß relativ große Kundenzahlen zustande kommen. Als Beispiel sind Hersteller von PCs oder einfachen Büromaschinen zu nennen. Große Käufergruppen ergeben sich aber nicht nur bei standardisierten Serienprodukten in hoher Auflage, sondern auch bei Unternehmen, die durch flexible Fertigungsmethoden zahlreiche Produkte in begrenzter Stückzahl fertigen und damit einen großen Kundenkreis bedienen können.

Das Interesse der Öffentlichkeit am Unternehmen wird häufig über dessen Produkte ausgelöst. Erzeugnisse, die in vielen Betrieben Einsatz finden, sind oft auch Gegenstand von Medienberichterstattungen, so daß häufig weite Teile der Öffentlichkeit über das unternehmerische Handeln informiert sind. Mit Blick auf das kritische Interesse der Öffentlichkeit, vor allem was z.B. mögliche Umweltgefährdungen für Anwohner angeht, kann im Vergleich zu Typ III und IV eher von geringem Interesse ausgegangen werden. Dies trifft insbesondere auf Unternehmen mit "sauberer" Produktion und wenig Emissionen zu.

II) Kleine Kundenzahl, wenig kritisches Interesse der Öffentlichkeit

Als Beispiel kann ein Hersteller von Spezialmaschinen angeführt werden, der sich auf ein kleines Marktsegment spezialisiert und daher nur relativ wenige Käufer hat.

Auch in diesem Fall kann davon ausgegangen werden, daß das kritische Interesse der Öffentlichkeit bei normalem Produktionsverlauf vergleichsweise gering ist.

---

51) Vgl. Strothmann, K.-H.: Investitionsgütermarketing, a.a.O., S. 59.

III) Kleine Kundenzahl, kritisches Interesse der Öffentlichkeit

Ein klassisches Beispiel für diese Konstellation ist ein Kraftwerksherstel- ler. Die Kundenzahl ist weltweit überschaubar, die kritisch interessierte Öffentlichkeit jedoch groß. Durch Bürgerinitiativen, Naturschutzorganisationen und andere Institutionen kann und wird häufig auf diesen Industriezweig massiver Druck ausgeübt, wodurch einzelne Transaktionen beeinflußt werden können, bis hin zu Baustopps oder der Gesamtaufgabe des Projekts. Werden bspw. über einen Kraftwerksanlagenbetreiber negative Informationen bekannt, könnten sich potentielle Käufer bzw. spätere Anlagenbetreiber ggf. einem anderen Anbieter zuwenden.

IV) Große Kundenzahl, kritisches Interesse der Öffentlichkeit

Unter diese Kategorie fallen z.B. Erzeuger chemischer Produkte, deren Produktion Gefahren für die Umwelt in sich birgt. Hierbei ist meist nicht nur die Zahl der Abnehmer relativ groß, sondern häufig auch das kritische Interesse der Öffentlichkeit. Transaktionen können durch einzelne Gruppen der Öffentlichkeit beeinflußt werden, indem z.B. auf unsichere Produktionsverfahren oder umweltschädigende Wirkungen der Produkte aufmerksam gemacht wird. Käufer könnten sich in einem solchen Fall vom Lieferanten abwenden, um selbst kein negatives Image durch die Geschäftsbeziehung aufzubauen. Diese Gefahr besteht insbesondere, wenn z.B. die Chemikalien als Einsatzstoffe vom Abnehmer weiterverarbeitet werden.

Neben den zuvor benannten umweltbedingten Faktoren, die zur Betrachtung der verschiedenen Zielgruppen geführt haben, spielen beim Einsatz imagepolitischer Maßnahmen insbesondere auch die intrapersonalen Determinanten eine wichtige Rolle, d.h. psychologische Faktoren, wie z.B. Motivation, Rollenverständnis und die kognitive Struktur der Entscheider.[52]

Aus diesen Betrachtungen resultiert, daß bei der Bestimmung imagepolitischer Maßnahmen für unterschiedliche Zielgruppen eine Fülle von Aspekten zu berücksichtigen ist. Während bei der ausschließlichen Behandlung der absatzrelevanten Zielgruppen nicht näher auf die intrapersonalen Aspekte der zur Umwelt gehörenden Segmente einzugehen ist, müssen bei einer PR-orientierten Betrachtung auch für diese Gruppen detailliertere Analysen erarbeitet werden, um das gesellschaftliche und soziale Umfeld hinreichend zu berücksichtigten.[53]

Doch auch für imagepolitische Maßnahmen, die auf bestehende und potentielle Abnehmer ausgerichtet werden, sind bisherige Theorieansätze zu überdenken. So hat z.B. Strothmann seine für den Bereich der konventionellen Investitionsgüter dargestellte Typologie der Fakten- und Image-Reagierer[54] für den Bereich der Systeme erweitert. Aufgrund einer empirischen Analyse werden für diesen Bereich drei Entscheidertypen dargestellt, und zwar der Entscheidungsorientierte, der Faktenorientierte sowie der Sicherheitsorientierte.[55] Es läßt sich feststellen, daß insbesondere die in dieser Studie so genannten Sicherheitsorientierten in ihrer Entscheidungsfindung stark vom Unternehmensimage des Anbieters beeinflußt werden. Sie sind vor allen Dingen in größeren Unternehmen angesiedelt und suchen bei ihren Entscheidungen nach verläßlichen, entscheidungsabstützenden Faktoren. Faktenorientierte Entscheider urteilen nach dieser Studie eher imageunabhängig, und entscheidungsorientierte Personen haben sich zumindest gegen Firmenimages als immun herausgestellt.

---

52) Siehe hierzu Strothmann, K.-H.: Innovatoren - Eine Pilotstudie zum Innovationsmarketing in Maschinenbau und Elektroindustrie, Hamburg 1988, S. 19, wo systematisch auf die Eigenschaften unterschiedlicher Entscheidertypen eingegangen wird.

53) Vgl. Raffée, H./Wiedmann, K.-P.: Das gesellschaftliche Bewußtsein in der Bundesrepublik und seine Bedeutung für das Marketing, a.a.O., S. 26 f.

54) Vgl. Strothmann, K.-H.: Investitionsgütermarketing, a.a.O., S. 99 f.

55) Vgl. Strothmann, K.-H.: Innovatoren - Eine Pilotstudie zum Innovationsmarketing in Maschinenbau und Elektroindustrie, a.a.O., S. 19.

Doch auch diejenigen, die meinen, vom Firmenimage nicht beeinflußt zu werden, können durchaus entscheidungsrelevante Imagekomponenten im Unterbewußtsein verarbeiten.

3. Die zunehmende Bedeutung von Firmenimages und die Konsequenzen für die Imagepolitik

Durch die bisherigen Ausführungen sollte deutlich werden, daß sich imagepolitische Maßnahmen für unterschiedliche Zielgruppen und Zielsetzungen gestalten lassen. Dabei ist festzuhalten, daß im Rahmen dieser Arbeit unter Imagepolitik die gesamten Aktivitäten von seiten eines Unternehmens verstanden werden können, theoretisch und praktisch gewonnene Erkenntnisse so in die Praxis umzusetzen, daß sie möglichst positive Auswirkungen auf das Image des Unternehmens oder des Produktes haben. Auch Tietz formuliert einfach "Imagepolitik ist die bewußte Gestaltung von Images durch Unternehmen"[56].

Auf der anderen Seite ist mit dem Begriff Imagepolitik das Instrumentarium angesprochen, mit dem Images gesteuert werden sollen. Ähnlich wie im Marketing-Mix Produktpolitik, Kommunikationspolitik, Funktionspolitik und Integrationspolitik zum Tragen kommen,[57] soll der Begriff Imagepolitik eine Vorstellung davon geben, daß dahinter zugleich ein Instrumentarbündel steht. Das weiter unten beschriebene Sponsoring-Mix bildet einen Teil davon.

Mit Blick auf unterschiedliche Imagearten kann grundsätzlich zwischen Produkt-, Produktgruppen- und Firmenimage differenziert werden.[58]Etwas ausführlicher gliedern Spiegel/Nowak, die zwischen Imagearten des Anbieters sowie Imagearten seines Angebotes unterschieden.[59] Bezogen auf

---

56) Vgl. Tietz, B.: Die Grundlagen des Marketing, II. Band, Die Marketing-Politik II, München 1975, S. 1262.

57) Vgl. Strothmann, K.-H.: Investitionsgütermarketing, a.a.O., S. 114; Strothmann, K.-H./Kliche, M.: Innovationsmarketing, a.a.O., S. 93 und 95 ff.

58) Vgl. Braun, H.: Corporate Identity, a.a.O., S. 186.

59) Vgl. Spiegel, B./Nowak, H.: Image und Image-Analyse, a.a.O., S. 965 ff.

das Unternehmen können Firmenimage, Konzernimage sowie das über den Betrieb hinausgehende Branchenimage benannt werden. Hinsichtlich des Angebotes läßt sich nach Produktimage, Produktgruppenimage und dem Gattungsimage der Produkte, welches über das Unternehmen hinausgeht, differenzieren. Darüber hinaus ist das Landesimage des anbietenden Unternehmens zu berücksichtigen.[60]

Obwohl die benannten Imagearten separat analysiert werden können, sind sie voneinander abhängig, wie auch Abb. 2 verdeutlicht. Hierdurch wird modellhaft aufgezeigt, wie industrielle Kaufentscheidungen zustandekommen und daß einzelne Stufen, wie das Image des Herstellers, das der Konkurrenten, der Produktgruppe, der Konkurrenzprodukte, etc. nacheinander während eines Entscheidungsprozesses Berücksichtigung finden können. Mit Blick auf die Darstellung unterschiedlicher Einflußgrößen wird auf Johannsen verwiesen, der in diesem Zusammenhang folgende beeinflussende Faktoren aufzählt:

* "das Produkt (die Firma) selber
* die Produkt- (Firmen-) Ausstattung
* der Preis
* die Distribution
* die werbliche Kommunikation
* der Mensch als Imageträger."[61]

Besonders bei komplexen Systemtechnologien spielt dabei das Firmenimage eine übergeordnete Rolle, weil bspw. die Qualität eines Systems vom Abnehmer erst nach der Implementierung beurteilt werden kann, sofern noch keine vergleichbare Installation realisiert wurde. Das Vertrauen in den Anbieter gewinnt dadurch immer mehr an Bedeutung, vor allem bei sehr großen Investitionsvolumen. Je enger sich das abnehmende Unter-

---

60) Im Rahmen einer empirischen Analyse bei potentiellen Werkzeugmaschinenkäufern in Deutschland konnte festgestellt werden, daß das Landesimage Österreich positive Auswirkungen auf das Interesse der Käufer an österreichischen Maschinen hat. Getestet wurde dies u.a. durch eine Anzeige mit Johann Strauß. Vgl. Schweiger, G.: Imagetransfer - Ergebnisse von empirischen Imagetransferstudien zum Thema "Österreichischen Exportwerbung", in: der markt, Nr. 4/1989, S. 171 f. Nicht völlig ausgeschlossen werden konnte jedoch, daß das Interesse durch das Motiv "Kunst" gesteigert wurde.

61) Johannsen, U.: Das Marken- und Firmen-Image, Berlin 1971, S. 110 f.

nehmen technisch an den Anbieter bindet, desto größer sind die damit zusammenhängenden Risiken, so daß auch Faktoren, wie die Überlebenswahrscheinlichkeit des Produzenten, entscheidungsbeeinflussend sein können.

Neben der finanziellen Situation des Anbieters spielen Kriterien eine Rolle, die zunächst nur äußerst mittelbar etwas mit der finanziellen Stärke zu tun haben. Moderne Managementmethoden, Marketingstrategien und das Bild des Anbieters in der Öffentlichkeit stehen ebenfalls im Zentrum des Interesses. Das Unternehmensimage wird teilweise sogar als neuer Produktionsfaktor deklariert[62], wiewohl dies wissenschaftlich bisher nicht klar abgeleitet wurde.

Ein gutes Image kann Unternehmen beim Aufbau dauerhafter Kundenbeziehungen unterstützen und Immunität gegenüber kurzfristigen Aktivitäten der Konkurrenz schaffen. Die Kunden profitieren sowohl vom positiven Image als auch vom aufgebauten Vertrauensverhältnis, weil für sie die Prüfung vielfältiger Einzelfaktoren entfällt.[63]

Dadurch verändern sich die traditionellen Entscheidungsdeterminanten, zumal die Ausmaße und wirtschaftlichen Konsequenzen einer Neuinvestition vielfach nur abschätzbar und grob prognostizierbar sind. Psychologische Momente gewinnen bei der Entscheidungsfindung zunehmend an Bedeutung.[64]

---

62) Vgl. Buß, E.: Das Unternehmensimage - der neue Produktionsfaktor, in: Manager Magazin (Hrsg.): Imageprofile '88, Das Deutsche Image-Jahrbuch, 1. Jg., Düsseldorf 1988, S. 8. Vgl. ähnlich Marken, G.A.: Corporate Image - We All Have One, But Few Work to Protect and Project It, in: Public Relations Quarterly, Frühjahr 1990, S. 22. Vgl. auch die jährlichen Imageuntersuchungen im Manager Magazin, wonach Management-Qualifikation sehr hoch bewertet wird. Siehe dazu z.B. Rüßmann, K. H.: Strahlkraft durch Kompetenz, in: Manager Magazin, Nr. 4/1988, S.256.

63) Vgl. Buß, E.: Das Unternehmensimage - der neue Produktionsfaktor, a.a.O., S. 8 f. Siehe auch Gregory, J. R./Wiechmann, J. G.: Marketing Corporate Image - The Company As Your Number One Product, Illinois 1991, S. 4 f., die auf verschiedene Aufgaben von Imagewerbung eingehen.

64) Vgl. ähnlich Baaken, T.: Besonderheiten des Technologiemarketing - Veränderungen im Marketing durch technologische Entwicklungen, a.a.O., S. 3 ff.

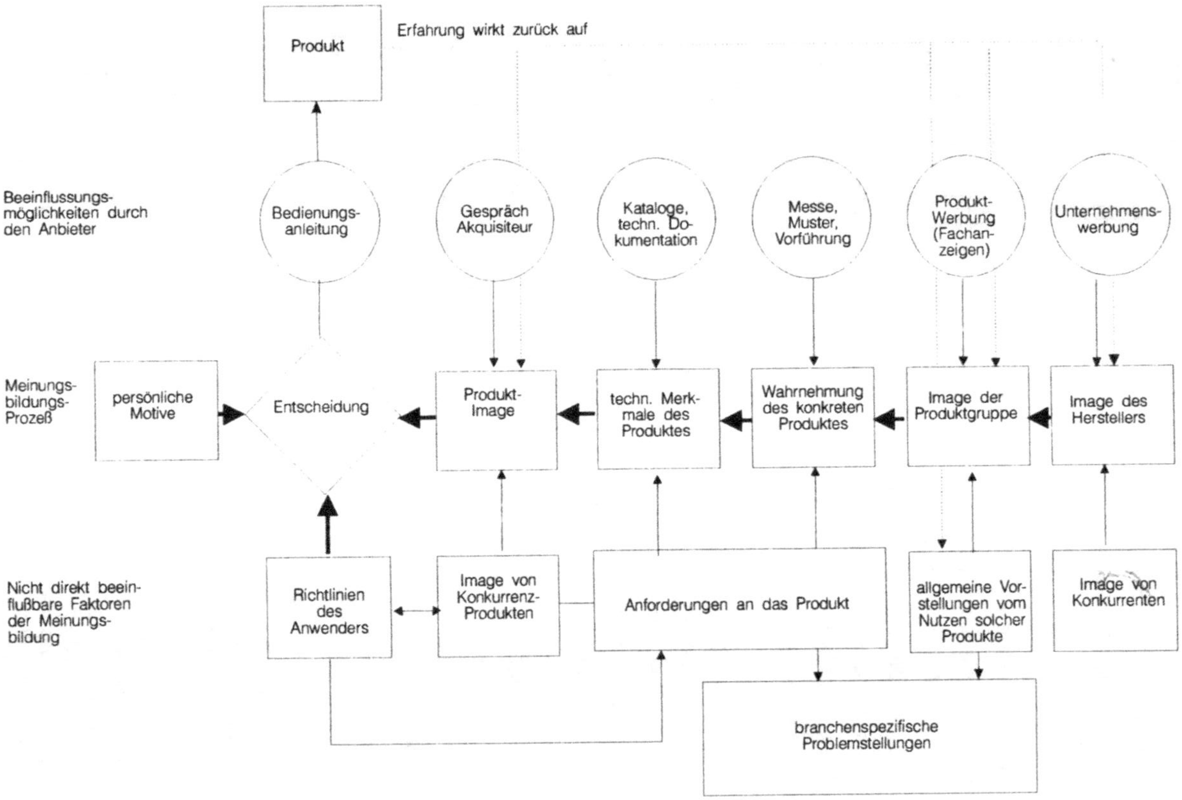

Abb. 2: Modell der Meinungsbildung hinsichtlich industrieller Kaufentscheidungen[65]

65) Entnommen Koinecke, J. (Hrsg.): Handbuch Marketing, Bd. II, Gernsbach 1978, S. 993.

"Auf dem Gebiet der komplexen Anlagentechnik ist das Firmenimage von größerer Bedeutung als das Produktimage. Demgegenüber ist das Produktimage bei unmittelbar konkretisierbaren Erzeugnissen von Belang. Das Produktimage erhält eine größere Wirksamkeit, wenn es von zentralen Firmenimage-Faktoren abgestützt wird. Imagepolitische Maßnahmen erschließen Preisdurchsetzungspotential, wenn zentrale Imagefaktoren zum Gegenstand der Marktkommunikation gemacht werden."[66]

4. Bedeutung von Corporate Identity im Rahmen der Imagepolitik

Einen besonderen Stellenwert in der Diskussion über die Imagepolitik nimmt die Corporate Identity (CI) ein, welche das Image eines Unternehmens prägt.[67] In der Literatur werden im Zusammenhang mit CI unterschiedliche Definitionen angeboten. Braun bspw. beschreibt sie als

"die Gesamtheit aller Maßnahmen, die das Bild eines Unternehmens nach innen und außen erfolgreich bestimmen, formen und steuern".[68]

und setzt den Begriff damit fast dem Terminus Unternehmensimage gleich.

Strothmann hingegen sieht CI als Ausgangspunkt aller weiteren Maßnahmen eines Unternehmens an.

"Corporate Identity ist die Gesamtheit der noch aktuellen historisch gewachsenen Werte eines Unternehmens sowie der Unternehmensziele, die aus der Annahme gesellschaftspolitischer Herausforderungen resultieren. Damit ist Corporate Identity das Grundgesetz des Unternehmens, das als oberster Planungs- und Entscheidungsrahmen absolute Gültigkeit erhält."[69]

---

66) Strothmann, K.-H./Kliche, M.: Innovationsmarketing, a.a.O., S. 27.

67) Vgl. Kohtes, P. J.: Der Nutzen von Image-Programmen, in: Manager Magazin (Hrsg.): Imageprofile '88, Düsseldorf 1988, S. 47. Dies bestätigt auch eine Umfrage von Rohleder/Woodger, wonach 89 % der befragten Unternehmer nach der Einführung eines konsequenten CI-Managements einen Imagegewinn verzeichneten. Vgl. Rohleder, P.J./Woodger, C.: Corporate Design - Visuelle Manifestation der Strategie - langfristiger Erfolgsfaktor eines Unternehmens, in: Marktforschung & Management, Nr. 3/1991, S. 103.

68) Braun, H.: Corporate Identity, a.a.O., S. 186. In Konsequenz zählen hierzu auch Design der Inneneinrichtung, Kunst am Bau, Arbeitskleidung etc. Vgl. Diem, W.: Die Entwicklung und die Konsequenzen einer Corporate Identity, in: VM International, Nr. 7-8/1990, S. 5.

69) Strothmann, K.-H.: Corporate Identity: Das Grundgesetz des Unternehmens, in: Marketing Journal, 6/81, S. 597.

Den Wertebegriff verknüpft Silberer mit Corporate Identity zur Corporate Value Identity und fordert, daß die Werteorientierung eines Unternehmens sowohl nach innen als auch außen "aus einem Guß" sein müsse, da sonst die Gefahr bestehe, unglaubwürdig zu werden.[70]

Da sich Werte im Laufe der Zeit verändern können, hat

> "Der Wertewandel und die damit aufgeworfene Sinnfrage (haben) also durchaus in vielen Unternehmen zur Positionserklärung im Wettbewerb und im gesellschaftlichen Umfeld und damit zu den Grundlagen einer Unternehmens-Identität geführt."[71]

Unterschiedliche Schwerpunkte setzen Autoren nicht nur bei der grundsätzlichen Definition, sondern auch bei der Beschreibung von CI-Bestandteilen. So können Visionen ("Wo wollen wir hin? Wer wollen wir sein?") und Leitbilder ("Wer sind wir? Wo liegen unsere Stärken und Schwächen?) als wichtige Komponenten der Unternehmensidentität gesehen werden.[72]

Birkigt/Stadler hingegen verstehen CI als ein Identitäts-Mix, das sich aus den Bestandteilen Unternehmenspersönlichkeit, Unternehmenserscheinungsbild, Unternehmenskommunikation und Unternehmensverhalten zusammensetzt,[73] wobei zwischen den einzelnen Bereichen kein Widerspruch auftreten darf und darüber hinaus für jeden einzelnen Teil innere

---

70) Vgl. Silberer, G.: Wertewandel und Werteorientierung in der Unternehmensführung, in: Marketing ZFP Zeitschrift für Forschung & Praxis, Nr. 2/1991, S. 81; vgl. ähnlich Nuber, K.-H.: Management by Corporate Identity, in: Harvard Manager, Nr. 3/1985, S. 105. Zur Problematik, die unterschiedlichen Wertorientierungen von Mitarbeitern zu verbinden vgl. Demuth, A.: Eine Verfassung für das Unternehmen - Verbindliche Grundsätze legen gemeinsame Werte fest, in: Blick durch die Wirtschaft, vom 16.12.1988, S. 7.

71) Heinrich, D.: Instrument der Defensive, in: pr magazin, Nr. 6/86, S. 38.

72) Vgl. Häusel, H.-G.: Unternehmen brauchen ein ikonisches Leitbild, in: Harvard Manager, Nr. 2/1991, S. 27.

73) Vgl. Birkigt, K./Stadler, M. (Hrsg.): Corporate Identity: Grundlagen, Funktionen, Fallbeispiele, 6. Auflage, Landsberg 1993, S. 19.

Kohärenz gefordert wird.[74] Andere Autoren bevorzugen die englischsprachigen Ausdrücke und schreiben der CI die Elemente Corporate Design, Corporate Communications[75] und Corporate Behaviour zu[76]. Auch der Begriff Corporate Culture steht teilweise zur Diskussion[77], der ebenfalls als zentrales Element der CI bezeichnet wird.[78]

Die Auffassungen, ob Corporate Identity als Ziel, als Strategie oder als Aktion anzusehen ist, gehen damit auseinander, da in der Literatur unterschiedliche Schwerpunkte gesetzt werden.[79] Achterholdt greift diesen Sachverhalt in einer weitergehenden Beschreibung auf, indem sie definiert, daß CI

> "den Zustand der Harmonie von Fremd- und Eigenbild (Ziel), das gesamte Planungsprogramm, das zu dieser Zielerreichung führt (Strategie), die Ausrichtung einzelner Maßnahmen, deren Gefüge sich zur Strategie verdichtet (Aktion)"[80]

bezeichnet. Ähnlich argumentiert Kammerer, der ein dreistufiges Wirkungsmodell vorstellt, das die Stufen Strategie, Umsetzung und Ergebnis

---

74) Vgl. Kohtes, P. J.: Der Nutzen von Image-Programmen, a.a.O., S. 48; vgl. ähnlich Körke, H.: Firmen-Philosophien: in aller Munde, doch kaum in aller Herzen, in: Blick durch die Wirtschaft, 18.7.91, S. 1.

75) Vgl. zu Corporate Communication Raffée, H./Wiedmann, K.-P.: Glaubwürdigkeits-Offensive, in: absatzwirtschaft, Nr. 12/1983, S. 52 f.; Wiedmann, K.-P.: Public Marketing und Corporate Communications als Bausteine eines strategischen und gesellschaftsorientierten Marketing, Arbeitspapier Nr. 38 des Instituts für Marketing, Universität Münster, Mannheim 1986, S. 10.

76) Vgl. Meffert, H.: Corporate Identity, in: DBW Die Betriebswirtschaft, Nr. 6/1991, S. 817 f.; Wilkening, H.-R.: Corporate Identity - auf die Umsetzung kommt es an: Glaubwürdigkeit und Engagement der Führungskräfte bestimmen den Erfolg, in: Blick durch die Wirtschaft, vom 29.10.1991, S. 7.

77) Vgl. Heinen, E./Dill, P.: Unternehmenskultur - Überlegungen aus betriebswirtschaftlicher Sicht, a.a.O., S. 202; vgl. Hüchtermann, M./Lenske, W.: Wettbewerbsfaktor Unternehmenskultur, Köln 1991, S. 5 f.

78) Vgl. Schneider, D. J.G./Wührer, G.A.: Unternehmenskultur und CI-Strategie, a.a.O., S. 148. Vgl. weiterführend zur Unternehmenskultur auch Hinterhuber, H.H./Holleis, W.: Gewinner im Verdrängungswettbewerb - Wie man durch Verbindung von Unternehmensstrategie und Unternehmenskultur zu einem führenden Wettbewerber werden kann, in: JfB Journal für Betriebswirtschaft, Nr. 1-2/1988, S. 2 ff.

79) Siehe hierzu u.a. Tafertshofer, A.: Corporate Identity - Magische Formel als Unternehmensideologie, in: Die Unternehmung - Schweizerische Zeitschrift für Betriebswirtschaft, Nr. 1/1982, S. 11.

80) Achterholdt, G.: Corporate Identity: in 10 Arbeitsschritten die eigene Identität finden und umsetzen, a.a.O., S. 33.

beinhaltet.[81] Die Verbindung dieser drei Stufen und gleichzeitiger Sichtweisen faßt er wie folgt zusammen:

> "Strategie und strategieadäquate Maßnahmen der Corporate Identity zielen darauf ab, durch die Gesamtheit aller Handlungen eine Unternehmensidentität zu schaffen, die dem in der Soll-Identität geplanten spezifischen Zusammenhang entspricht."[82]

Einigkeit besteht jedoch über die schriftliche Fixierung der CI. Die Unternehmensverfassung beinhaltet Grundsätze, die als Unternehmensphilosophie anzusehen sind und die Abstimmung von Verhalten, Erscheinungsbild und Kommunikation regeln.[83] Die Regeln haben grundgesetzähnlichen Charakter und sollten deshalb so formuliert werden, daß sie über einen längeren Zeitraum ihre Gültigkeit behalten.[84] Aufgrund der sich permanent veränderten Unternehmensumwelt wird es jedoch zunehmend wichtiger, neben dem manifesten Bestandteil der Corporate Identity auch einen flexiblen Bereich zu erkennen und zu fixieren.[85] Dieser Aspekt trägt dem Tatbestand Rechnung, daß u.a. durch völlig neuartige Technologien teilweise nicht antizipierbare gesellschaftliche Veränderungen ausgelöst werden.

So unterschiedlich die Beschreibungen der Corporate Identity auch sein mögen, läßt sich festhalten, daß diese eine wichtige Bedeutung mit Blick auf das Unternehmensimage hat, denn "Ein Unternehmen beeinflußt sein Image durch die Art, wie es mit seiner Identität umgeht."[86] Als Teil der

---

81) Vgl. Kammerer, J.: Beitrag der Produktpolitik zur Corporate Identity, Diss., München 1988, S. 35

82) Ebenda, S. 48.

83) Nach Jugel/Wiedmann/Kreutzer sollte die Unternehmensphilosophie u.a. auch die spezifische Kompetenz des Unternehmens aufzeigen. Vgl. Jugel, S./Wiedmann, K.-P./Kreutzer, R.: Die Formulierung der Unternehmensphilosophie im Rahmen einer Corporate Identity-Strategie - Allgemeiner Orientierungsrahmen und empirische Bestandsaufnahme, in: Marketing ZFP Zeitschrift für Forschung und Praxis, Nr. 4/1987, S. 296.

84) Vgl. Achterholdt, G.: Corporate Identity: in 10 Arbeitsschritten die eigene Identität finden und umsetzen, a.a.O., S. 38.

85) Vgl. Strothmann, K.-H.: Corporate Identity: Das Grundgesetz des Unternehmens, a.a.O., S. 598.

86) Margulies, W.P.: Verbesserung der Corporate Identity, in: Harvard Manager, Nr. III/82, S. 97. Den Zusammenhang zwischen beiden Begriffen sieht auch Nagel, der unter Corporate Identity das versteht, was ein Unternehmen tut, während Corporate Image aufzeigt, wie das Unternehmen gesehen wird. Vgl. Nagel, G.: Durch Firmenkultur zur Firmenpersönlichkeit - Manager entdecken ein neues

Imagepolitik hat sich auch Sponsoring an der CI zu orientieren, worauf in Kapitel V näher eingegangen wird.[87]

Der heutige CI-geprägte Imageansatz ist wesentlich umfassender als viele Imageprogramme früherer Zeit[88], auf die von Unternehmensseite oft erst dann zurückgegriffen wurde, wenn es galt, Mißstände nach außen zu korrigieren[89]. Dabei spielt der Zeitaspekt eine Rolle, denn langfristig können Images, also Fremdbilder, nur dann mit den Organisationszielen im Einklang stehen, wenn sie auch mit dem Selbstimage der Organisation übereinstimmen. Durch kommunizierte CI-Programme können Motivation und Verhaltensweise der Mitarbeiter beeinflußt werden, wodurch sich Auswirkungen auf das Unternehmensumfeld und damit auch das Fremdbild ergeben können. Das Ziel eines CI-Programmes läßt sich somit auch im Erreichen der Deckungsgleichheit von Selbst- und Fremdimage sehen.[90]

Ein weiterer Aspekt unterscheidet heutige Imageprogramme von früheren. Als noch ökonomische oder technologische Vorteile Wettbewerbsvorsprünge garantierten, konnten sich Unternehmen häufig auf das Ausspielen "harter" Erfolgsfaktoren, wie z.B. Betriebsgröße oder Produkt- oder Verfahrensinnovationen verlassen. Die in der jetzigen Zeit im starken Wettbewerb stehenden Unternehmen verfügen aber zunehmend über ein geringeres Differenzierungspotential durch diese Faktoren, weil Produkte und Verfahren immer homogener und damit austauschbar werden. Zu-

---

Forts.: Erfolgspotential, Landsberg am Lech 1991, S. 124. In diesem Zusammenhang wird auch auf Schneider, D.J.G./Wührer, G.A.: Unternehmenskultur und CI-Strategie, in: JfB Journal für Betriebswirtschaft, Nr. 4/1991, S. 143 verwiesen, der das Firmenimage als Corporate Image bezeichnet.

87) Obwohl Bruhn die Auffassung vertritt, daß Sponsoring ein neues Instrument des Kommunikations-Mix sei, sieht er ebenso die Notwendigkeit, daß Sponsoring an der Corporate Identity auszurichten sei. Vgl. Bruhn, M.: Sponsoring - Mäzenatentum oder Schleichwerbung? in: Harvard Manager, Nr. III/87, S, 48.

88) Vgl. Kohtes, P.J.: Der Nutzen von Image-Programmen, a.a.O., S. 47.

89) Siehe hierzu Beispiele in o.V.: Lehren aus dem Schock - Chemieunfälle, in: Wirtschaftswoche, Nr. 50/1986, S. 146 f.; vgl. o.V.: Ein Stoff kommt ins Gerede, ein Unternehmen reagiert, in: absatzwirtschaft Sonderausgabe Nr. 10/1985, S. 70 f.;

90) Vgl. Achterholdt, G.: Corporate Identity: in 10 Arbeitsschritten die eigene Identität finden und umsetzen, a.a.O., S. 12.

nehmend gewinnen damit "weiche" Erfolgsfaktoren an Bedeutung, die primär dem Kommunikations- und Human Capital-Bereich zuzurechnen sind.

Obwohl das Problem dieser weichen Faktoren darin besteht, daß sich ihre Auswirkungen auf den Unternehmenserfolg quantitativ bisher kaum erfassen lassen,[91] konnte in einem etwas anderen Zusammenhang empirisch belegt werden, daß Unternehmen, die eine CI formuliert haben, innovativer oder in bestimmten Bereichen fortschrittlicher sind.[92]

Da jedoch auch die sogenannten harten Erfolgsfaktoren nicht unberücksichtigt bleiben dürfen, wird im folgenden Abschnitt der Begriff Kompetenz eingeführt und mit dem Terminus Image verbunden.

5. Das Konstrukt Kompetenz im Verhältnis zum Konstrukt Image

Außer dem Konstrukt Image wird seit einiger Zeit verstärkt der Begriff Kompetenz in der Literatur diskutiert.[93]

> "Neben dem Image als marktpsychologischem Ziel (und Meßkriterium) kann noch ein weiteres, mehr qualitatives Marktziel unterschieden werden: das der **Kompetenz.** Es bezieht sich dabei weniger auf einzelne (isolierte) Produkte oder Programmteile, sondern auf das Unternehmen bzw. die Institution als Ganzes. Die Unternehmenskompetenz kann in dieser Hinsicht auch als Kerndimension von Unternehmensimages aufgefaßt werden."[94]

Allerdings ist die Erkenntnis, "daß über die angebotenen Produkte und Dienstleistungen hinaus auch das Unternehmen selbst, seine Identität, seine Kompetenz, seine Philosophie, ein Offensiv-Potential darstellen"[95]

---

91) Vgl. Achterholdt, G.: Corporate Identity: in 10 Arbeitsschritten die eigene Identität finden und umsetzen, a.a.O., S. 11.

92) Vgl. Strothmann, K.-H.: Innovatoren, a.a.O., S. 62.

93) Vgl. hierzu Bergler, R.: Unternehmensimage und Corporate Communications: Profilierung am Markt und in der Öffentlichkeitsarbeit, a.a.O., S. 3 f. Bergler zählt hier die Begriffe ethische Kompetenz, Produktkompetenz, kommunikative Kompetenz und Führungskompetenz auf, ohne dies näher zu spezifizieren.

94) Becker, J.: Marketing-Konzeption - Grundlagen des strategischen Marketing-Managements, a.a.O., S. 85.

95) Heinrich, D.: Instrument der Defensive, a.a.O., S. 37.

noch nicht sehr alt. Hinsichtlich der Kompetenz werden jedoch gerade in jüngster Zeit die Nutzungspotentiale für das Marketing erkannt.[96]

Bezogen auf den Investitionsgüterbereich, insbesondere die Systemtechnologie, sollte es das Ziel von Anbietern sein, für so kompetent gehalten zu werden, daß eine optimale Problemlösung realisiert werden kann.[97] Dazu bedarf es eines Surrogates zur technischen Qualität, wie z.B. die "wahrgenommene Kompetenz".[98]

> "Wirksam ist, die Leistungsmerkmale des Unternehmens zu betonen, die Beweis für die Fähigkeit sind, eine komplexe Anlage zu konzipieren und zu installieren."[99]

Von Systemanbietern sollte jene Kompetenz kommuniziert werden, "die für individuell angepaßte Systemarchitekturen und die damit zusammenhängenden Leistungen Voraussetzung ist".[100]

> "CIM-Marketing ist somit weitgehend 'Vertrauenssache', und die Kompetenz des Anbieters ist zum ausschlaggebenden Faktor für den Erfolg geworden."[101]

Ähnlich wie für den Bereich Image muß allerdings auch für das Konstrukt Kompetenz geklärt werden, ob nähere Begriffsdifferenzierungen möglich

---

96) Von der Kompetenz eines Unternehmens lasse sich nach Koblitz zugleich auf "hochwertigere Produkte, rationellere Fertigung, gekonnteres Marketing" schließen. Koblitz, H. G.: Kompetenz, in: Harvard Manager, Nr. III/1989, S. 3; vgl. Backhaus, K.: Investitionsgütermarketing: Antworten auf neue Marktanforderungen, in: absatzwirtschaft, Nr. 2/1993, S. 87.

97) Daß "dem Vertrauen in die Kompetenz des Anbieters" eine besondere Bedeutung gerade im Investitionsgüterbereich zukommt, konnte bereits empirisch am Beispiel CIM nachgewiesen werden. Vgl. Kleinaltenkamp, M./Seinsche, R.: CIM - eine Herausforderung für das Marketing des Werkzeugmaschinenhandels, in: Marktforschung & Management, Nr. 3/1989, S. 90.

98) Vgl. Backhaus, K./Weiss, P. A.: Kompetenz - die entscheidende Dimension im Marketing, in: Harvard Manager, Nr. III/1989, S. 111.

99) Strothmann, K.-H./Kliche, M.: Innovationsmarketing, a.a.O., S. 140.

100) Ebenda.

101) Kleinaltenkamp, M./Rohde, H.: Mit Kompetenzzentren Barrieren überwinden, in: absatzwirtschaft, Nr. 11/1988, S. 106. Daß Vertrauen nicht nur im Zusammenhang mit CIM wichtig ist, zeigen auch Belz/Kopp auf, die eine ursprüngliche Aufgabe des Marketing darin sehen, "Vertrauen beim Kunden zu schaffen". Siehe Belz, C./Kopp, K. M.: Markenführung für Investitionsgüter: Kompetenz- und Vertrauensmarketing, Berichte und Materialien Nr. 2/1993, Forschungsinstitut für Absatz und Handel an der Hochschule St. Gallen für Wirtschafts-, Rechts- und Sozialwissenschaften, S. 13.

sind, die zur Operationalisierung beitragen können.[102] So läßt sich Kompetenz in eine epistemische und eine heuristische Kompetenz untergliedern.

> "Die **Fertigkeiten** (epistemische Kompetenz) und **Fähigkeiten** (heuristische Kompetenz), die einem Unternehmen zugeordnet werden, um Probleme des Kunden zu lösen, werden als (aktuelle) Kompetenz bezeichnet."[103]

Mit Blick auf das Verhältnis von Image zu Kompetenz ist zunächst der Ansatz naheliegend, daß mit Kompetenz die tatsächlich vorhandenen Fähigkeiten des Unternehmens angesprochen sind, während das Image die Vorstellung eines Betrachters über ein Unternehmen ausdrückt. Dabei kann es sich allerdings auch um einen Eindruck von der Kompetenz des Unternehmens handeln.[104]

Versucht man, den Inhalt beider Konstrukte durch zwei Kreise zu verdeutlichen, entsteht eine Schnittmenge, die als Kompetenz-Image benannt wird. Als Kompetenz-Image wird jenes Image bezeichnet, das ein Unternehmen, eine Organisation oder eine Person hinsichtlich seiner Kompetenz hat.

---

102) Vgl. hierzu u.a. Bergler, R.: Unternehmensimage und Corporate Communications: Profilierung am Markt und in der Öffentlichkeitsarbeit, a.a.O., S. 3 f., der vier Arten von Kompetenzen ausweist, und zwar ethische Kompetenz (Glaubwürdigkeit), Produktkompetenz, kommunikative Kompetenz und Führungskompetenz.; vgl. ähnlich Rohleder, P. J./Schmidt, D. W.: Kompetenz im Wettbewerb - Aufbau und Management zentraler Erfolgsfaktoren im Unternehmen, in: Marktforschung & Management, Nr. 2/1989, S. 58.

103) Backhaus, K.: Investitionsgütermarketing, a.a.O., S. 410.

104) So führt Schneider aus, daß die Kompetenz als Bestandteil des Firmenimages umso wichtiger wird, je undurchschaubarer die Problemlösung für den Kunden wird. Vgl. Schneider, D.J.G.: Corporate Identity, Corporate Cultur und Corporate Image als strategische Erfolgsfaktoren, in: Marktforschung & Management, Nr. 4/1989, S. 108; vgl. auch Bergmann, H./Rohde, H.: CIM-Marketing: Mit Systemdenken zum Erfolg, in: absatzwirtschaft, Nr. 3/1993, S. 90, die anhand einer empirischen Studie beschreiben, daß Kompetenz in bezug auf Computer Integrated Manufacturing-Lösungen nur Systemhäusern zuerkannt wird, d.h. hierbei ist nicht die tatsächliche Kompetenz gemeint, sondern die Vorstellung seitens des Kunden darüber.

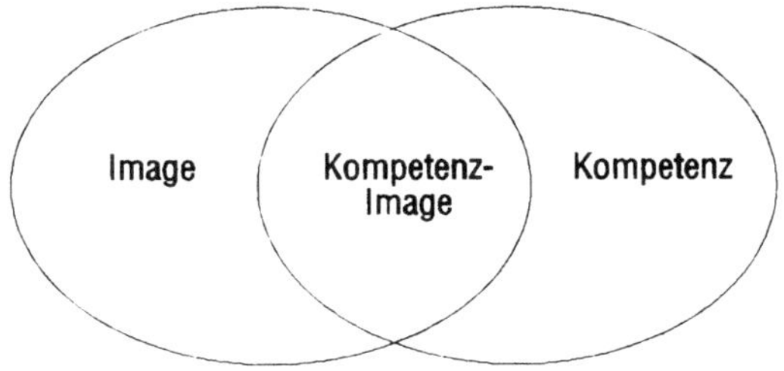

Abb.3: Kompetenz-Image als Schnittmenge von Kompetenz und Image

Bei näherer Betrachtung wird deutlich, daß sich das Verhältnis von Image und Kompetenz während eines Entscheidungsprozeßverlaufes ändern kann. Am Anfang eines Entscheidungsprozesses wird sich der potentielle Abnehmer meist noch kein, auf eigenen Erfahrungen basierendes Urteil über die tatsächliche Kompetenz des Anbieters machen können. Er muß sich vielmehr auf das Kompetenz-Image des Anbieters verlassen. Im Verlauf der Zusammenarbeit hat er jedoch die Möglichkeit, dieses Image einer eigenen Prüfung zu unterziehen. Stellt er fest, daß die tatsächliche Kompetenz mit dem Kompetenz-Image übereinstimmt, wird dies seine Entscheidung, mit dem Anbieter zusammenzuarbeiten, bestätigen. Registriert er hingegen, daß das positive Image in der Realität nicht aufrechterhalten werden kann, wird er das Angebot wesentlich kritischer prüfen und evtl. von weiteren Gesprächen Abstand nehmen.

Danach läßt sich das idealtypische Verhältnis von Kompetenz und Image, hier vor allem dem Kompetenz-Image, im Verlauf eines Entscheidungsprozesses wie folgt visualisieren.

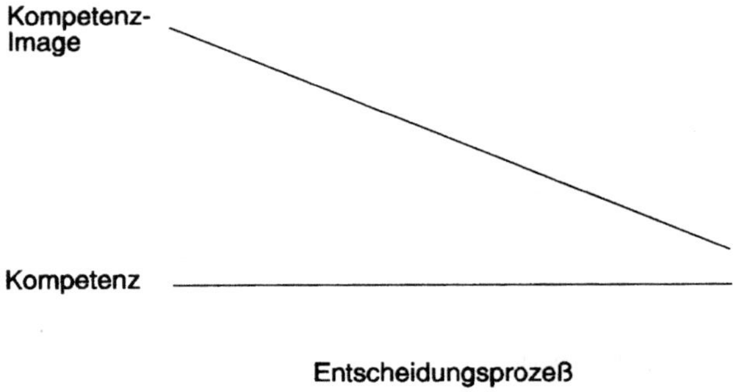

Abb. 4: Kompetenz-Image-Schere

Zu Beginn eines Entscheidungsprozesses ist das Delta von Kompetenz zu Kompetenz-Image noch relativ hoch. Im Laufe der Zusammenarbeit muß der Anbieter unter Beweis stellen, daß er tatsächlich kompetent ist, d.h. sein Ziel muß in der Verkleinerung von Delta liegen, weil nur bei hinreichender Annäherung beider Konstrukte Kaufentscheidungen zustande kommen werden. Der Anbieter hat sich deshalb zugleich mit der Frage auseinanderzusetzen. durch welche Maßnahmen bzw. Instrumente er diese Differenz von Anfang an reduzieren, d.h. wie er seine Kompetenz unter Beweis stellen kann. Es ist deshalb zu überlegen, ob und wie Sponsoring sinnvoll zur Erleichterung dieses Ziels eingesetzt werden kann.

6. Kompetenzarten

Wie empirische Untersuchungen im Bereich der Systemtechnologie gezeigt haben, ist das Überdenken einiger theoretischer Grundlagen sinnvoll. Empirisch konnte bspw. festgestellt werden, daß einige Annahmen der Imagetheorie im Investitionsgüterbereich nur noch bedingt gültig sind. Zum Teil negative Erfahrungen von Abnehmern haben zum Umdenken geführt, und neue Kommunikationsinstrumente in die Diskussion gebracht[105], wie z.B. User Groups oder Referenzunternehmen.

Die Gründe hierfür sind vielschichtig, doch plausible Beispiele lassen sich gerade aus dem Bereich der bisherigen Kommunikationspolitik anführen. Unsicherheiten auf seiten des Anwenders können entstehen, wenn die zu erwartenden Rentabilitätsauswirkungen zu positiv dargestellt werden, die Vorbereitungszeit bis zur Systemimplementierung als zu kurz angekündigt oder ein Beratungspaket offeriert wird, das letztlich nicht zu realisieren ist.

Diese Irritationen lassen häufig auch grundsätzliche Zweifel an der Glaubwürdigkeit des Anbieters aufkommen. Die Folge davon ist, daß der Abnehmer dem Anbieter gegenüber kritischer wird und versucht, sich stärker an technischen Determinanten zu orientieren, wovon er jedoch bei zunehmender Komplexität des Produktes bzw. des Systems überfordert wird. Im Extremfall wird sich der Interessent enttäuscht einem anderen Anbieter zuwenden, in der Hoffnung, dort realistischere Aussagen zu erhalten.

So wird deutlich, daß die Glaubwürdigkeit ein wichtiger Aspekt ist, und der Anbieter deshalb alles dafür tun sollte, beim Abnehmer keine falschen Erwartungen zu wecken. Von zentraler Bedeutung ist es somit, den Abnehmer von der wahren Kompetenz des Unternehmens zu überzeugen, und zwar nicht nur im technologischen Bereich, sondern auch mit Blick auf die Zusatzleistungen und den Service.[106] Darüber hinaus darf eine Komponente nicht vergessen werden, die die eher gesellschaftlichen Aspekte betrifft.

---

105) Vgl. Strothmann, K.-H./Kliche, M.: Innovationsmarketing, a.a.O., S. 173.

106) In Anlehnung an Strothmann, K.-H./Kliche, M.: Innovationsmarketing, a.a.O., S. 54, die drei Informationsbereiche benannt haben, und zwar technikbezogene, marktbezogene und gesellschaftsbezogene Informationen. Nach Kroeber-Riel müssen Unternehmen in Zukunft neben der Sachkompetenz auch emotionale Anziehungskraft haben, um Akzeptanz zu finden. Vgl. Kroeber-Riel, W.: Die Werbung von morgen muß Firmen und Marken inszenieren, in: Harvard Manager, Nr. 3/1989, S. 84.

Wenn theoretische Imagemodelle in der vorliegenden Form in Zukunft nur bedingt zur Anwendung gelangen können, muß geklärt werden, von welchen theoretischen Grundannahmen für den weiteren Verlauf der Arbeit ausgegangen werden kann. Dabei ist - unter Berücksichtigung der Tatsache, daß Image ein vieldimensionales Konstrukt ist - nach Image- und Kompetenzarten sowie -dimensionen zu suchen, die die Besonderheiten des Investitionsgüterbereiches berücksichtigen.[107]

Hierfür werden solgende drei Kompetenzarten in die Betrachtung eingeführt:

1) Technologische Kompetenz
2) Service-Kompetenz
3) Gesellschaftliche Kompetenz

Zunächst stellt sich die Frage, wie Kompetenz in den drei vorstehend benannten Bereichen demonstriert werden kann, aber auch, ob es ein Patentrezept zum gezielten Einsatz kompetenzunterstützender Maßnahmen für alle Unternehmen gibt. Mit Blick auf die Ausgestaltung der drei Kompetenzarten werden im folgenden wesentliche Punkte aufgezeigt, die die Grundlage für die weiteren Ausführungen und damit zugleich für ein entscheidungsorientiertes Modell bilden, welches nach der Ermittlung des Imageprofils eine geeignete Sponsoring-Planung ermöglicht.

6.1 Technologische Kompetenz

Unter dem Begriff Technologische Kompetenz werden im folgenden alle Fähigkeiten eines Unternehmens verstanden, zu jeder Zeit auf dem jeweils aktuellen Stand der Technik zu sein, indem entweder durch umfangreiche eigene F&E-Maßnahmen oder den Kauf von Patenten für Produkt-

---

107) Eine Übersicht über unterschiedliche Imagedimensionen auf Grundlage verschiedener Studien gibt Sachs, G.: Unternehmen im Spiegel der Presse, München 1979, S. 131 ff.

und Prozeßinnovationen gesorgt wird.[108] Hiermit verbunden ist insbesondere im Bereich der Systemtechnologie die Berücksichtigung und Realisierung entsprechender Schnittstellen zu unterschiedlichen Komponenten und Teilsystemen auch anderer Anbieter, d.h. das Angebot offener Systeme.

Weiterhin werden unter Technologischer Kompetenz die Fertigkeiten eines Unternehmens gefaßt, für eine stets einwandfreie Qualität aller Erzeugnisse zu sorgen, worin die Lebensdauer der Produkte sowie deren Robustheit eingeschlossen sind. Demnach kann hierunter sowohl das Know how verstanden werden, Spitzenprodukte zu fertigen und wiederzuverwerten, als auch die entsprechende marktgerechte Umsetzung dieses Wissens, was durch ein marktorientiertes Kompetenzmanagement zu realisieren ist.[109]

Technologische Kompetenz kann sowohl durch direkte als auch indirekte Faktoren verdeutlicht werden. Als direktes Indiz für eine hohe Technologische Kompetenz lassen sich die Aufwendungen im F&E-Bereich im Vergleich zu anderen Unternehmen der Branche ansehen,[110] und damit verbunden z.B. auch Forschungspreise oder angemeldete Patente, was

---

108) Zahn spricht von Technologiekompetenz und bezeichnet damit sowohl die Beherrschung vcn Basistechnologien, deren Kombination miteinander sowie deren Umsetzung in Produkten, Systemen etc. Vgl. Zahn, E.: Konzentration auf Kompetenz - ein Paradigmawechsel im Strategischen Management?, in: Zahn, E. (Hrsg.): Erfolg durch Kompetenz - Strategie der Zukunft, Stuttgart 1992, S. 21. Etwas weitergehender diskutieren Kramer/Kramer den Begriff Marketing-Kompetenz, worunter sie verstehen, "dass die Unternehmung in den zentralen (Produkt-)Nutzenkategorien - aus der subjektiven Sicht des Kunden - denkt und dabei explizit eigene Kernkompetenzen, Konkurrenzaktivitäten, Anforderungen aus Gesellschaft und Ökologie sowie Kostenaspekte in ihre Marketing-Konzeption für ein neues Produkt einbezieht." Kramer, F./Kramer, M.: Marketing-Kompetenz und Total Quality Management, in: Thexis, Nr. 5/6/1993, S. 27. Diese Auffassung greift allerdings etwas kurz, da sie primär am Produkt orientiert ist und im Grunde lediglich eine weiter gefaßte Definition des Marketing darstellt. Die drei in der vorliegenden Arbeit vorgestellten Kompetenz-Bereiche gehen hierüber weit hinaus.

109) Vgl. Wolfrum, B./Rasche, C.: Kompetenzorientiertes Management, in: Thexis, Nr. 5/6/1993, S. 68.

110) Allerdings sind vergleichsweise hohe F&E-Aufwendungen natürlich kein Garant für vorhandene Kompetenzen, wie das Beispiel Canon und Xeros im Bereich der Bürokopierer belegt. Vgl. Prahalad, C. K./Hamel, G.: Nur Kernkompetenzen sichern das Überleben, in: Harvard Manager, Nr. II/1991, S, 70 f.

wiederum von hoher Fachkompetenz einzelner Mitarbeiter zeugt. Es konnte sogar empirisch nachgewiesen werden, daß Entscheider eine "psychologische Beziehung zwischen der Forschungsleistung eines Anbieters und der Produktqualität (...)"[111] empfinden. Indirekt können jedoch auch der Umfang der Mitarbeiterqualifizierung des F&E- und des Produktionsbereiches sowie die Maßnahmen zur Qualitätssicherung als Kennzeichen der Technologischen Kompetenz eines Unternehmens gewertet werden.

6.2 Service-Kompetenz

Während die Technologische Kompetenz in ihren Grundzügen bereits früher bewiesen werden mußte, haben die Serviceleistungen in den vergangenen Jahren an immer stärkerer Bedeutung gewonnen, so daß der Service selbst bzw. die Service-Kompetenz eines Unternehmens, zum entscheidungsrelevanten Faktor werden können.[112]

Wenn es bei der Technologischen Kompetenz grundsätzlich darum geht, zunächst etwas für die Verbesserung des Produktangebotes zu tun, gilt es bei der Service-Kompetenz unter Beweis zu stellen, wie gut sich das Unternehmen mit seinem gesamten Leistungsspektrum auf den Kunden einrichten kann. Hierzu gehören Faktoren wie Flexibilität, Schnelligkeit, Zuverlässigkeit und unbürokratisches Vorgehen, aber auch Finanzierungsangebote wie Leasing, Mietkauf etc. Vor allem sind Instrumente aus den Bereichen der Funktions- und Implementierungspolitik[113] zu nennen, während die Instrumente der Produkt- und Entwicklungspolitik eher dem Bereich der Technologischen Kompetenz zugeordnet werden können.

---

111) Strothmann, K.-H./Kliche, M.: Innovationsmarketing, a.a.O., S. 141.

112) Zum Servicegedanken im Investitionsgüterbereich vgl. u.a. Geisser, H.: Service in der Maschinenindustrie - 10 Thesen, in: Thexis, Nr. 1/1986, S. 25 f.

113) Vgl. Strothmann, K.-H./Kliche, M.: Innovationsmarketing, a.a.O., S. 173.

6.3 Gesellschaftliche Kompetenz

Über die Frage nach der Service-Kompetenz hinaus werden Unternehmen zunehmend nach ihren Bemühungen im gesellschaftlichen Bereich bewertet.[114] Hierbei wird geprüft, was das Unternehmen für die Gesellschaft tut[115], sei es im Sport-, Kunst- oder im sozialen bzw. ökologischen Bereich.

> "Gesellschaftspolitische Öffentlichkeitsarbeit - anders als herkömmliche Öffentlichkeitsarbeit - kann Kunden nicht nur als Bundesgenossen gewinnen, sie dient auch der Anbieterprofilierung im Sinne der Investitionsgüterwerbung."[116]

Beispiele können Engagements im Umweltschutz[117], Maßnahmen für Randgruppen oder über das normale Maß hinausgehende Programme für die eigenen Mitarbeiter sein. Rebstock spricht sogar von "Moralischer Kompetenz", die die Fähigkeit zum moralischen Urteilen und Handeln beinhalte.[118] Dieses zunächst von einzelnen Personen ausgehende Konstrukt kann durchaus die Grundlage für ein verantwortungsbewußtes

---

114) Vgl. Detig, J.: Marketing-Kommunikation gegen Wettbewerb, in: absatzwirtschaft, Nr. 6/1993, S. 71, der aus Sicht der Siemens AG "harte" und "weiche" Imagefaktoren beschreibt und aussagt, daß "harte" Faktoren aus Kundensicht häufig nicht so große Bedeutung haben wie "weiche" Faktoren.

115) Vgl. hierzu Meyer, C.F.J./Kohtes, M.M.: Nein danke? Umwelt-Sponsoring als Herausforderung für Gesellschaft und Management, in: Strahlendorf, P. (Hrsg.): Jahrbuch Sponsoring 91, Düsseldorf - Wien - New York 1991, S. 75; Vgl. Mauersberger, J.: Ziele und Erscheinungsformen des Öko-Sponsoring, in: Werbeforschung & Praxis, Nr. 1/92, S. 6; Schürmann, P. H.: Sponsoring: Unternehmerisches Geldverschenken verliert seine Unschuld!, in: io Management Zeitschrift, Nr. 6/1988, S. 298; vgl. Homolka, W.: Umweltfonds - Investieren in die Zukunft, Bonn 1990, S. 14; vgl. Olschewski, J.: Das I+T-Unternehmen in der Verantwortung gegenüber der Öffentlichkeit - Neue Marketingstrategien unter Berücksichtigung von Recycling, Ergonomie und Sicherheit, in: Hofmaier, R. (Hrsg.): Investitionsgüter- und High-Tech-Marketing (ITM) - Erprobte Instrumentarien, Erfolgsbeispiele, Problemlösungen, Landsberg/Lech 1992, S. 584.

116) Freiberger, S./Rudloff, W.: Die Rolle der Public Relations im Investitionsgütergeschäft, a.a.O., S. 461 f.

117) Vgl. hierzu Henkel, H.-O.: Umwelt-Sponsoring - Engagement verpflichtet, in: Strahlendorf, P. (Hrsg.): Jahrbuch Sponsoring 1991, Düsseldorf - Wien - New York 1991, S. 116; vgl. auch Rempen, T.: Öko-Werbung muß sich ehrlichere Ziele stecken, in: w&v, Nr. 5/1993, S. 55, der Umweltschutz als immer wichtiger werdenden Imagefaktor deklariert.

118) Vgl. Rebstock, M.: Organisation und Ethik: Zur Entwicklung und Umsetzung individueller moralischer Kompetenz in Unternehmen, Frankfurt am Main 1992, S. 32.

Denken und Handeln von Unternehmen bilden. In diesem Zusammenhang wird häufig auch von sozialer Kompetenz gesprochen.[119]

Wenngleich in Nachfragerunternehmen meist nur eine grobe Vorstellung vom idealen Bild des Technologieanbieters entwickelt wird, läßt sich dennoch beobachten, daß zunächst die technische/technologische Komponente eine zentrale Rolle spielt. Je nach bestehender Ausstattung des Abnehmerbetriebes kann jedoch die Service-Kompetenz eine vergleichbare Schlüsselposition bei der Entscheidungsfindung einnehmen, insbesondere, wenn es um die Fähigkeit des Anbieters geht, die notwendigen Maßnahmen zur Qualifizierung des Personals einzuleiten oder auch die Voraussetzungen für eine geeignete Systemimplementierung zu schaffen. Letztlich wird der Abnehmer bei seiner Entscheidung berücksichtigen, in welchen Bereichen sich das anbietende Unternehmen zusätzlich engagiert.

Diese Aspekte können im Rahmen eines Anforderungsprofils abgetragen werden, wobei, je nach Bedarf, unterschiedliche Gliederungstiefen möglich sind. Der Aspekt Umweltschutz könnte bspw. weiter aufgesplittet werden in:

* Förderung konkreter Umweltschutzprojekte
* Konsequente Nutzung und Anwendung von Recyclingverfahren
* Umbau/Modernisierung von Produktionsanlagen etc.

Die Frage der Operationalisierung der einzelnen Kompetenzarten nimmt in den weiteren Betrachtungen eine wichtige Rolle ein. Dabei geht es nicht nur um die dem Anbieter konzedierte Kompetenz im Sinne von Know

119) Vgl. Volk, H.: An ihren Taten sollt Ihr sie erkennen, in: VM International, Nr. 7-8/1990, S. 49.

how, sondern auch darum, inwieweit der Unternehmensleitung kompetentes Handeln zugetraut wird.[120]

7. Die Bedeutung unterschiedlicher Kompetenzarten in Abhängigkeit von der Produktkategorie

Vor dem Hintergrund der bisherigen Ausführungen ist anzunehmen, daß die benannten Kompetenzarten für die verschiedenen Produkt-/ Systemkategorien von unterschiedlicher Bedeutung sind. Um dieser Problematik Rechnung zu tragen, werden die Kompetenzarten in Abhängigkeit von den einzelnen Kategorien nachstehend untersucht. Weiterhin wird unter Berücksichtigung der Entscheidungsprozeßtheorie erörtert, ob bzw. wie sich die Bedeutung der Kompetenzarten im Verlauf eines Entscheidungsprozesses verschiebt.

7.1 Erzeugnisse des laufenden Fertigungsbedarfs

Nach Strothmann[121] sind unter Erzeugnissen des laufenden Fertigungsbedarfs "Beschaffungsgüter wie Einbauteile, Roh-, Hilfs- und Betriebsstoffe (Erzeugnisse des fertigungs- und verwaltungssynchronen Bedarfs)"[122] zu verstehen. Backhaus wiederum unterscheidet zwischen Komponenten und Halbfabrikaten. Während letztere im Produktionsprozeß des Abnehmers einer Veränderung unterliegen, d.h. weiterverarbeitet werden, können Komponenten "ohne weitere Be- oder Verarbeitung in andere Produkte eingebaut bzw. zu solchen zusammengefaßt (werden,) wobei ihre Identität erhalten bleibt."[123] Als Beispiele für Komponenten lassen sich Schütze für Klimaanlagen, Batterien für Automobile, Gehäuse für Moto-

---

120) Vgl. speziell in bezug auf "moralische Kompetenz" Rebstock, M.: Organisation und Ethik: zur Entwicklung und Umsetzung individueller moralischer Kompetenz in Unternehmen, a.a.O., S. 32.

121) In den nachstehenden Ausführungen wird weitestgehend die Produkttypologie von Strothmann zugrundegelegt, wie im Abschnitt I.2.2 erläutert.

122) Strothmann, K.-H.: Investitionsgütermarketing, a.a.O., S. 23.

123) Backhaus, K.: Investitionsgütermarketing, a.a.O., S. 311.

ren, Niederspannungsgeräte für die Installationstechnik und speicherprogrammierbare Steuerungen für Automatisierungsanlagen nennen.

Insbesondere für sogenannte OEMs, d.h. Anbieter, die Komponenten für den Ersteinbau in ein Produkt des Abnehmers anbieten, - im Gegensatz zu Ersatzteillieferanten -, können nach Baaken folgende Faktoren als entscheidungsrelevant angesehen werden:

"* leichter Einbau der Komponenten ohne aufwendige Anpassung der bestehenden Hardware
* Zuverlässigkeit über große Stückzahlen hinweg (Qualitätssicherung)
* Konstanz in der Leistungsverarbeitung (Robustheit)
* durch Massenlieferung differenzierte Preisgestaltung (Preispolitik)
* Handling beim Abnehmer des OEM-Kunden (Service, nachträgliche Korrekturen)
* Just-In-Time-Lieferbedingungen
* Aufbau einer Second Source"[124].

Für die Imagepolitik eines Anbieters von Komponenten bzw. Erzeugnissen des lfd. Fertigungsbedarfs lassen sich hieraus z.B. Anforderungen an das Unternehmen und dessen Produkte ableiten, wie Schnelligkeit, Präzision, Flexibilität, Zuverlässigkeit, Qualität und optimales Preis-/Leistungsverhältnis. Handelt es sich inbesondere um Einbauteile, die nach den Anforderungen des Kunden entwickelt werden, können diese Eigenschaften noch von den Faktoren Teamfähigkeit und Know how übertroffen werden, weil gemeinsam mit dem Abnehmer eine technologische Lösung erarbeitet werden muß.

Bei standardisierten Produkten wird davon ausgegangen, daß die Qualität einwandfrei ist und auch auf Dauer garantiert wird. In solchen Fällen wird die Technologische Kompetenz des Unternehmens unterstellt. Es geht dann eher um zusätzliche Verkaufsargumente, wie z.B. die Lieferfähigkeit, die Termintreue, den Preis, d.h. um Faktoren, die der Service-Kompetenz zuzurechnen sind.

Die Gesellschaftliche Kompetenz kann hierbei relevant sein, je nachdem, um welches Produkt es sich handelt. Für diesen Bereich läßt sich jedoch

---

124) Baaken, T.: Technologie-Marketing, a.a.O., S. 292.

beobachten, daß die Gesellschaftliche Kompetenz umso wichtiger wird, je größer die Belastungen für Menschen und Umwelt sind, die von den Produkten bzw. ihrem Produktionsprozeß ausgehen. Das Unternehmen steht dann eher unter Argumentationserwartungen seitens der Abnehmer und der Öffentlichkeit. Das trifft z.B. eher auf chemische Erzeugnisse als auf umweltneutrale Produkte zu.

7.2 Konkretisierbare Erzeugnisse

Unter konkretisierbaren Erzeugnissen versteht Strothmann "Maschinen und Aggregate, die keiner individuellen Anpassung bedürfen"[125]. Backhaus, der aus Kundensicht den Terminus Produktgeschäft verwendet, definiert:

> "Vorgefertigte, meist in Mehrfachfertigung erstellte Leistungen, die der Nachfrager zum isolierten Einsatz nachfragt"[126].

Das "Kernmerkmal" ist die "fehlende direkte Verbundwirkung zu anderen Leistungsangeboten im Kaufprozeß. Da Einzelaggregate ex definitione isoliert eingesetzt und nicht mit anderen Aggregaten technisch gekoppelt werden, spielen beim Vermarktungsprozeß weder technische Hardware-Schnittstellen noch Verbundsoftware eine Rolle."[127] Beispiele hierfür sind: Hydraulikbagger, Stand Alone PCs, Bürokopierer, Schreibmaschinen.

Einzelaggregate werden nicht in zu erstellende Produkte eingebaut, sondern verbleiben im Unternehmen. Sie haben Potentialfunktion, während Komponenten Verbrauchsfunktion haben. Dabei hängt es letztlich nicht ausschließlich vom Produkt ab, in welche Kategorie ein Investitionsgut fällt, sondern von der Nutzung im abnehmenden Unternehmen. Backhaus führt eine Workstation als Beispiel an, die als Unterstützung der Konstruktionsabteilung angeschafft in das Anlagevermögen des Abnehmers übergeht. Wird sie jedoch mit einem Softwarepaket zusammen als kom-

---

125) Strothmann, K.-H.: Investitionsgütermarketing, a.a.O., S. 23.
126) Backhaus, K.: Investitionsgütermarketing, a.a.O., S. 233.
127) Ebenda, S. 236.

plettes CAD-System verkauft, geht sie in das Umlaufvermögen über und ist als Komponente zu sehen.[128]

Es kann festgehalten werden, daß Technologische Kompetenz, vor allem im Sinne von guter Qualität, bei konkretisierbaren Erzeugnissen normalerweise vorausgesetzt wird. Guter Service als Zeichen von Service-Kompetenz ist insbesondere nach dem Kauf wichtig, während die Gesellschaftliche Kompetenz mit Blick auf das Zustandekommen von Transaktionen meist eine eher untergeordnete Funktion hat.

7.3 Komplexe Anlagen

Bei der komplexen Anlagentechnik handelt es sich um "Anlagegüter, die den Applikationsbedingungen innerhalb der Abnehmerbetriebe individuell angepaßt werden müssen."[129]

> "Unter kompletten industriellen Anlagen verstehen wir Leistungsangebote, die ein durch die Vermarktungsfähigkeit abgegrenztes, von einem oder mehreren Anbietern in einem geschlossenen Angebot erstelltes, kundenindividuelles Hardware- oder Hardware-/Software-Bündel zur Fertigung weiterer Güter darstellen."[130]

Die Vermarktung der meist in Einzelfertigung oder Kleinserien produzierten Anlagen erfolgt durch Individualtransaktionen. Beispiele sind: Raffinerien, Walzwerke, Energieerzeugungsanlagen, Flugplatzbefeuerungs- und Flugsicherungsanlagen, Meerwasserentsalzungsanlagen.

Die marketingrelevanten Charakteristika sind vor allem:[131]

* Auftrags-(Einzel-)fertigung:
  Die Vermarktung steht vor der Fertigung, dadurch eingeschränkte Vergleichbarkeit unterschiedlicher Projekte.
* Langfristcharakter:
  Projekte erstrecken sich zum Teil über lange Zeiträume.

---

128) Vgl. Backhaus, K.: Investitionsgütermarketing, a.a.O., S. 235 + 311.
129) Strothmann, K.-H.: Investitionsgütermarketing, a.a.O., S. 23.
130) Backhaus, K.: Investitionsgütermarketing, a.a.O., S. 431.
131) Vgl. ebenda, S. 431 ff.

* Wertdimensionen des Einzelauftrages:
  Durch hohe Projektkosten entstehen hohe projektspezifische Risiken.
* Kooperative Anbieterorganisationen:
  Anbietergemeinschaften bereiten häufig Probleme.[132]
* Zunahme der Dienstleistungskomponente:
  Kunden wollen z.B. Gewährung von Neubaurechten, Personalschulung, Managementleistung der Betriebsführung, Wartung und Instandhaltung, Vermarktungshilfen für die auf den Anlagen erstellten Produkte.
* Know How-Gefälle:
  Vielfach werden von Abnehmern beratende Ingenieure zurate gezogen, um Know how-Gefälle auszugleichen.
* Variabilität des Lieferumfanges und Auftragsinhaltes
* Internationalität:
  Zum Teil Probleme durch unterschiedliche Normen.
* Auftragsfinanzierung:
  Die Finanzierung sollte vom Anbieter zusätzlich angeboten werden.
* Diskontinuität des Auftragseingangs:
  Planerische Schwierigkeiten durch Diskontinuitäten.

Daraus läßt sich ableiten, daß die Technologische Kompetenz die Grundlage zur Realisierung derartiger Projekte bildet, so daß ihr ein sehr hoher Stellenwert zukommt. Gleichbedeutend ist in diesem Fall die Service-Kompetenz, insbesondere mit Blick auf die Vorbereitung des Unternehmens auf die neue Anlage. Die Bedeutung der Gesellschaftlichen Kompetenz ist als hoch einzuschätzen, wobei sie umso wichtiger wird, je größer der gesamte Anlagenkomplex ist, da es sich häufig um Vorhaben handelt, die auch für die Öffentlichkeit wahrnehmbare Auswirkungen haben.

---

132) Wie sich Anbieterkooperationen zum Vorteil der Beteiligten gestalten lassen, hat ausführlich Günter beschrieben. Vgl. hierzu u.a. Günter, B.: Anbieterkoalitionen bei der Vermarktung von Anlagengütern - Organisationsformen und Entscheidungsprobleme, in: zfbf Schmalenbachs Zeitschrift für betriebswirtschaftliche Forschung, Sonderheft Nr. 7/1977, S. 155 ff; Günter, B.: Unternehmenskooperation im Investitionsgüter-Marketing - Überlegungen zu einer unterschätzten Strategie, in: zfbf, Nr. 9/1992, S. 792 ff.

7.4 Unternehmensintegrierende Systeme

Während die im Anlagengeschäft vermarkteten Leistungen meist abgeschlossene Investitionsprozesse aufweisen und die Kaufentscheidung zu einem konkreten Zeitpunkt getroffen wird, handelt es sich im Systemgeschäft um Systembestandteile, "die auf Basis einer Systemarchitektur miteinander vernetzt werden sollen."[133]

Kennzeichen des Systemgeschäftes ist, "daß das Leistungsangebot sofort oder später im Verbund mit anderen Technologien genutzt werden soll."[134] Dabei wird häufig zwischen Systemkomponenten und Teilsystemen unterschieden.

> "Beispiel für eine Systemkomponente wäre ein Drucker oder ein einzelner Telefonapparat; ein Teilsystem wäre ein funktionsfähiger Rechner mit Drucker, Bildschirm und einer Mindestausstattung an Systemsoftware oder eine Telefonnebenstellenanlage eines Unternehmens."[135]

Der Entscheider legt sich im Gegensatz zum Produkt- und Anlagengeschäft auf eine Systemarchitektur fest und kauft dann Komponenten und Teilsysteme. Demzufolge gibt es keine abgeschlossenen Investitionsprozesse mehr, sondern Beschaffungsschrittfolgen. Beispiele können sein: öffentliche Telefonvermittlungssysteme, Computer Integrated Manufacturing-Systeme (CIM)[136], Verkehrssysteme, Fernsehübertragungssysteme.

Während die Fabrik der Zukunft meist über Insellösungen begonnen wird, die es später zu vernetzen gilt, ist das Büro der Zukunft durch die Ent-

---

133) Backhaus, K.: Investitionsgütermarketing, a.a.O., S. 233. Vgl. zum Systemgeschäft weiterführend Günter, B.: Systemdenken und Systemgeschäft im Marketing - Ansatzpunkte und Schwierigkeiten für Konzeption und Umsetzung, in: M&M Marktforschung und Management, Nr. 4/1988, S. 106, der nicht nur von Systemen als Marketing-Objekten ausgeht, sondern auch Systeme von Menschen, die an Marketingprozessen beteiligt sind sowie Systeme von Anbieterorganisationen untersucht.

134) Backhaus, K.: Investitionsgütermarketing, a.a.O., S. 347.

135) Ebenda.

136) Vgl. zu den Auswirkungen der CIM-Konzeption auf das Marketing-Management auch Günter, B./Kleinaltenkamp, M.: Marketing-Management für neue Fertigungstechnologien, in: zfbf, Nr. 5/1987, S. 323 ff.

wicklung multifunktionaler Systeme gekennzeichnet, die sich in drei Bereichen beschreiben läßt:

* "Integration der Endgeräte (Monofunktions-Geräte werden zu Multifunktions-Geräten);
* Integration unternehmensinterner Netze (Monofunktionale Netze werden zu integrierten Gesamtnetzen);
* Integration öffentlicher Netze (Spezialnetze wie z.B. das Telefonnetz für die Sprachübermittlung, das Fernschreibnetz für Textübermittlung, das Datex-P-Netz für Datenübertragung und ein Breitbandnetz für Bewegtbildübertragung entwickeln sich zu einem alle Dienste umfassenden Universalnetz)."[137]

Hinsichtlich der drei Kompetenzarten läßt sich daraus ableiten, daß wiederum die Technologische und die Service-Kompetenz einen sehr hohen Stellenwert einnehmen, wobei letztere teilweise noch wichtiger sein kann. Empirisch konnte im übrigen nachgewiesen werden, daß die Kompetenz eines CIM-Anbieters im wesentlichen nach sechs Kriterien beurteilt wird, und zwar "Struktur der angebotenen Systeme, Anpassungsfähigkeit der Systeme, Umfang und Qualität des Dienstleistungsangebots, gegenwärtige Marktstellung, erwartete Marktstellung und Nachweis der Leistungsfähigkeit."[138] Je komplexer die Systeme und je langwieriger die Entscheidungsprozesse, desto relevanter werden Faktoren wie Mitarbeiterschulungen, Finanzierungsangebote, kontinuierliche Organisationsbetreuung während der Investitionen, etc.[139] Die Gesellschaftliche Kompetenz des Anbieters ist insbesondere angesprochen, wenn es um mitarbeiterrelevante Fragen geht.[140]

---

137) Ebenda; vgl. Backhaus, K.: Investitionsgütermarketing, a.a.O., S. 252.

138) Weiss, P. A.: Die Kompetenz von Systemanbietern - Ein neuer Ansatz im Marketing für Systemtechnologien, Berlin 1992, S. 186.

139) Nach Backhaus/Weiss ist in diesem Zusammenhang nicht nur die Fachkompetenz, sondern auch die Problemlösungskompetenz erforderlich, da sich die Kompetenz von Systemanbietern aus beiden Komponenten zusammensetzt. Vgl. Backhaus, K./Weiss, P. A.: Kompetenz - die entscheidende Dimension im Marketing, a.a.O., S. 112.

140) Handelt es sich hingegen um Kompetenz hinsichtlich der eigenen Mitarbeiter, spricht Große-Oetringhaus von Sozialkompetenz, die entscheidend zur Wettbewerbsfähigkeit des Unternehmens beiträgt. Vgl. Große-Oetringhaus, W. F.: Sozialkompetenz - ein neues Anspruchsniveau für die Personalpolitik, in: zfbf, Nr.

7.5 Kompetenzfeld-Matrix

Auf Grundlage der vorstehenden Ausführungen wird im folgenden der Versuch unternommen, die Bedeutung der einzelnen Kompetenzarten für die unterschiedlichen Produktkategorien grob anhand einer Kompetenzfeld-Matrix zu bewerten. ++ steht für sehr große Bedeutung, o für neutral und -- für gar keine Bedeutung.

	Erzeugnisse des lfd. Fertigungsbedarfs	Konkretisierbare Erzeugnisse	Komplexe Anlagentechnik	Systeme
Technologische Kompetenz	+	+	++	++
Service Kompetenz	+/++	+/++	++	++
Gesellschaftliche Kompetenz	o/+	o/-	+/++	+++ 141

Abb. 5: Kompetenzfeld-Matrix

Hiernach hat die Technologische Kompetenz für die Produktgruppen unterschiedliche Relevanz. Bei Erzeugnissen des lfd. Fertigungsbedarfs und konkretisierbaren Erzeugnissen wird exzellente Technik zwar als wichtig erachtet, aber zugleich auch vorausgesetzt. Der Technologischen Kompetenz kommt insofern keine differenzierende Funktion zu. Bedeutender hingegen ist in diesen beiden Kategorien häufig die Service-Kompetenz, die von zuverlässiger Just-in-time-Lieferung bis zu Software-Schulungen reichen kann. Je nach Branche kann die Gesellschaftliche Kompetenz entweder neutral betrachtet oder auch als wichtig empfunden werden.

Bei den komplexen Anlagen und Systemen hingegen hat die Technologische Kompetenz eine großen Stellenwert, da bei fehlenden Standarderzeugnissen der Anbieter seine Kompetenz bei jeder Installation erneut

Forts.: 3/1993, S. 275; vgl. auch Faix, W. G.: Soziale Kompetenz: das Potential zum unternehmerischen und persönlichen Erfolg, Wiesbaden 1991, S. 124.

141) Da durch neue Systemtechnologien vielfältige Einflüsse auf gesellschaftliche und arbeitsmarktbezogene Prozesse gegeben sind, werden an dieser Stelle drei +++ vergeben, um die besondere Bedeutung der Gesellschaftlichen Kompetenz hierbei zu unterstreichen.

unter Beweis stellen muß. Mit Blick auf die unternehmensintegrierenden Systeme kommt der Service-Kompetenz ebenfalls sehr große Bedeutung zu, wobei hier eher Punkte wie Organisationsberatung, Schulung, Finanzierungshilfen, etc. als relevant betrachtet werden. Die Gesellschaftliche Kompetenz ist gerade für die beiden letztgenannten Kategorien von großer bis sehr großer Bedeutung, weil mit steigender Komplexität der Anlagen/Systeme die Entscheider nach zusätzlichen entscheidungsabstützenden Faktoren suchen, insbesondere wenn sie die technologischen Gegebenheiten nicht bis ins letzte Detail verstehen. In diesem Fall kann die Gesellschaftliche Kompetenz eine Ersatzfunktion für andere Kriterien bei der Entscheidung ausüben.

Für die unternehmensintegrierenden Systeme ist dieser dritte Kompetenzbereich von besonderer Bedeutung, da die mit der künftigen Technologie konfrontierten Menschen besonders berücksichtigt werden müssen. Sei es, weil sie ggf. durch Rationalisierungen freigesetzt, um- oder weiterqualifiziert werden müssen oder weil letztlich generell ein Gefühl der Unsicherheit auftreten kann, wenn die neuen Zusammenhänge nicht mehr begriffen werden können.

7.6 Veränderbarkeit der Kompetenzarten im Verlauf des Entscheidungsprozesses

Grundsätzlich kann zwischen zwei unterschiedlichen idealtypischen Entscheidungsprozeßverläufen differenziert werden, und zwar dem Entscheidungsprozeß für konventionelle Investitionsgüter und dem für unternehmensintegrierende Systeme.[142]

Im <u>konventionellen Entscheidungsprozeß</u> wird unterschieden nach einer Vorüberlegungsphase, einer Phase der vertiefenden Information sowie einer Kaufentscheidungsphase.[143] Je nachdem, welche Erfahrungen das Unternehmen bereits mit dem Anbieter und dem Produkt bzw. der Pro-

---

142) Siehe Abschnitt I.2.3.
143) Vgl. Strothmann, K.-H.: Investitionsgütermarketing, a.a.O., S. 43.

duktgruppe gemacht hat, werden unterschiedliche Faktoren entscheidungsbeeinflussend wirken.

Da zunächst geklärt werden muß, ob der Hersteller eine adäquate Problemlösung offerieren kann, ist davon auszugehen, daß die technischen Faktoren des Angebots anfangs im Mittelpunkt der Diskussion stehen.[144] Wurde Klarheit darüber erzielt, stehen Fragen über spezielle Serviceleistungen und Konditionen an. Handelt es sich um einen Wiederholungskauf, wird über technische Fragen meist nicht mehr verhandelt, wohl aber z.B. über bessere Konditionen oder zusätzlichen Service. Liegt hingegen der Fall eines modifizierten Wiederholungskaufes vor oder ist ein Lieferantenwechsel vorgesehen, beginnt der Prozeß der Anbieterprüfung wiederum bei technischen Fragen.[145]

Übertragen auf die Bedeutung für das Kompetenzartenkonzept ergibt sich folgende Ableitung:

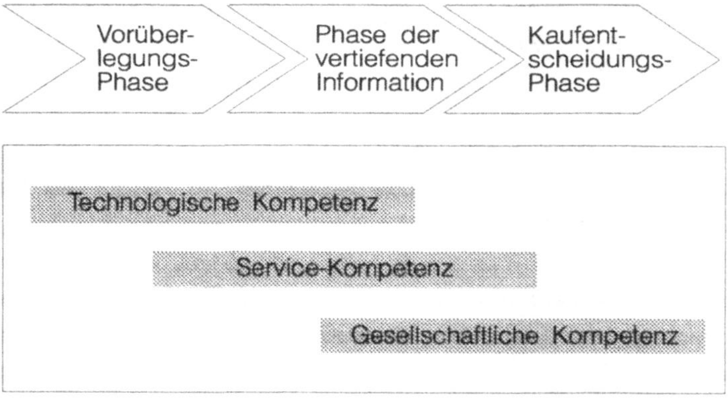

Abb. 6: Bedeutung unterschiedlicher Kompetenzarten im Verlauf des Entscheidungsprozesses bei konventionellen Investitionsgütern

144) Für den Bereich der komplexen Anlagentechnik haben sich Feasibility-Studien, d.h. Vor- oder Machbarkeitsstudien zur Entscheidungsvorbereitung etabliert. Vgl. hierzu Günter, B.: Das Marketing von Großanlagen - Strategieprobleme des Systems Selling, Berlin 1979, S. 19 f.

145) Vgl. ebenda, S. 53.

Während es in der Vorüberlegungsphase zunächst um eher technisch dominierte Aspekte geht, kommen am Ende dieser und zu Beginn der vertiefenden Informationsphase bereits Faktoren des Service zum Tragen. Ist auch in der Phase der vertiefenden Information der Serviceaspekt hinreichend geklärt, wird häufig nach weiteren entscheidungsabstützenden Argumenten gesucht. Hier kann letztlich die Gesellschaftliche Kompetenz von großer Relevanz sein, etwa, wenn es bspw. um grundsätzliche Fragen der Umweltorientierung geht.

Obwohl diese Ableitungen empirischen Untersuchungen vorbehalten bleiben müssen, können sie eine Vorstellung von der Bedeutung der Kompetenzarten im Entscheidungsprozeß geben. Es ist deshalb Aufgabe der anbietenden Unternehmen, mit geeigneten Instrumenten kompetenzbezogen auf den Entscheidungsprozeß Einfluß zu nehmen und die jeweils relevanten Faktoren phasenorientiert in den Mittelpunkt der Kommunikation zu rücken.

Neben der zielgerichteten Einflußmöglichkeit auf konkrete Entscheidungsprozesse können selbstverständlich durch unterschiedliche Kommunikationsmaßnahmen begleitende Wirkungen ausgelöst werden. Dies ist letzlich auch das Ziel von zu lancierenden imagebildenden Maßnahmen.

Etwas anders verlaufen die Prozesse für unternehmensintegrierende Systeme. Hier ist nach Strothmann wiederum zwischen drei Phasen zu unterscheiden, und zwar dem eigentlichen Entscheidungsprozeß, der Vorbereitungszeit und dem Investitionsprozeß.[146] Durch die zunehmende Komplexität der Systemtechnik stehen Entscheider häufig vor dem Problem, am Anfang eines solchen Prozesses die einzelnen Systemdeterminanten noch nicht genau beschreiben zu können. Diese Kenntnisse sind vielmehr in der Vorbereitungszeit aufzubauen.

---

146) Vgl. Strothmann K.-H./Kliche, M.: Innovationsmarketing, a.a.O., S. 42.

Wichtig ist es für den Anbieter daher, so früh wie möglich auf sein Service-Potential hinzuweisen und dem Interessenten zu signalisieren, daß eine geeignete Lösung gemeinsam erarbeitet werden kann.[147] Insoweit weisen derartige Systeme einen Vertrauenscharakter auf, da am Anfang eines Projektes die Qualität der Ergebnisse noch nicht überprüfbar ist.[148]

Übertragen auf das Kompetenzartenmodell ergibt sich folgende Betrachtung:

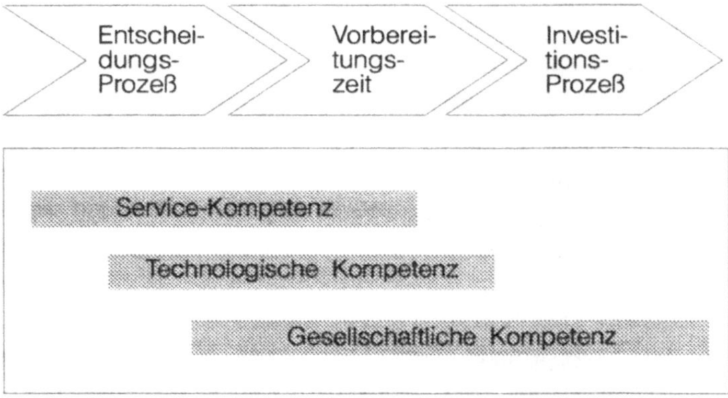

Abb. 7: Bedeutung unterschiedlicher Kompetenzarten im Verlauf von Entscheidungs- und Investitionsprozeß bei unternehmensintegrierenden Systemen

Wie dargelegt, ist es am Anfang einer derartigen Geschäftsbeziehung im Systembereich wichtig, den Serviceaspekt und damit die definierte Service-Kompetenz in den Mittelpunkt zu rücken, während sich Instrumente zur Verdeutlichung der Technologischen Kompetenz dem anschließen sollten, vor allem aber während der Vorbereitungszeit an Bedeutung gewinnen.

147) Vgl. Strothmann, K.-H.: Dienstleistung - Das Instrument im Marketing für innovative Systeme, a.a.O., S. 508.

148) Vgl. Backhaus, K.: Investitionsgütermarketing, a.a.O., S. 401.

Wie beim Entscheidungsprozeß für konventionelle Investitionsgüter kann auch hier der Anbieter durch gezielte Maßnahmen auf einzelne Entscheidungs-/Investitionsprozesse einwirken, um die jeweils relevanten tatsächlichen Kompetenzen zu beweisen. Gleichzeitig jedoch kann vor allem durch kommunikative Maßnahmen auf eine Vielzahl von Entscheidungs-/Investitionsprozessen Einfluß ausgeübt werden.

Insofern muß bei der Frage, wie sich die Bedeutung der Kompetenzarten im Verlauf von Entscheidungsprozessen verändern kann, zwischen den Instrumenten zur Verdeutlichung der tatsächlichen Kompetenz als auch jenen des Kompetenz-Images unterschieden werden.

Wie im weiteren Verlauf der Arbeit dargestellt wird, handelt es sich bei dem entwickelten Sponsoring-Entscheidungsmodell um einen integrativen Ansatz. Durch eine Plausibilitätspolitik und einen Regelkreisansatz wird dafür gesorgt, daß nicht nur Sponsoring-Maßnahmen ergriffen werden, die das Kompetenz-Image beeinflussen sollen, sondern auch solche, die zur tatsächlichen Beeinflussung der Kompetenzarten geeignet sind.

III. Sponsoring als multifunktionales Instrument

1. Der Begriff Sponsoring vor dem Hintergrund seiner historischen Entwicklung

1.1 Der Begriff Sponsoring

Nachdem im vorangegangenen Kapitel die zentralen imagepolitischen Grundlagen gelegt wurden, soll im folgenden eine Übersicht über die Möglichkeiten des Einsatzes von Sponsoring geschaffen werden. Zunächst gilt es, für den Bereich Sponsoring eine Definition zu finden, die sich deutlich von anderen Begriffen wie bspw. Spendenwesen oder Mäzenatentum abgrenzt. Unterschiede ergeben sich vor allem durch die Art der Leistung des Sponsors als auch die vertraglich vereinbarte Gegenleistung des Gesponserten.[1]

Viele Definitionen stammen aus dem anglo-amerikanischen Sprachraum, wo das Sponsoring eine längere Tradition hat als in Deutschland. Häufig zitiert wird hierbei Simkins, der Sponsoring folgendermaßen beschreibt:

> "A sponsor makes a contribution in cash or kind - which may or may not include services and expertise - to an activity which is in some measure a leisure pursuit, either sport or within the broad definition of the Arts. The sponsored activity does not form part of the main commercial function of the sponsoring body (otherwise it becomes straightforward promotion, rather than sponsorship). The sponsor expects a return in terms of publicity."[2]

Offener formuliert Meenaghan:

> "Sponsoring can be regarded as the provision of assistance either financial or in kind to an activity by a commercial organization for the purpose of achieving commercial objectives."[3]

---

1) Vgl. Püttmann, M.: Sponsoring - Erfolgreiche Symbiose zwischen Wirtschaft und Gesellschaft?, in: planung und analyse, N. 7/91, S. 262.

2) Simkins, J.: Sponsorship 1980/81, The Economist Intelligence Unit, Special Report No. 86, London, S. 4.

3) Meenaghan, J. A.: Commercial Sponsorship, in: European Journal of Marketing, Nr. 2/1983, S. 9.

Nach der Definition von Bruhn kann Sponsoring als

> "die Planung, Organisation, Durchführung und Kontrolle sämtlicher Aktivitäten, die mit der Bereitstellung von Geld, Sachmitteln oder Dienstleistungen durch Unternehmen zur Förderung von Personen und/oder Organisationen im sportlichen, kulturellen und/oder sozialen Bereich verbunden sind, um damit gleichzeitig Ziele der Unternehmenskommunikation zu erreichen."[4]

angesehen werden.

Drees bspw. kritisiert die vorstehende Definition, da der Entscheidungsprozeß des Sponsoring zu sehr in den Mittelpunkt rücke, während der instrumentelle Charakter vernachlässigt würde. Er selbst schreibt:

"Sponsoring beinhaltet

- die Bereitstellung von Geld, Sachzuwendungen oder Dienstleistungen durch den Sponsor für einen von ihm ausgewählten Gesponserten
- verbunden mit der Absicht des Sponsors, dieses Engagement mit Hilfe festgelegter Gegenleistungen des Gesponserten für bestimmte, meistens kommunikative Ziele zu nutzen."[5]

Handelt es sich um ein konkretes Projekt, das zwischen Sponsor und Gesponsertem vereinbart worden ist, wird im übrigen nicht von Sponsoring, sondern von einem Sponsorship gesprochen.

Läßt man die benannten Definitionen auf sich wirken, erinnern diese an die zahlreichen Versuche, z.B. den Begriff Marketing zu definieren. Während anfangs ebenfalls der eher instrumentelle Charakter im Mittelpunkt stand, hat sich im Laufe der Zeit die Erkenntnis durchgesetzt, Marketing auch als Denkhaltung zu verstehen. Vor diesem Hintergrund werden die meisten Begriffsabgrenzungen dem in dieser Arbeit erhobenen Anspruch an ein zielgerichtetes Sponsoring nicht gerecht. Deshalb wird folgende eigene Festlegung getroffen:

---

4) Bruhn, M.: Sponsoring, 2. Auflage, Frankfurt a.M. 1991, S. 21.
5) Drees, N.: Sportsponsoring, 3., durchgesehene Auflage, Wiesbaden 1992, S. 18.

Sponsoring bezeichnet die Übertragung von Geld, Sachmitteln, Rechten oder Dienstleistungen durch einen Sponsor auf einen Gesponserten mit dem Ziel, eine Stabilisierung oder -Forcierung des Unternehmensimages durch einen Imagetransfer vom Gesponserten auf den Sponsor zu erwirken und dies durch entsprechende auszuhandelnde Gegenleistungen zu unterstützen. Im Gegensatz zum Spendenwesen will der Sponsor nicht ungenannt bleiben, sondern beabsichtigt meist, durch öffentlichkeitswirksame Maßnahmen andere von seinem Engagement zu unterrichten. Bei den Geförderten kann es sich um Personen, Gruppen, Institutionen oder auch Projekte handeln. Neben den klassischen Sponsoringbereichen Sport, Kunst und Soziales sind weitere Sphären denkbar, so daß der Sponsoringansatz für neue Entwicklungen offen ist. Sponsoring findet seine Instrumentierung durch das Sponsoring-Mix, das im Rahmen eines Sponsoring-Prozesses zur Wirkung kommt.

1.2 Die Entwicklung von Sponsoring

Im Zusammenhang mit der Diskussion über Sponsoring werden oft Begriffe wie Mäzenatentum, Stiftungen oder Spendenwesen angeführt. Alle Termini haben zwar im weiteren Sinne etwas mit der Förderung von Personen, Gruppen oder Projekten zu tun, jedoch unterscheiden sie sich hinsichtlich ihrer Ansprüche, Inhalte und Einsatzmodalitäten. Die Entwicklung dieser unterschiedlichen Formen der Förderung ist größtenteils historisch zu erklären.

Das ***Mäzenatentum*** geht zurück auf Gaius Clinius Maecenas (70-8 v.Chr.), einen Römer, der die Dichter und Literaten seiner Zeit unterstützte. Als Polizeichef im Staate von Augustus überwachte er u.a. das Schrifttum, wozu auch die Dichtung gerechnet wurde. Um die offizielle Presse zu beeinflussen, förderte er bekannte Dichter und drängte diese in die augusteische Politik.[6] Vergil und Horaz sind hierfür gute Beispiele.

Kritisch gesehen benutzte Maecenas die Dichter zur Durchsetzung seiner politischen Ziele. Neutraler formuliert kann er eher als Auftraggeber statt als Kunstförderer im heute verstandenen Sinne angesehen werden, da die Grundidee des Mäzenatentums in selbstlosen Zielen begründet ist,

---

6) Vgl. Daweke, K./Schneider, M.: Die Mission des Mäzens - Zur öffentlichen und privaten Förderung der Künste, Opladen 1986, S. 11. Vgl. auch Head, V.: Sponsorship - The newest marketing skill, Cambridge 1981, S. 9 ff.

d.h. der Mäzen fördert, ohne eine Gegenleistung zu erwarten.[7] Wahre Kunst- oder Sportförderer wollen z.B. insbesondere jungen Talenten helfen, wohingegen beim Sponsoring häufig Personen, Gruppen oder Projekte gesucht werden, die schon über einen gewissen Bekanntheitsgrad und ein positives Image verfügen und sich für einen Imagetransfer besonders zu eignen scheinen, wobei dies insbesondere auf den Hochleistungssport oder elitäre kulturelle Veranstaltungen zutrifft.[8] Im Zusammenhang mit Spenden führt Antonoff aus:

> "Bedeutende kulturelle Organisationen erhalten bedeutende Zuwendungen. Sie werden von Industriespenden, Sammlungen und Stiftungen überhäuft, weil sie eben "ein Image" haben und der Spender durch seine Spende selber einen Image-Effekt für sich erhofft."[9]

Dabei stellt sich die Frage, ob der Bekanntheitsgrad eines potentiellen Sponsoring-Objektes entscheidend dafür ist, ob es sich eher für die Unterstützung durch einen Sponsor oder einen Mäzen eignet. Diese Frage läßt sich nicht eindeutig klären, weil es sponsoringfähige Objekte gibt, die aufgrund ihrer hohen Popularität als Mäzenatenobjekt praktisch nicht mehr infrage kommen. Als Beispiel hierfür kann die Bayerische Hypotheken- und Wechsel-Bank AG, München, angeführt werden, die das Betreiben der Hypo-Kunsthalle in der bayerischen Landeshauptstadt selbst nicht als Sponsoring definiert, sondern eher als Förderung oder Mäzenatentum. Durch den hohen Bekanntheitsgrad dieser Institution, welcher sich u.a. in zahlreichen Feuilleton-Berichten niederschlägt und durch die Tatsache, daß die Bank zu Ausstellungen namentlich einlädt, kann dennoch von Sponsoring ausgegangen werden.[10] Andererseits gibt es Objekte, deren Bekanntheitsgrad relativ niedrig ist, die sich daher sowohl für einen Mäzen als auch einen Sponsor eignen können.

---

7) Vgl. Daweke, K./Schneider, M.: Die Mission des Mäzens - Zur öffentlichen und privaten Förderung der Künste, a.a.O., S. 9.

8) Als Beispiel hierfür siehe Dahlhoff, H.D.: Entwicklungen im Bereich des Sportsponsoring - dargestellt am Beispiel der Marke OPEL, in: Meffert, H./Wagner, H. (Hrsg.): Sponsoring, Dokumentation des Workshops vom 16.11.89, S. 21 ff.

9) Antonoff, R.: Methoden der Image-Gestaltung für Unternehmen und Organisationen, a.a.O., S. 18.

10) Vgl. Roth, P.: Kultur-Sponsoring: Zur Situation heute, in: Roth, P. (Hrsg.): Kultur-Sponsoring, Meinungen, Chancen und Probleme, Konzepte, Beispiele, Landsberg am Lech 1989, S. 27.

Der zweite häufig genannte Begriff neben dem Mäzenatentum ist der der ***Stiftung***. Die Aufgaben früherer Mäzene wurden und werden z.T. von Stiftungen mit dem Ziel übernommen, große Geldmassen in der Intention des Mäzens/Stifters auch nach seinem Tod ihrer Verwendung zufließen zu lassen.[11] Diese Kategorie soll im Rahmen dieser Arbeit jedoch nicht weiter vertieft werden.[12]

Der dritte Begriff schließlich ist der des ***Spendenwesens***. Es ist als Weiterentwicklung des Mäzenatentums anzusehen, wobei Steuervorteile häufig der Grund für die Spender sind, Gutes zu tun.[13]

Weder das Spendenwesen noch das Mäzenatentum können mit Sponsoring gleichgesetzt werden. Der Grund liegt darin, daß Unternehmen, die als Sponsoren tätig werden, mit der Förderung auch kommunikative Ziele verfolgen. Relevant ist dabei der Aspekt, daß Investitionen in das Image wie andere Investitionen Kosten-Nutzen-Überlegungen unterliegen.[14]

Allerdings kann festgehalten werden, daß sich die Bedeutung sowohl von Kommunikations- als auch Förderungsformen im Laufe der Jahre verändert hat. Etwa zu Beginn des Jahrhunderts war von zielgruppenindividueller Ansprache im heutigen Sinn kaum die Rede. Plakate und Anzeigen hatten eher Reklame-Charakter. Von der Reklame völlig unabhängig gab es das Mäzenatentum, wovon die damals noch existierenden Großindustriellen auch Gebrauch machten.

In Annäherung an das heutige Sponsoring läßt sich eine Zwischenstufe definieren. Die reine Reklame näherte sich in manchen Bereichen einer

---

11) Vgl. Bruhn, M.: Sponsoring, 1. Auflage, a.a.O., S. 15. Zu Wirkungsfeldern verschiedener Stiftungen siehe bspw. Burens, P.-C.: Stifter als Anstifter - Vom Nutzen privater Initiativen, Zürich 1987, S. 50 ff.

12) Zwar können auch Stiftungen als Sponsoren fungieren, jedoch geht dies über die hier zugrundeliegende Aufgabenstellung hinaus. Eine Ausnahme bilden dabei jedoch industrienahe Stiftung noch existierender Unternehmen. In diesem Fall werden derartige Stiftungen jedoch als Sponsoren betrachtet.

13) Vgl. Bruhn, M.: Sponsoring, 1. Auflage, Frankfurt a.M. 1987, S. 14 ff.

14) Vgl. Kohtes, P. J.: Der Nutzen von Image-Programmen, a.a.O., S. 47.

Testimonial-Werbung, d.h. es wurden sogenannte Experten oder Idole dargestellt, die bestimmte Aussagen aus eigener Sicht mit einem höheren Glaubwürdigkeitsgehalt versehen sollten.[15] Auf der anderen Seite ging das Vermögen vieler Mäzene nach ihrem Tod in Stiftungen zur Unterstützung von Personen oder Institutionen auf. Das Sponsoring schließlich bildet in gewisser Weise einen Zusammenschluß beider Bereiche. Auf der einen Seite fließen Geldmittel oder Dienstleistungen zur Unterstützung von Projekten, auf der anderen Seite haben die Geldgeber einen unmittelbaren kommunikativen Nutzen von der Unterstützung, wenngleich nicht als Produktwerbung. Berücksichtigt werden muß dabei jedoch, daß das Sponsoring die "Vorstufen" nicht abgelöst hat, sondern die nachgelagerten Formen jeweils zusätzliche Entwicklungsschritte darstellen.[16]

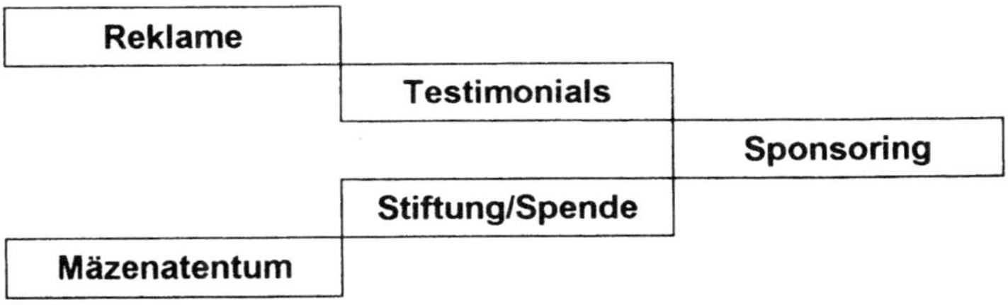

Abb. 8.: Entwicklung des Sponsoring

Dies soll auch die folgende Abbildung verdeutlichen, die einen Überblick über die Einsatzmöglichkeiten verschiedener Unterstützungsformen gibt.

---

15) Vgl. o.V.: Werbung gegen Gage: Lassen Stars die Kasse klingeln?, in: absatzwirtschaft, Nr. 9/1977, S. 24; vgl. Hermanns, A.: Sport und Werbung - Wahrnehmung von Werbebotschaften auf Rennfahrzeugen, München 1/1985, Bericht über ein Studienprojekt, S. 12.

16) Auch bei der reinen Sportwerbung standen bzw. stehen häufig noch Testimonial-Überlegungen im Vordergrund. Vgl. hierzu Hermanns, A./Drees, N./Püttmann, M.: Siegen mit Siegern?, in: absatzwirtschaft Sonderausgabe 10/1986, S. 222.

Merkmale	Art der Förderung		
	Mäzenatentum	**Spendenwesen**	**Sponsoring**
Art des Geldgebers	Privatpersonen, Stiftungen	Privatpersonen Unternehmen	Unternehmen
Motiv(e) der Förderung	ausschließlich Fördermotive (altruistisch)	Fördermotiv dominant, evtl. Steuervorteile (Gemeinnutz)	Fördermotiv und Erreichung von Kommunikationszielen (Eigennutz)
Zusammenarbeit mit Geförderten	teilweise (über Förderbereiche)	nein	ja (Durchführung von Sponsorships)
Medienwirkung	nein (eher privat)	kaum	ja (öffentlich)
Einsatz im Bereich Sport	sehr selten	selten	dominant
Einsatz im Bereich Kultur	dominant	häufig	selten
Einsatz im sozialen Bereich	häufig	dominant	sehr selten
Entscheidungsträger im Unternehmen	Unternehmer	Finanzwesen	Vorstand, PR, Marketing. Werbung

Abb. 9: Merkmale zur Abgrenzung zwischen Mäzenatentum, Spendenwesen und Sponsoring[17]

Zum Bedeutungswandel des Sponsoring ist weiterhin ein Blick auf die Medien erforderlich. Als in den 60er Jahren die ersten Versuche von Unternehmensseite unternommen wurden, Bandenwerbung vor Fernsehkameras zu präsentieren, waren die öffentlich-rechtlichen Sendeanstalten noch sehr zurückhaltend. "Schleichwerbung" hatte damals keinen Platz im Fernsehen. Diese Regelung wurde in den 70er Jahren etwas gelockert, nachdem die Verbände mit den Sendeanstalten erste Regelungen über Einblendungsmöglichkeiten von Werbeflächen während der Übertragung von Sportereignissen getroffen hatten.

17) Vgl. Bruhn, M.: Sozio- und Umweltsponsoring, München 1990, S. 4

In der Zwischenzeit hat sich das Bild durch die privaten Fernsehsender, die meist von Werbeeinnahmen abhängig sind, grundlegend gewandelt. Die Sender zahlen heute sogar oft sehr hohe Beträge für Übertragungsrechte, die sie wiederum zur eigenen Profilierung nutzen.[18] Allerdings ist die Diskussion trotz des Anfang 1992 in Kraft getretenen Rundfunkstaatsvertrages noch nicht ganz abgeschlossen.[19]

Mit Blick auf die einzelnen Sponsoringarten läßt sich eine Entwicklung mit folgenden Phasen erkennen:[20]

* Phase der Schleichwerbung
* Phase der Sportwerbung
* Phase des Sport-Sponsoring
* Phase des Kultur- und Sozio-Sponsoring.

Die drei genannten Bereiche Sport-, Kultur- und Sozio-Sponsoring wurden bislang in der Literatur fast einheitlich herausgearbeitet[21], wobei eini-

---

18) Allein für die Fernsehübertragungsrechte der Fußballbundesliga wurden 1992/93 122,0 Mio DM gezahlt, 1983/84 waren es nur 8,0 Mio DM. Vgl. Walkhoff, G.: Entwicklung und Perspektiven des Sport-Sponsoring in Deutschland, in: Strahlendorf, P. (Hrsg.): Jahrbuch Sponsoring 1992, Düsseldorf - Wien - New York - Moskau 1992, S. 37.

19) Vgl. Hermanns, A.: Sponsoring: Kommunikationsinstrument mit Zukunft, in: Werbeforschung & Praxis, Nr. 4/1990, S. 112. Teilweise nutzen die Sendeanstalten diese Übertragungen wiederum, um Firmen im Umfeld Werbemöglichkeiten in Form eines Programm-Sponsoring anzubieten. Vgl. Feldmeier, S.: TV-Programm-Sponsoring: Würfel sind noch nicht gefallen, in: w&v, Nr. 7/1993, 19.2.1993, S. 80. Vgl. zu der bisherigen Rechtsunsicherheit mit Blick auf Werbeeinblendungen und Sponsorenhinweise in TV und Hörfunk auch o.V.: Für deutliche Trennung von Werbung und Programm, in: Der Tagesspiegel, 2. Juli 1988, S. 19; Ricker, R.: Mehr Rechtsklarheit für Werbung in den Privaten: Unterbrecherwerbung, Sponsoring, Teleshopping, in: Horizont, Nr. 7, 17.2.1989, S. 22; Bruhn, M./Mehlinger, R.: Rechtliche Gestaltung des Sponsoring, a.a.O., S. 149 ff.; Sack, R.: Product-Placement im Fernsehen: Medien-, urheber- und wettbewerbsrechtliche Grenzen, in: Marketing ZFP Zeitschrift für Forschung und Praxis, Nr. 3/1987, S. 196.

20) Vgl. Bruhn, M./Wieland, T.: Sponsoring in der Bundesrepublik, Ergebnisse einer Unternehmensbefragung, Arbeitspapiere des Instituts für Marketing an der European Business School, Nr. 10, Schloß Reichartshausen, S. 1 f.; siehe hierzu auch Lehnhoff, D.: Sponsoring + Redaktionelle Berichterstattung = Schleichwerbung, in: Strahlendorf, P. (Hrsg.): Jahrbuch Sponsoring 1992, Düsseldorf - Wien - New York - Moskau 1992, S. 70 f.

21) Vgl. hierzu Hermanns, A.: Sponsoring - Zukunftsorientiertes Instrument der Marktkommunikation, a.a.O., S. 6 f.; Bruhn, M.: Sponsoring, 2. Auflage, a.a.O., S. 26. Als Ausnahme ist Specht zu nennen, der zunächst nur von Sport- und Kultursponsorships ausging und z.B. die Unterstützung eines Lehrstuhls dem Kul-

gen Bereichen die nötige Trennschärfe fehlt. Inzwischen sind weitere Formen des Sponsoring in die Diskussion eingeführt worden, wie z.B. Öko- bzw. Umwelt-Sponsoring[22], als auch Technik- und Polit-Sponsoring[23], was einerseits verdeutlicht, daß immer mehr Möglichkeiten für Sponsoring entdeckt werden, auf der anderen Seite zeigt sich, daß zunächst eine klare Abgrenzung wünschenswert wäre. Als Beispiel hierfür sei auf die Problematik verwiesen, den englischsprachigen Begriff "art-sponsoring" bzw. "sponsoring of the arts" zu übersetzen, was zu "Kultur-Sponsoring" führte. Dies trifft jedoch den Kern der Aussage nicht genau, da Kunst nicht mit Kultur gleichzusetzen ist.[24]

In Deutschland kann der Entwicklungsbeginn von Sponsoring in den 70er Jahren datiert werden, und zwar zunächst in Form von Sportwerbung, bspw. durch Trikot- oder Bandenwerbung, woraus sich im Laufe der Zeit Sport-Sponsoring entwickelte. Sport hat den Vorteil, daß viele Sportarten technisches Können, Schnelligkeit und Stärke ausstrahlen,[25] Faktoren, die sich einige Unternehmen als eigene Attribute wünschen und einen entsprechenden Imagetransfer anstreben. Es zeigte sich jedoch aus den Anfangserfahrungen, daß - aufgrund eines zum Teil unprofessionellen Umgangs mit dem Instrument Sport-Sponsoring - häufig nicht die gewünschten Wirkungen einsetzten.[26]

Forts.: turbereich zuordnete. Vgl. von Specht, A.D.: Sponsorship als Marketinginstrument, in: Markenartikel, Nr. 11/1986, S. 516.

22) Vgl. Drees, N.: Sportsponsoring, 1992, a.a.O., S. 10; Bruhn, M.: Sozio- und Umweltsponsoring, a.a.O., S. 5; Zillesen, R./Rahmel, D.: Umweltsponsoring, Frankfurt a.M. 1991, S. 19.

23) Vgl. Hermanns, A.: Sponsoring: Kommunikationsinstrument mit Zukunft, a.a.O., S. 108.

24) Vgl. Loock, F.: Kunstsponsoring, Ein Spannungsfeld zwischen Unternehmen, Künstlern und Gesellschaft, Diss., Wiesbaden 1988, S. 40 f. Vgl. zur Abgrenzung von Kultur- und Kunst-Sponsoring auch Roth, P.: Kultur-Sponsoring, in: Thexis, Nr. 6/1988, S. 37 f. Siehe hierzu auch Abschnitt III.3.2.

25) Vgl. Dr. Salcher Team GmbH, Empirische Marktuntersuchung "Image-Transfer durch ausgesuchte Sportarten", entnommen o.V.: Werbe-Wettstreit mit sportiver Note, in: handel heute, Nr. 10/88, S. 71.

26) Viele Sponsoren schätzen die Wirkungsweise von Sponsorships anfangs falsch ein, da Sponsoring indirekt wirkt und sich von den klassischen Kommunikationsinstrumenten unterscheidet. Vgl. McDonald, C.: Sponsorship and the Image of the Sponsor, in: European Journal of Marketing, Nr. 11/1991, S. 34.

Durch die zunehmende Wettbewerbssituation unter den Sport-Sponsoren sowie die steigende Kommerzialisierung des Sports[27] kam es bereits einige Jahre später zu Überlegungen, welche förderungswürdigen Bereiche noch existieren. Neues Terrain wurde gesucht und im Bereich des Kultur- bzw. Kunst-Sponsoring gefunden.[28] Kunst wird häufig im kleineren Rahmen präsentiert, so daß auch ein Umdenken im Hinblick auf die Größe der angesprochenen Zielgruppen einsetzte.

> "Das Kultursponsoring bietet die Möglichkeit, relativ kleine, spezielle und durch kommerzielle Werbung schwer anzusprechende Zielgruppen in nicht-kommerziellen Situationen zu erreichen."[29]

Selbstverständlich sind auch publikumswirksame große Ausstellungen oder Aufführungen initiierbar, doch es lassen sich ebenso Veranstaltungen in sehr kleinem Kreis zu realisieren, wie z.B. eine Ausstellungseröffnung, zu der nur besonders wichtige Gäste eingeladen werden.[30]

Trotzdem wurde nach weiteren Bereichen gesucht, in denen Sponsoring noch greifen könnte. So kam es zum Sponsoring im sozialen Sektor, nicht zuletzt, weil durch andere Stellen im Unternehmen oft ohnehin Spenden an bestimmte Institutionen oder Personen geleistet wurden bzw. werden. Einige Organisationen suchten nach Möglichkeiten, bisher geleistete Unterstützungen unter anderen Gesichtspunkten gezielt zu nutzen.

---

27) Durch die verglichen mit anderen Sponsoringbereichen hohen Aufwendungen im Sportsponsoring werden bei Befragungen dort auch die meisten Sponsorships genannt. Nach einer Umfrage des Sample-Instituts 1990 kannten 86 % der befragten Westdeutschen Sponsoren im Sportbereich, dagegen nur 27 % im Kunstbereich und nur 14 % im Bereich Bildung/Soziales. Vgl. Munkelt, I.: Kultur- und Öko-Sponsoring kaum bekannt, in: absatzwirtschaft, Nr. 5/1991, S. 34. Vgl. zur zunehmenden Kommerzialisierung des Sports u.a. Wheeler, M.: Ethics and the Sports Business, in: Business Ethics - A European Review, Nr. 1/1994, S. 11 f.

28) Auf die Abgrenzung zwischen Kunst und Kultur wird in Abschnitt III.3.2 näher eingegangen.

29) Hermanns, A./Drees, N.: Kultursponsoring als Instrument der Kommunikationspolitik, in: pr magazin, Nr. 7/87, S. 24.

30) Vgl. Berckenhagen, R.: Kunstförderung als Instrument der Unternehmenskommunikation, in: Zeitschrift für das gesamte Kreditwesen, Nr. 20/88, S. 957. Das kommunikative Ziel, durch Sponsoringaktivitäten Kontakte zu geladenen Gästen zu pflegen, wird im übrigen als Hospitality bezeichnet. Vgl. Hermanns, A.: Profilierung durch Sponsoring - Erlebnisorientiertes Instrument der Marktkommunikation und Wettbewerbsfaktor, in: Marktforschung & Management, Nr. 3/88, S. 80.

"Sponsoring wird vielfach mit Sportwerbung assoziiert. (...) Kultursponsoring versteht man hierzulande noch eher als Mäzenatentum. Ähnliches gilt auch für das Sozio-Sponsoring, das üblicherweise noch dem Spendenwesen zugerechnet wird."[31]

Der Sozio-Sponsoring-Bereich steht dabei in der Bundesrepublik noch relativ am Anfang. Das mag zum Teil daran liegen, daß dieser Bereich für viele Unternehmen nicht klar zu differenzieren ist. Häufig werden allein mit dem Begriff "sozialer Bereich" Anfälligkeit, Hilfsbedürftigkeit oder Verletzbarkeit assoziiert - Attribute, die sich unreflektiert zum Imagetransfer nicht zu eignen scheinen. Der Erklärungsaufwand für Sozio-Sponsoring erscheint vielen Unternehmern größer zu sein als z.B. für Sport-Sponsoring. Wenn allerdings daran gearbeitet wird, daß die Botschaft vom Kommunikationsempfänger richtig im Sinne des Sponsors empfangen wird, sind mit Sozio-Sponsoring Effekte erzielbar, die nicht im Erreichbaren von Sport- und Kunst-Sponsoring liegen.

"Bei den meisten Formen von Sport-Sponsoring dominiert heute der Marketingaspekt. Beim Kultur-Sponsoring dagegen steht gesellschaftliche Verantwortung im Vordergrund. Dies gilt in noch stärkerem Maße für ein überzeugendes Konzept bei Sozio- und Umwelt-Sponsoring. Das mag sich eines Tages ändern. Heute jedoch würde ein dominierender Marketing-Aspekt außerhalb des Sport-Sponsoring wohl weniger gesellschaftliche Akzeptanz finden."[32]

Grundsätzlich ist festzuhalten, daß in vielen anderen Ländern wesentlich stärker gesponsert wird als in Deutschland, da viele Institutionen keine so großen staatlichen Unterstützungen erfahren,[33] allerdings Deutschland europaweit eine führende Rolle zugesprochen wird. Während 1991 weltweit 14,4 Mrd DM gesponsert worden sein sollen, entfielen davon auf Eu-

---

31) Vgl. Bruhn, M.: Sponsoring, 1. Auflage, a.a.O., S. 11. Besorgt über die teilweise aggressiven Werbemethoden beim Sport-Sponsoring äußerte sich der Europarat bereits vor einigen Jahren und empfahl, im Zusammenhang mit Kunst auch weiterhin von Mäzenatentum zu sprechen. Vgl. Wachta, H.: Machen wir bißchen 'In Sponsoring'! Über das komplizierte Verhältnis Sponsor - Gesponserter - Medien beim Kultursponsoring, in: Werbeforschung & Praxis, Nr. 6/1990, S. 204, wobei diese Aussage in der Sponsoring-Diskussion kaum Niederschlag fand.

32) Zorn, W.: Entwicklungen im Bereich des Sozio- und Kultur-Sponsoring, in Meffert, H./Wagner, H. (Hrsg.): Sponsoring, Dokumentation des Workshops vom 16. November 1989, S. 39 f.

33) Vgl. Bearchell, A.A.: Future Trends and Possibilities, in: Marketing Journal, Nr. 1/1988, S. 24.

ropa 5,3 Mrd DM, davon auf Deutschland allein 1,1 Mrd DM.[34] Die meisten Zahlenangaben in diesem Bereich sind jedoch Schätzwerte oder Hochrechnungen, da eine amtliche Statistik bisher nicht existiert. Durch die teilweise unscharfe Abgrenzung in der Praxis zwischen Sponsoring, Spendenwesen und Mäzenatentum liegt die Vermutung nahe, daß Ausgaben für Sponsoring auch als Spenden oder reine Werbeausgaben deklariert werden und umgekehrt. Bezogen auf Deutschland kann nach anderen Quellen auch von einem Sponsoringvolumen i.H.v. ca. 1,5 bis 1,8 Mrd. DM ausgegangen werden.[35] Die gesamten Werbeinvestitionen betrugen demgegenüber im Jahr 1992 47,0 Mrd DM[36].

2. Basisklassifikationen des Sponsoring

Unabhängig von der Sponsoringart lassen sich Basisklassifikationen benennen, nach denen Sponsoring-Engagements eingeteilt werden können. Für die Zusammenstellung eines adäquaten Sponsoring-Mix ist eine Klassifikation der zu sponsernden Objekte erforderlich. Dabei wird zunächst **mit Blick auf den Sponsor** klassifiziert:

a) Die erste Unterscheidung ist durch die *Art der Leistung des Sponsors* gegeben. Grundsätzlich können dem Gesponserten, oder neutraler dem Sponsoring-Objekt, Geldmittel, Sachmittel, Rechte, Dienstleistungen oder Mitarbeiter des sponsernden Unternehmens überlassen werden. Diese Überlassung von Mitarbeitern wird auch als Secondment bezeichnet.[37]

---

34) Vgl. o.V.: Sponsoring-Spitze - Deutsche Firmen europaweit an der Spitze im Sponsoren-Ranking, in: w&v, Nr. 41/1992, S. 46, wo auf Zahlen der Schweizer Sport-Vermarktungsagentur ISL Bezug genommen wird.

35) Vgl. Bruhn, M.: Sponsoring, 1991, a.a.O., S. 47; Pratz, G.: Ist jeder Sponsor ein verlorener Anzeigenkunde?, in: Strahlendorf, P. (Hrsg.): Jahrbuch Sponsoring 1992, Düsseldorf - Wien - New York - Moskau 1992, S. 59. Einige nicht repräsentative Prognosedaten über Budgets für Werbung, Verkaufsförderung und Sponsoring für Unternehmen verschiedener Größenklassen sind zu entnehmen bei Stippel, P.: Zehn Jahre ist es her - Budget-Planung 1994, in: absatzwirtschaft, Nr. 10/1993, S. 106.

36) Vgl. ZAW (Hrsg.): Werbung in Deutschland 1993, Bonn 1993, S. 5.

37) Vgl. Bruhn, M.: Sozio- und Umweltsponsoring, a.a.O., S. 13; v. Keller, V.: Maecenas' Erben, in: Wirtschaftswoche, Nr. 47/90, S. 141.

b) Das zweite Kriterium liegt in der *Anzahl der Sponsoren*. Wenn ein Sponsoringobjekt nur durch einen Sponsor gefördert wird, handelt es sich um ein Exclusiv-Sponsorship, wohingegen Co-Sponsorships entstehen, wenn mehrere Sponsoren gleichzeitig auftreten. Durch derartige Sponsoren-Pools reduzieren sich für den einzelnen Sponsor zwar häufig die Beteiligungskosten, andererseits sind auch die Wirkungsmöglichkeiten eingeschränkter, da es sich bei der Nennung der Sponsoren immer um mehrere Unternehmen handelt. Die durch Sponsoring erzielbaren kommunikativen Vorteile werden dadurch abgeschwächt, und einzelne Engagements nähern sich eher einem Mäzenatentum an.

Wenn es sich um eine herausragende und dennoch kostenmäßig überschaubare Sponsoring-Aktionen handelt, sollte der Sponsor danach trachten, ein Exclusiv-Sponsorship zu vereinbaren. Geht es hingegen um sehr große Projekte, die von einem Sponsor allein nicht getragen werden können, müssen Co-Sponsoren meist akzeptiert werden, wobei Vereinbarungen mit und ohne Konkurrenzklauseln denkbar sind. Ein Veranstalter oder eine Sponsoringagentur kann im Fall von Co-Sponsorships Unternehmen suchen, die die gleichen oder ähnliche Zielgruppen ansprechen, jedoch nicht miteinander in Konkurrenz stehen.

Auf der anderen Seite ist es auch möglich, daß große Veranstaltungen von einem Sponsor komplett "eingekauft", jedoch nicht allein genutzt, sondern teilweise weitervermarktet werden. Der Sponsor hat dabei den Vorteil, sich seine Co-Sponsoren aussuchen als auch die Preispolitik für das Projekt bestimmen zu können. Für den Veranstalter bedeutet das weniger Arbeit, wohingegen sich der Sponsor zusätzliche Administrationsaufgaben aufbürdet.

c) Die dritte Klassifikation ergibt sich durch die *Art des Sponsors*. Es kann zwischen professionellen, semi-professionellen und klassischen Sponsoren differenziert werden.[38] Die Unterteilung richtet sich lt. Bruhn nach dem Produktspektrum des sponsernden Unternehmens. Handelt es sich um

38) Vgl. Bruhn, M.: Sponsoring, 1. Auflage, 1987, a.a.O., S. 36 ff.

eine Firma, die Bedarfsartikel für die Sponsoringart herstellt, kann nach der Definition von einem professionellen Sponsor gesprochen werden. Als Beispiel sind Sportartikelhersteller im Bereich des Sport-Sponsoring zu nennen.[39] Stiftungen hingegen werden als semi-professionelle Sponsoren angesehen und klassische Sponsoren sind Unternehmen, deren Produkte oder Dienstleistungen nicht mit der Durchführung eines Sponsorships zusammenhängen.[40]

In einer späteren Darstellung[41] wird dieser Punkt etwas anders gegliedert, und zwar nach

* Produktsponsoren, die Güter oder Dienstleistungen bereitstellen, die sie im Rahmen ihres normalen Sortiments anbieten,
* Unternehmen als Sponsoren, die hinsichtlich ihres Leistungsprogramms zwar keinerlei Beziehung zum gesponserten Objekt haben, sich jedoch entweder Kommunikationsvorteile oder Einflüsse auf das Leistungsprogramm erhoffen (z.B. Kunst -> Produktdesign[42], Kunstobjekte -> Ausstattung von Büroräumen), und
* Stiftungen als Sponsoren, bei denen es sich sowohl um unternehmensfremde als auch um unternehmenseigene Institutionen handeln kann.

---

39) Weinhold-Stünzi bezeichnet diese Unternehmen auch als Lieferanten-Sponsoren im Gegensatz zu generellen Sponsoren. Vgl. Weinhold-Stünzi, H.: Sponsoring als Idee und als Instrument, in: Thexis, Nr. 6/1988, S. 2.

40) Eine etwas andere Sichtweise propagiert Hormuth, der von Sponsoring ausgeht, wenn Sponsor und Gesponserter in keinem erkennbaren Zusammenhang stehen, während es sich nach seiner Definition um Placement handelt, wenn z.B. ein Sportartikelhersteller einen Tennisspieler unterstützt. Vgl. Hormuth, S.: Placement: eine innovative Kommunikationsstrategie, München 1993, S. 82. Diese Sichtweise erscheint allerdings wenig zweckmäßig, da gerade Sponsoringkonstellationen angestrebt werden, die so gut zusammenpassen, daß der gewünschte Imagetransfer zustande kommt. Optimales Sponsoring wäre nach dieser Definition zu weiten Teilen jedoch nur Placement. Zwischen engen Verbindungen, Verbindungen und keinen Verbindungen zwischen Sponsor und Gesponsertem im Zusammenhang mit Sport unterscheiden Otker/Hayes. Während bei Sportkleidung und Gesundheitsnahrung enge Verbindungen bestünden, sei dies bei Alkohol, Zigaretten und Versicherungen nicht gegeben. Vgl. Otker, T./Hayes, P.: Judging the Efficiency of Sponsorship: Experiences from the 1986 Soccer World Cup, in: Werbeforschung & Praxis, Nr. 1/1991, S. 38.

41) Vgl. Bruhn, M.: Sponsoring, 1991, a.a.O., S. 36 f.

42) Zur Bedeutung von Design im Investitionsgüterbereich vgl. Slany, H. E.: Erlebniskomponenten im Investitionsgüter-Design - Bereichsübergreifende Entscheidungsprozesse für verwendergerechte Produkte, in: Marktforschung & Management, Nr. 1/1988, S. 15 f.

Für die vorliegende Arbeit können Stiftungen weitgehend ausgeklammert werden, sofern es sich nicht erkennbar um unternehmensnahe Organisationen handelt. Für den weiteren Verlauf der Arbeit wird lediglich zwischen zwei Gruppen unterschieden, und zwar nach unmittelbaren und mittelbaren Sponsoren. Unternehmen, die Güter oder Leistungen anbieten, die auch beim konkreten Sponsorship Einsatz finden können, werden hier als unmittelbare Sponsoren bezeichnet.[43] Firmen, in deren Sponsorships keine angebotsnahe Unterstützung der Gesponserten zum Tragen kommt, können als mittelbare Sponsoren angesehen werden.

d) Das vierte Kriterium tangiert die Frage nach dem *Initiator des Sponsoring*[44]. Unter diesem Aspekt kann zwischen einem fremd- und einem durch den Sponsor eigeninitiierten Sponsoring unterschieden werden. Eine Initiierung von Sponsorships kann bspw. durch den Gesponserten selbst, Sponsoringagenturen, öffentliche Verwaltungen oder auch Medien erfolgen. Gerade wenn finanzielle Mittel zur Finanzierung bspw. öffentlicher Projekte oder Einrichtungen knapp sind, versuchen Projektverantwortliche häufig, durch Sponsoren aus der sogenannten freien Wirtschaft Mittel zu akquirieren.

e) Weiterhin ist eine Differenzierung nach der *Homogenität des Sponsoring* gegeben.[45] Konkret wird nach homo- und heterogenem Sponsoring untergliedert. Ein homogenes Sponsoring liegt vor, wenn das Unternehmen ausschließlich entweder im Sport-, Kunst-, sozialen oder einem anderen Bereich sponsert. Von Heterogenität hingegen kann ausgegangen werden, wenn Aktivitäten in unterschiedlichen Ressorts durchgeführt werden. Daneben sind Mischformen denkbar, wie z.B. sozio-kulturelles Sponsoring, wenngleich hier wiederum von Kultur statt Kunst gesprochen

---

43) Wenn bspw. ein Chemieunternehmen Know how und Material zur Restaurierung von Kunstwerken zur Verfügung stellt. Vgl. Hermanns, A./Drees, N.: Kultursponsoring, Studien- und Arbeitspapiere Marketing, Nr. 10, München 1987, S. 11.

44) Vgl. Bruhn, M.: Sponsoring, 2. Auflage, 1991, S. 37.

45) Vgl. ebenda, S. 37 ff. Bruhn differenziert bei diesem Kriterium nach einseitigem und vielfachem Sponsoring. Diese Begriffe sind jedoch leicht irreführend und werden daher durch Bezeichnungen Homogenität bzw. Heterogenität ersetzt.

wird, da sich das Wortpaar auch außerhalb der Sponsoringdiskussion eingebürgert hat.

f) Eine weitere Differenzierung ist hinsichtlich der *Nutzungsdauer* gegeben. Obwohl Sponsorships langfristig angelegt werden sollten, um möglichst optimale Wirkungsgrade zu erreichen, läßt sich dennoch eine Unterscheidung nach kurz-, mittel- sowie langfristigen Sponsorships treffen.

Bruhn schlägt weiterhin eine Unterscheidung nach der *Nutzungsart* vor, wonach Sponsoring entweder isoliert im Rahmen eines Kommunikationsbereiches wirken kann (z.B. Werbung oder Öffentlichkeitsarbeit) oder von einem integrierten Sponsoring die Rede ist, bei dem mehrere Kommunikationsinstrumente tangiert werden.[46]

Gerade diese Klassifizierung muß jedoch differenziert betrachtet werden, weil Sponsoring im Rahmen dieser Arbeit eine integrative Funktion beigemessen wird. Eine Entscheidung von vornherein, daß das Sponsoring-Engagement - z.B. Sport - nur in der Werbung eingesetzt werden soll, wird abgelehnt, weil es sich dann lediglich um Sport-Werbung handeln würde.[47] Allerdings bedeutet dies im Umkehrschluß nicht, daß im Falle eines Sponsorships auch alle Kommunikationsinstrumente zum Einsatz gebracht werden müssen.

---

46) Vgl. Bruhn, M.: Sponsoring, 1991, a.a.O., S. 37.

47) Nach Drees kann als Sportwerbung jene Werbung bezeichnet werden, "bei der der Sport als Medium zur Übermittlung von Werbebotschaften eingesetzt wird". Drees, N.: Werbung an Rennstrecken: Präsenz und Erinnerungswirkung ausgewählter Werbeträger bei Fernsehübertragungen, in: Werbeforschung & Praxis, Nr. 1/1987, S. 9, wobei Sportwerbung durchaus Werbung für den Sport, Werbung im Sport und Werbung mit Sport sein kann. Vgl. Hermanns, A./Drees, N./Wangen, E.: Kampf um das Augenmerk, in: pr magazin, Nr. 10/1986, S. 27.

Art der Leistung des Sponsors	Geldmittel Sachmittel Rechte Dienstleistungen Mitarbeiter
Anzahl der Sponsoren	Exclusiv-Sponsorship Co-Sponsorship
Art des Sponsors	mittelbar unmittelbar
Initiator des Sponsoring	fremdinitiiert eigeninitiiert
Homogenität	homogen heterogen
Dauer der Nutzung	kurzfristig mittelfristig langfristig

Abb. 10: Erscheinungsformen des Sponsoring aus Sicht der Sponsoren[48]

Mit Blick auf den Gesponserten läßt sich ebenfalls eine Klassifizierung vornehmen.[49]

a) Zunächst ist die *Art der Gegenleistung des Gesponserten* zu klären, d.h. was wird vom Gesponserten erwartet und welche Einsätze muß er leisten.[50] Wichtig ist, wie er sich z.B. bei Veranstaltungen zu verhalten

---

48) In Anlehnung an Bruhn, M.: Sponsoring, 1991, a.a.O., S. 38.

49) Siehe zu den nachfolgenden Ausführungen u.a. Bruhn, M.: Sponsoring, 1991, a.a.O., S. 39 ff.

50) Zur rechtlichen Gestaltung und möglichen Problemen im Zusammenhang mit Sponsoring-Verträgen vgl. Vorwerk, K.: Rechtliche Dimensionen des Sponsoring,

hat. Denkbar sind personenbezogene Werbung oder die Werbung am Veranstaltungsort wie bspw. durch Plakate, Bandenwerbung o.ä.[51] Daneben ist das Recht zur Nutzung von Titeln und Prädikaten zu klären, die in die Unternehmenskommunikation integriert werden können, um sich als offizieller Sponsor einer bestimmten Veranstaltung auszuweisen.[52] Die Nomenklatur der Titel und Prädikate ist jedoch sehr unterschiedlich und muß für den Einzelfall festgelegt werden. Denkbar sind offizielle Prädikate, die durch Organisationskomitees großer Veranstaltungen vergeben werden, z.B. "Offizieller Ausstatter" oder "Offizieller Förderer der Olympischen Spiele" jeweils in Verbindung mit dem Veranstaltungsort und Jahr. Vereinbart werden kann auch ein Titelsponsoring, wobei der Name des Sponsors in die Veranstaltungsbezeichnung einfließt, z.B. "Epson Grand Prix" oder "Casio Cup". Möglichkeiten zur kommunikativen Nutzung sind letztlich auch über eine Lizensierung gegeben, wobei der Sponsor z.B. Embleme oder Logos des Sponsoring-Objektes nutzen darf, wie z.B. den Panda-Bären des WWF.[53]

Forts.: in: Strahlendorf, P.: Jahrbuch Sponsoring 1991, Düsseldorf - Wien - New York 1991, S. 20 ff.; vgl. Leeb, L.: Kultursponsoring - Vertragliche Grundlagen, Wien 1992, S. 15 f.

51) Reine Bandenwerbung, die häufig im Sport zum Tragen kommt, "ist also lediglich ein Teilbereich des Sponsoring und ihm untergeordnet." Deimel, K.: Sponsoring, in: Wirtschaftsstudium, Juli 1987, S. 351. Vgl. zu unterschiedlichen kommunikativen Gegenleistungen Dreyer, A.: Aktionen und Athleten, in: absatzwirtschaft Sondernummer Oktober 1987, S. 196 ff. Vgl. zu Formen der Sportwerbung Bürger, J. H.: Public Promotions, Essen 1986, S. 87.

52) Püttmann differenziert kommunikative Nutzungsmöglichkeiten von Sponsorships nach Sponsoring-spezifischer Verwertung und "Vewertung mit Hilfe anderer Kommunikationsinstrumente im Rahmen integrierter Marketing-Kommunikation". Püttmann, M.: Sponsoring - Erfolgreiche Symbiose zwischen Wirtschaft und Gesellschaft?, a.a.O., S. 263. Im ersten Fall beschränken sich die Maßnahmen auf Kommunikation im Umfeld des Sponsorships, wie z.B. Lautsprecherdurchsagen und Dekoration bei Veranstaltungen, Trikotwerbung etc.

53) Vgl. Bruhn, M.: Sponsoring, 1991, a.a.O., S. 40 + 92 f.; Vgl. Hartwig, H. A.: Wann sind Sie mit dabei? in: Strahlendorf, P. (Hrsg.): Jahrbuch Sponsoring 1991, Düsseldorf - Wien - New York 1991, S. 42; vgl. auch Bocklitz, P.: Vom Mäzenatentum zum Sponsoring, in: Strahlendorf, P. (Hrsg.): Jahrbuch Sponsoring 1991, Düsseldorf - Wien - New York 1991, S. 152 ff. Teilweise nutzen Unternehmen auch Großveranstaltungen, um in ihrer Kommunikation den Anschein zu erwecken, als würden sie als Sponsor fungieren, etwa indem sie im Rahmen einer Olympiade Anzeigen mit sportlichem Inhalt schalten. Diese "Werbung aus dem Hinterhalt" wird als Ambush Advertising bezeichnet. Vgl. Friese, U.: Nur wenige Sponsoren sind in Seoul am Start, in: Handelsblatt, vom 14.9.1988, S. 18. Zur Wirkung von offiziellen Prädikaten im Sportsponsoring vgl. Hermanns, A./Drees, N.: Wirkungsaspekte bei der Nutzung offizieller Prädikate im Sportsponsoring, in: Thexis, Nr. 6/1988, S. 20 ff. Als Grenzbereich ist sicherlich die

Neben diesen kommunikativen Gegenleistungen mögen sich Sponsoren auch Zusatznutzen erhoffen, bspw. in Form eines Know how-Transfers bei Forschungsergebnissen[54], Anregungen von Künstlern im Produktdesign[55], zur Steigerung des Erlebniswertes der Arbeit von Mitarbeitern[56] oder Wertsteigerungen der künstlerischen Werke[57].

b) Weiterhin ist nach der *Art der gesponserten Individuen bzw. Gruppen* zu unterscheiden, d.h. ob es sich um Professionelle (z.B. Berufssportler), Halb-Professionelle oder um Amateure handelt.

c) Zugleich wird damit häufig die Frage beantwortet, in welcher *Leistungsklasse der Gesponserte* angesiedelt ist, ob in der Breitenebene (Breitensport), in der Leistungsebene oder in der Spitzenebene (Spitzensport). Ebenfalls zu berücksichtigen ist dabei die Nachwuchsebene.

d) Darüber hinaus ist die *Art des gesponserten Objekts* wichtig, d.h. handelt es sich um einen Verband, einen Verein, eine Stiftung oder eine öffentliche, nicht-kommerzielle Institution, wie z.B. ein Theater oder ein Museum, um eine Gruppe von Akteuren oder einen einzelnen Leistungsträger.[58]

Forts.: Lizenznahme zu sehen, obwohl dies im Zusammenhang mit Sponsoring kaum zur Diskussion steht, bei der Firmen bspw. mit bekannten Persönlichkeiten werben oder sogar eigenständige Produktlinien unter dem Namen des Stars vermarkten dürfen. Vgl. o.V.; Mit Filmstars und Comic-Figuren neue Märkte schaffen, in: impulse, Nr. 10/1986, S. 180 ff. Für den Investitionsgüterbereich dürfte dies allerdings eher zu vernachlässigen sein.

54) Vgl. Matthée, I./Walter, A.: Sponsoren-Clubs öffnen den Zugang zur Wissenschaft - Technologie-Transfer kann helfen, in: Blick durch die Wirtschaft, vom 21.10.1993, S. 1; vgl. zur aktiven Zusammenarbeit zwischen Unternehmen und Umweltschützern auch Capune, T.: Feind macht mit - Umweltschützer sagen Managern, was zu tun ist, in: manager magazin Spezial, Nr. 2/1991, S. 14 f.

55) Vgl. Gomringer, E.: Zur Einheit von Qualität und Schönheit von Industrie-Produkten, in: Kunst & Industrie, Bielefeld 1983, S. 145, der auch auf das Design von Investitionsgütern eingeht, speziell Brücken.

56) Vgl. Geipel, P.: Industrie-Design als Marktfaktor bei Investitionsgütern, Diss., München 1990, S. 15.

57) Vgl. Buderath, B.: Vom Mäzenatentum zum Sponsoring, in: Lippert, W. (Hrsg.): Corporare Collecting: Manager, die neuen Medici?, Düsseldorf 1990, S. 167.

58) Vgl. ähnlich Bruhn, M.: Sponsoring, 2. Auflage, Frankfurt a.M. 1991, S. 44, der die Einzelpersonen und Personengruppen hier vernachlässigt hat.

Nach Bruhn sollte die Entscheidung, um welche Art des gesponserten Objektes es sich handeln sollte, an folgenden Kriterien überprüft werden:

* "Managementqualifikation des Gesponserten
* Leistungen, Erfolge und Bekanntheit des Gesponserten
* Vergabe von Prädikaten, Lizenzen, Titeln durch Verbände bzw. Organisationen
* Nutzung von Werbemöglichkeiten
* Mehrfache Nutzungsmöglichkeiten"[59]

e) Auch die *Art der gesponserten Veranstaltung* läßt sich als Differenzierungskriterium heranziehen. So kann unterschieden werden nach offiziellen und inoffiziellen Veranstaltungen als auch durch den Sponsor selbst initiierten Projekten.

Art der Gegenleistung	Werbung im Umfeld des Sponsorships Nutzung von Titeln, Prädikaten Einsatz in der Unternehmenskommunikation Know how-Transfer
Art der gesponserten Individuen/Gruppen	Professionelle Halb-Professionelle Amateure
Leistungsklasse	Spitzenebene Leistungsebene Breitenebene Nachwuchsebene
Art des gesponserten Objekts	Einzelner Gruppe, Team, Verein Verband, Stiftung Öffentliche und gemeinnützige Organisationen
Art der gesponserten Veranstaltung	Offizielle Veranstaltung Inoffizielle Veranstaltung Selbstinitiierte Veranstaltung

Abb. 11: Erscheinungsformen des Sponsoring aus Sicht der Gesponserten[60]

59) Bruhn, M.: Sponsoring als Instrument der Unternehmenskommunikation - Erscheinungsformen, Planungskonzepte und Integrationsaspekte, Zusammenfassung eines Vortrages im Rahmen eines Workshops, Sponsoring, in: Meffert, H./Wagner, H. (Hrsg.): Dokumentationen, Dokumentation des Workshops vom 16.11.1989, Arbeitspapier Nr. 55 der Wissenschaftlichen Gesellschaft für Marketing und Unternehmensführung, Nr. 55, S. 7.

60) In Anlehnung an Bruhn, M.: Sponsoring, 1991, a.a.O., S. 45.

3. Sponsoringartbezogene Klassifikationen

3.1 Klassifikationen des Sport-Sponsoring

Neben den Basisklassifikationen sind innerhalb der einzelnen Sponsoringarten weitere Differenzierungen zu treffen. Folgende Untergliederung bietet sich für den Sportbereich an:

- Sportart
- Leistungsklasse und
- Leistungsempfänger

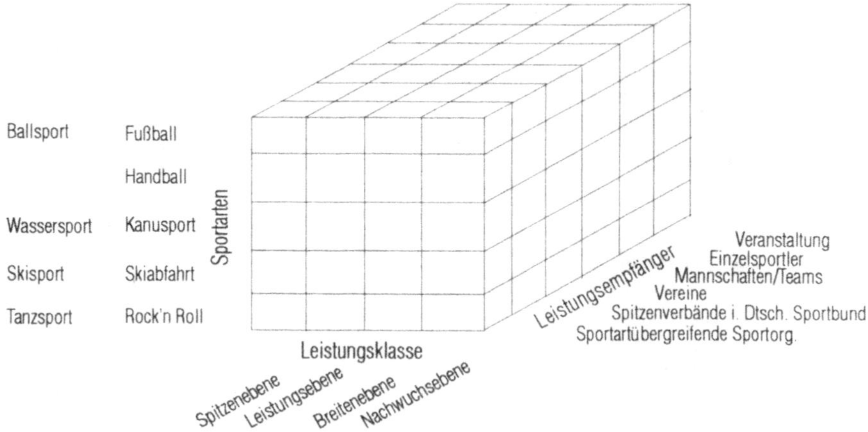

Abb. 12: Klassifikationen des Sport-Sponsoring[61]

Wie aus dieser Abbildung hervorgeht, sind praktisch für jede Sportart Engagements in unterschiedlichen Leistungsklassen und für unterschiedliche Leistungsempfänger vorstellbar.

---

61) Siehe hierzu ähnlich Drees, N.: Sportsponsoring, a.a.O., S. 127.

Ein wichtiger Aspekt bei der Sponsoring-Entscheidung ist die *Wahl der Sportart*, weil mit jeder Sportart bestimmte Eigenschaften assoziiert werden, die durch einen Imagetransfer auf das sponsernde Unternehmen übertragen werden sollen. Von Einfluß können in diesem Zusammenhang u.a. Faktoren wie die Art der Sportgeräte sein, mögliche Orte der Ausübung und spezielle Jahreszeiten sowie Teilnehmerzahlen als auch das Geschlecht und Alter der Aktiven.[62] Hierzu wurden bereits unterschiedliche Umfragen durchgeführt, von denen einige Beispiele nachfolgend aufgeführt werden.[63]

Die Wahl der Sportart spielt auch unter dem Gesichtspunkt der Identifikationsmöglichkeit des Kommunikationsempfängers mit diesem Sport eine große Rolle. Dabei kann es relevant sein, ob der Betrachter diese Sportart selbst betreibt oder betreiben könnte.

> "Je teurer und exklusiver eine Sportart ist, desto häufiger wird sie von Selbständigen und Leitenden Angestellten/Beamten ausgeübt (Golf, Jagen etc.). Angeln und Fußballspielen sind dagegen bei Arbeitern am beliebtesten, während die Rentner (...) beim Wandern, die Hausfrauen in der Gymnastik am aktivsten sind."[64]

Das Interesse an verschiedenen Sportarten hängt letztlich mit dem Geschlecht, dem Alter, der Schulbildung, dem Einkommen und dem Wohnort zusammen.[65]

---

62) Vgl. Dreyer, A.: Werbung im und mit Sport - Kaufverhaltensrelevante Faktoren der Sportwerbung im Lichte der Freizeitentwicklung, Göttingen 1986, S. 12 f.

63) Siehe daneben auch Bruhn, M.: Sponsoring, a.a.O., S. 154 f. nach Hanrieder, M.: Die Planungssystematik der Sportwerbung, in: Roth, P. (Hrsg.): Sportwerbung, Landsberg am Lech 1986. Studien über Sponsorship-Wirkungen bieten inzwischen auch einige Marktforschungsinstitute und größere Agenturen an, wie z.B. das Sample Institut oder RSL in England. Vgl. zu RSL Parker, K.: Sponsorship: The Research Contribution, in: European Journal of Marketing, Nr. 11/1991, S. 23; vgl. Zastrow, H.: Neue Mafo-Erkenntnisse über die Wirkung von Sponsoring, in: Strahlendorf, P. (Hrsg.): Jahrbuch Sponsoring 1992, Düsseldorf - Wien - New York - Moskau 1992, S. 23.

64) Bruhn, M.: Sponsoring, 1987, a.a.O., S. 111.

65) Vgl. ebenda, S. 112 + 121 ff.

Image-Aspekte	Tennis	Fußball	Golf
strahlt Härte aus	3,2	4,8	1,4
führt häufig zu Verletzungen	2,9	5,2	1,2
erfordert viel Kraft	4,6	4,9	2,5
führt oft zu Auswüchsen/Krawallen	2,0	5,3	1,2
vermittelt ein Gefühl der Freiheit	2,8	2,3	3,7
ruft starke Gefühlsregungen hervor	4,6	5,6	2,5
ist eine Sportart für Leute mit Geld	4,1	1,5	5,5
ist eine traditionsreiche Sportart	4,6	5,0	4,1
erfordert hohe Risikobereitschaft	3,4	3,8	2,1
erfordert Spritzigkeit und Schnelligkeit	5,2	4,9	2,3
strahlt Anmut aus	3,7	1,7	4,1
erfordert große Ausdauer	5,1	5,0	3,1
vermittelt Prestige	4,6	2,8	5,1
ist eine Sportart für Proleten	1,6	3,3	1,4
ist eine typische Männersportart	1,9	5,0	3,2
hat besonders internationales Flair	5,4	5,1	5,0
paßt gut zu deutscher Wertarbeit	3,0	3,5	2,7
strahlt Eleganz aus	4,0	2,0	4,6
wirkt modern und fortschrittlich	4,0	3,0	3,6
ist besonders seriös	3,7	2,2	5,1
wirkt aggressiv	3,1	4,9	1,4
verbinde ich mit der Vorstellung von Genuß	3,5	2,4	3,6
steht in Einklang mit der Natur	2,8	1,9	4,2
wirkt fröhlich	2,8	2,3	3,0
vermittelt eine entspannte Atmosphäre	2,5	2,0	4,4
ist eher eine Frauensportart	2,2	1,3	2,3
ist vom technischen Fortschritt beeinflußt	3,7	1,8	2,5
ist geprägt durch ausgesprochene Persönlichkeiten	5,4	4,4	4,5
strahlt Exklusivität aus	4,4	1,9	5,3
wirkt grob, rauh	2,2	4,7	1,2
hat erotische Ausstrahlung	2,6	1,4	1,8
spricht auch den Kopf an	4,2	2,8	4,1
da treffen sich Leute wie ich	3,4	3,0	2,3
wirkt sauber, gepflegt	4,7	2,2	5,4

Abb. 13: Image-Aspekte ausgewählter Sportarten[66]

66) Die genannten Werte sind Mittelwerte; 1 = trifft überhaupt nicht zu, 6 = trifft voll und ganz zu; n = 120 für jede Sportart; entnommen aus Drees, N.: Sportsponsoring, a.a.O., S. 132. Originalquelle: Dr. Salcher Team GmbH, 1987, Tabellenband.

Image-Dimensionen	Tennis	Fußball	Golf
modern	2,7	3,4	3,2
gesellig	3,2	3,2	3,0
jung	3,7	3,4	4,8
etwas besonderes	4,8	5,7	3,3
männlich	5,9	2,9	4,4
chic	3,7	5,3	3,6
frisch	3,4	4,6	4,5
dynamisch	2,5	2,8	4,2
international	1,6	1,4	1,8
für gesundheits- und körperbewußte Menschen	2,6	3,5	3,9

Abb. 14: Image-Dimensionen ausgewählter Sportarten[67]

Derartige Auflistungen können bei einer Entscheidungsfindung bzgl. eines Sponsoring-Engagements jedoch allenfalls begleitenden Charakter haben, denn eine Entscheidung sollte immer unter Berücksichtigung der aktuellen Konstellation getroffen werden. Einerseits können sich im Laufe der Zeit Einstellungsänderungen zu bestimmten Sportarten ergeben, andererseits sind regionale Unterschiede zu berücksichtigen. Die Einstellung zum Skisport kann bspw. in unterschiedlichen Ländern, aber auch bereits in unterschiedlichen Landesteilen, variieren. Auch können große Sportveranstaltungen, wie Weltmeisterschaften oder Olympische Spiele, das Interesse an einer Sportart kurzfristig erhöhen.

Das zweite Kriterium bilden die *Leistungsklassen*. Hier sind folgende vier Ebenen möglich:
- Spitzenebene
- Leistungsebene
- Breitenebene und
- Nachwuchsebene[68]

67) Die genannten Werte sind Mittelwerte; 1 = sehr zutreffend, 7 = überhaupt nicht zutreffend; n = 90 für jede Sportart; entnommen aus Drees, N.: Sportsponsoring, a.a.O., S. 133. Originalquelle: Österreichische Gesellschaft für Marketing 1986. Zur Beurteilung weiterer Sportarten vgl. Rittner, V./Mrazek, J.: Die Differenzierung des Sports - Zur Notwendigkeit der Differenzierung des Sportsponsoring, in: Hermanns, A.: Sport- und Kultursponsoring, München 1989, S. 81.

Zur Spitzenebene werden einzelne Hochleistungssportler gerechnet, zur Leistungsebene Leistungssportler, die meist in Verbänden organisiert sind und an Wettkämpfen teilnehmen und zur Breitenebene zählen Freizeit- und Amateursportler. Besondere Aufmerksamkeit gilt der Nachwuchsebene, die für sponsernde Unternehmen unter dem Gesichtspunkt der Talententwicklung zum künftigen Spitzensportler besonders interessant sein kann.

Der dritte Aspekt ist durch die Wahl des *Leistungsempfängers* gegeben, womit häufig die geographische Ausdehnung des Sponsoring-Engagements und damit die erreichbare Zielgruppe bestimmt werden. Davon hängen andererseits oft auch die erzielbaren Gegenleistungen des Gesponserten ab.[69]

Hierfür ist folgende Einteilung sinnvoll:
- Sportartübergreifende Sportorganisationen (IOC, NOK, DSB)
- Spitzenverbände im Deutschen Sportbund
- Vereine
- Mannschaften/Teams
- Einzelsportler
- Sportveranstaltungen[70]

<u>Sportartübergreifende Sportorganisationen</u> (IOC, NOK, DSB) kommen vor allem für international tätige Unternehmen als zu sponsernde Institutionen in Frage,[71] weil die Möglichkeit, sehr große Zielgruppen durch die hohe Medienpräsenz bei Veranstaltungen dieser Organisationen anzusprechen, zugleich mit extrem hohen Kosten verbunden ist. Hierbei geht es -

---

68) Vgl. Drees, N.: Sportsponsoring, a.a.O., S. 42 und ähnlich Drees, N.: Sportsponsoring, a.a.O., S. 134 f. Vgl. auch Roth, P.: Sport heute - Bewegung für Millionen und die einsame Spitze, in: Roth, P. (Hrsg.): Sportwerbung, Landsberg am Lech 1986, S. 23 f.

69) Vgl. Drees, N.: Sportsponsoring, a.a.O., S. 136 ff.

70) Zu den nachfolgenden Erläuterungen siehe vor allem Drees, N.: Sportsponsoring, a.a.O., S. 137 ff.

71) Marken wie Canon, JVC oder Seiko wurden in Europa durch Banden- und Trikotwerbung in kurzer Zeit bekannt gemacht. Vgl. Zanoni, U.: Sportmarketing von Start bis Ziel - Über Imagewerbung und die 'schönste Nebensache', in: Horizont, Nr. 39/1988, S. 51.

mit einigen Ausnahmen, wie z.B. Fußball- oder Leichtathletik-Weltmeisterschaften - nicht um das Image einer einzelnen Sportart, sondern vielmehr um die positive Gesamtwirkung der Veranstaltung. Für kleine bis mittlere Unternehmen kommt diese Art von Sponsoring aufgrund der hohen Kosten praktisch nicht in Betracht. Unabhängig von der Kostensituation wäre für viele spezialisierte Unternehmen, wie dies im Investitionsgüterbereich häufig der Fall ist, die Fehlstreuung extrem hoch. Empirisch konnte allerdings festgestellt werden, daß Großveranstaltungen, wie z.B. Olympia, das Landesimage des Austragungsortes positiv beeinflussen können, was sich wiederum positiv auf die Firmen und Marken des Landes auswirkt.[72]

Spitzenverbände im Deutschen Sportbund bieten sich als Sponsoringpartner an, wenn primär national begrenzte Zielgruppen angesprochen werden sollen. Diese Verbände sind relevant, wenn Vereine oder Teams eine untergeordnete Rolle spielen, wie bspw. beim Skisport, wo die Rechte zur Vermarktung von Einzelsportlern und Veranstaltungen meist bei den Verbänden liegen.[73] Von Vorteil ist, daß Leistungsschwankungen einzelner Sportler auf diese Weise leichter aufgefangen werden können, während die begrenzte Gestaltungsmöglichkeit bei den Sponsorengegenleistungen als nachteilig anzusehen ist.

Die z.Zt. wohl verbreitetste Form des Sponsoring ist die des Vereins-Sponsoring. Gerade für kleine und mittlere Unternehmen bietet sie den Vorteil regional oder lokal begrenzbarer Engagements. Die Gestaltungsmöglichkeiten der Sponsorgegenleistungen sind relativ groß. Ein solches Sponsoring bietet sich an, wenn die Öffentlichkeit in der Nähe des Unternehmens oder auch die eigenen Mitarbeiter angesprochen werden sollen.

---

72) Vgl. Nebenzahl, I. D./Jaffe, E. D.: The Effectiveness of Sponsored Events in Promotion a Country's Image, in: International Journal of Advertising, Nr. 10/1991, S. 236. Vgl. wiederum zur positiven Auswirkung des Landesimages auf die Vermarktungschancen von Produkten Schweiger, G.: Das Image des Herkunftslandes als Grundlage für den Imagetransfer zwischen Landes- und Markenimage, in: Werbeforschung & Praxis, Nr. 3/1990, S. 57 f.

73) Als Beispiel für Tennis siehe Hecht, J.-P.: Modell für erfolgreiche Sportförderung - Dargestellt am Beispiel des Deutschen Tennis Bundes, in: Strahlendorf, P. (Hrsg.): Jahrbuch Sponsoring 1992, Düsseldorf - Wien - New York - Moskau 1992, S. 77 ff.

Eine spezielle Form der Leistungsempfänger ist im Motorsport durch die Unterstützung von Rennteams bzw. allgemeiner auch Mannschaften gegeben. Der Rennsport ist sehr kostenintensiv und hat meist internationalen Bezug, so daß sich derartige Sponsoring-Engagements für Sponsoren anbieten, deren Zielgruppen unmittelbar durch diesen Sport angesprochen werden, die international agieren und zudem dem Sponsoring auch in der Budgetplanung einen angemessenen Platz offerieren können. Häufig wird diese Form genutzt, um die Leistungsfähigkeit von eingesetzten Materialien zu demonstrieren, z.B. engagiert sich Honda für die Formel 1, um die Kompetenz in "motorrelevanten Technologien" zu unterstreichen.[74] Als Problem darf jedoch nicht verkannt werden, daß die Gefahren bei solchen Sportarten relativ hoch sind, so daß bei Unfällen zugleich mit Negativwirkungen für den Sponsor gerechnet werden muß.

Es ist natürlich auch möglich, einen einzelnen Sportler zu sponsern. Häufig werden von den Sponsoren bereits populäre Sportler ausgesucht, deren Erfolg einen schnellen Imagetransfer gewährleisten soll. Gerade hierbei können jedoch Probleme entstehen, wenn der Sportler großen Leistungsschwankungen unterliegt oder in anderen Bereichen ein schlechtes Image aufbaut.[75] So werden auch private Probleme häufig in der Öffentlichkeit diskutiert, was sich im Extremfall negativ auf das sponsernde Unternehmen auswirken kann. Ebenso könnte die Aufdeckung eines Doping- oder andersartigen Skandals[76] mit Imageschäden für das sponsernde Unternehmen verbunden sein.

---

74) Vgl. Prahalad, C. K./Hamel, G.: Nur Kernkompetenzen sichern das Überleben, a.a.O., S. 71. Mit Motorsport-Sponsoring setzte sich übrigens Kernebeck bereits 1977 im Rahmen einer Veröffentlichung auseinander. Vgl. Kernebeck, H.: Motorsport-Sponsoring, in: Marketing Journal, Nr. 3/1977, S. 358 ff.

75) Vgl. Hermanns, A./Püttmann, M.: Grundlagen, Wirkung und Management des Sponsoring, in: DBW Die Betriebswirtschaft, Nr. 2/1992, S. 194.

76) Vgl. Thiel, E.: Sport und Sportler - Image und Marktwert, Einsatzmöglichkeiten im Marketing, Landsberg am Lech 1991, S. 161 ff. über die Affäre 1990 im Zusammenhang mit Paul Schockemöhle, der durch ein Videoband in Verruf geriet, Springpferde nur durch Tierquälerei zu Höchstleistungen gebracht zu haben, wonach sich zahlreiche Sponsoren von ihren Reit-Engagements vorübergehend zurückzogen. Vgl. auch Stelzer, J.: Im Schlepptau der Heroen, in: Management Wissen, Nr, 12/1990, S. 60.

Es ist natürlich auch möglich, insbesondere jüngere Sportler, die noch am Anfang ihrer Karriere stehen, unter Vertrag zu nehmen. Gerade Investitionsgüterunternehmen können durch ein derartiges Sponsoring und einen selbst gesteuerten Einsatz von Kommunikationsinstrumenten ggf. mehr Nutzen und Sympathien erlangen, als z.B. bei einem teuren Co-Sponsorship eines populären Sportlers.[77] Je erfolgreicher ein Sportler ist, desto größer ist auch die Gefahr, daß sein gutes Image "umkippt". Noch nicht so bekannte Sportler hingegen genießen oft einen großen Imagebonus. Unternehmen, die diese Sportler einige Jahre begleiten und ihnen bei ihrem Aufbau helfen, können davon profitieren.

Wenn letztlich die Attraktivität eines Augenblicks genutzt werden soll, besteht die Möglichkeit, einzelne Veranstaltungen in Form von Event-Sponsoring zu unterstützen,[78] wobei es sich oft um Großveranstaltungen mit entsprechender Medienpräsenz handelt, an denen mehrere Sponsoren beteiligt sind. Bezogen auf den Investitionsgüterbereich ist es kaum möglich, universelle Empfehlungen auszusprechen, da Veranstaltungen bei unterschiedlichen Sportarten in Frage kommen, große als auch kleine und sowohl regionale als auch landesübergreifende Austragungen möglich sind. Es hängt von der Sportart und der aktuellen Einschätzung der einzelnen Veranstaltung ab, ob eine Beteiligung erwogen werden sollte oder nicht.

Nach diesen Ausführungen stellt sich die Frage, welche Motive Unternehmen des Investitionsgüterbereiches zum Sport-Sponsoring veranlas-

---

77) Vgl. Gross, M.: Sport-Sponsoring-Praxis - nicht jedes Gold glänzt, in: Strahlendorf, P. (Hrsg.): Jahrbuch Sponsoring 1991, Düsseldorf - Wien - New York 1991, S. 99.

78) Der Begriff Event-Marketing wurde in Deutschland erstmals von Bruhn 1978 im Zusammenhang mit Sponsoring verwendet und fand danach Eingang im anderen Zusammenhang in der Verkaufsförderung. Vgl. Böhme-Köst, P.: Ein Event ist ein Event ist ein Event ... Ein Beitrag zur Verständigung, in: Marketing Journal, Nr. 4/1992, S. 340. Beides muß jedoch auseinandergehalten werden. Vgl. hierzu Lavater, M.: Einen höheren Stellenwert für Promotionen und Event-Marketing, in: VM International Extra 1991, S. 4; Schiebusch, A.: Event-Marketing - Part für clevere Spezialisten, in: w&v, Nr. 17/1991, S. 104 f; vgl. Baum, A./Stalzer, H. E.: Event-Marketing liegt im Trend - Kommunikation zum Anfassen macht Informationen zum Ereignis, in: Marktforschung & Management, Nr. 3/1991, S. 113 ff.

sen können. Unabhängig von der branchenbezogenen Ausrichtung des Sponsors wurden hierfür folgende Aspekte formuliert:[79]

* Nutzung des Aufmerksamkeitswerts von Sport für unternehmensspezifische kommunikative Zielsetzungen.
* Ansprache der Zielgruppen in nicht-kommerziellen Situationen.
* Realisierung von zielgruppenspezifischer Marketingkommunikation.
* Umgehung bestehender Kommunikationsbarrieren.
* Erzielung kommunikativer Konkurrenzvorteile.
* Günstiges Kosten-Nutzen-Verhältnis im Vergleich zu klassischen kommunikationspolitischen Instrumenten.

Mit Blick auf den Investitionsgüterbereich lassen sich dazu folgende Anmerkungen treffen. Grundsätzlich können auch Unternehmen des Investitionsgüterbereiches an der teilweise hohen Aufmerksamkeitswirkung der Sports bzw. einzelner Ereignisse partizipieren. Dieser Aspekt kommt jedoch nur dann zum Tragen, wenn die anvisierten entscheidungsrelevanten bzw. -beeinflussenden Personen als Empfänger einer Sponsoringbotschaft in Frage kommen. Anders als bei Markenartikeln im Konsumgüterbereich lassen sich derartige Argumente nur bedingt auf Sponsorships im Investitionsgütersektor übertragen.

Mit Blick auf die Möglichkeit, Zielgruppen in nicht-kommerzieller Situation anzusprechen, könnten sich Vorteile für Investitionsgüterunternehmen ergeben, z.B. indem Entscheider kommunikative Botschaften in ihrer Freizeit aufnehmen. Insofern bestehen für Sponsoren im Investitionsgüterbereich Chancen, kommunikatve Konkurrenzvorteile zu nutzen, wobei die tatsächlichen Wirkungen jedoch empirisch überprüft werden müssen.

---

79) Vgl. Hermanns, A.: Sponsoring - Innovatives Instrument der Kommunikationspolitik im Marketing, in: Das Wirtschaftsstudium, 16. Jg., Nr. 8-9/1987, S. 438. In der Literatur werden unterschiedliche Vorteile und Ziele diskutiert, die sich durch Sport-Sponsoring erreichen lassen. Amstad nennt fünf, die von der Steigerung des Bekanntheitsgrades über die Imageprofilierung, die Erhöhung des Goodwills, das Anheben der Mitarbeitermotivation bis zur Möglichkeit reichen, Geschäftsbeziehungen zu pflegen. Vgl. Amstad, P.: Sportsponsoring und Marketing - Eine Umfrage bei 37 Marketingfachleuchten, in: Thexis, Nr. 4/1987, S. 60.

Die Aspekte zielgruppenspezifische Marketingkommunikation und Umgehung bestehender Kommunikationsbarrieren sind gegengegenüber für den Investitionsgüterbereich praktisch nicht von Relevanz. Einerseits ist durch breitangelegte Sport-Sponsorships eine gezielte Kundenansprache kaum möglich, andererseits existieren vergleichbare Kommunikationsbarrieren, wie z.B. für die Zigarettenindustrie in der Fernsehwerbung, nicht.

Auch das Argument des günstigen Kosten-Nutzen-Verhältnisses kommt für Investitionsgüteranbieter kaum zum Tragen, denn unter Marketinggesichtspunkten ist der gezielte Einsatz klassischer Kommunikationsinstrumente z.B. zur Neukundengewinnung - auch ohne detaillierte Kostenaufstellung - günstiger als z.B. das Sponsern einer großen Sportveranstaltung.

Alles in allem wird bereits an diesen wenigen Beispielen deutlich, daß beim Sport-Sponsoring durch Investitionsgüterunternehmen andere Voraussetzungen zu berücksichtigen sind als im Konsumgüterbereich. Merbold führt dazu aus, daß Investitionsgüterunternehmen vielmehr folgende vier Aspekte berücksichtigen müssen, wenn sie die Einsatzmöglichkeiten von Sport-Sponsoring für sich prüfen möchten:

1) Hohe Fehlstreuung, besonders bei Sportarten mit großem Multiplikatoreffekt durch Medien.
2) Einmalige Unterstützungen lassen relativ schnell nach. Andererseits werden langjährige Sponsoring-Engagements aufgrund der üblichen Marketing-Aufwendungen im Sektor capital goods eher selten sein.
3) Sport-Sponsoring ist nur sinnvoll, wenn die gesamte Palette des Kommunikationsbereiches parallel eingesetzt wird. Damit kann Sport-Sponsoring eher Zusatz- als Basismedium sein.

4) Es muß akzeptiert werden, daß bisher nur zwei Kommunikations-Strategien durch Sport-Sponsoring im Investitionsgüterbereich zu realisieren sind:

> "die Absicht der Stabilisierung bzw. Erhöhung des Bekanntheitsgrades des Namens des Investitionsgüter-Anbieters oder eines seiner Produkte/Systeme;
>
> die Absicht des einseitigen Transfers von Imagedimensionen der Sportart (oder Sportlers) auf das Unternehmen oder eines seiner Produkte."[80]

3.2. Klassifikationen des Kunst-Sponsoring

Umgangssprachlich wird Kultur häufig mit Kunst gleichgesetzt, womit oft aber nur die bildenden Künste gemeint sind. Nach Braun[81] umfaßt der Bereich Kunst jedoch neben der bildenden Kunst (Architektur, Malerei, Grafik, Plastik) auch die Tonkunst, Dichtkunst sowie die darstellende Kunst (Theater und Tanz). Audiovisuelle Medien sind in der Zwischenzeit ebenfalls hinzuzurechnen.

Die darstellende Kunst kann dabei eher als Dienstleistung angesehen werden, die bildende Kunst eher als greifbares Gut. So erklärt sich, daß die meisten Unternehmen traditionell die bildende Kunst fördern, nicht zuletzt aufgrund zunehmender Wertsteigerungen von Kunstwerken. Kunst wird leichter mit dem Kunstmarkt in Verbindung gebracht, womit ebenfalls primär die bildende, marktfähige Kunst gemeint ist. Von einem Kulturmarkt hingegen ist seltener die Rede, da neben der Kunst auch Geistes- und Naturwissenschaften, Staatsverwaltung sowie Religion zur Kultur gehören.[82]

---

80) Merbold, C.: Sportsponsoring aus der Sicht eines Investitionsgüterherstellers, in: Hermanns, A. (Hrsg.): Sport- und Kultursponsoring, München 1989, S. 122 f. Diese vier Punkte resultieren aus Studien, die Merbold 87/88 durchgeführt hat.

81) Vgl. Braun, H.: Formen der Kunst. Eine Einführung in die Kunstgeschichte mit Beiträgen zur Kunst des Mittelalters von Wilhelm Drexilius, München 1974, entnommen aus Loock, F.: Kunstsponsoring, Diss., Wiesbaden 1988, S. 22.

82) Vgl. Dilthey, W.: Gesammelte Schriften, hrsg. von Groethuysen, B., Stuttgart/Göttingen 1979, entnommen aus Loock, F.: Kunstsponsoring, Diss., Wiesbaden 1988, S. 22; vgl. ähnlich DIW: Kultur als Wirtschaftsfaktor in Berlin - Eine

Diese zuletzt genannten Bereiche werden, soweit es erforderlich ist, dem Sozio-Sponsoring zugeschrieben, wobei sich nicht alle kulturellen Belange aus heutiger Sicht für ein Sponsorship eignen, wie am Beispiel der Staatsverwaltung deutlich wird[83], wohingegen sich in der Naturwissenschaft durchaus Projekte sinnvoll fördern lassen.

Analog zum Sport-Sponsoring kann sich auch Kunst-Sponsoring auf unterschiedlichen Ebenen vollziehen. Es lassen sich Individuen, Gruppen, Gemeinden und Regionen fördern[84], z.B. Einzelkünstler, Kulturgruppen, Kulturorganisationen und Kulturveranstaltungen[85]. Um in diese unterschiedlichen Ebenen Ordnung zu bringen, wird in Anlehnung an Braun umseitig abgebildete Einteilung präferiert. Aus dieser Abbildung in Würfelform ergibt sich, daß auch im Kunst-Sponsoring eine Einteilung in "Kunstarten", "Leistungsklassen" und "Leistungsempfänger" möglich ist.

Grundlegendes Kriterium ist zunächst die Einteilung in unterschiedliche *Kunstarten*, mit denen bestimmte Eigenschaften assoziiert werden sollen. Ähnlich wie den Sportarten lassen sich auch den unterschiedlichen Kunstarten verschiedene Imagedimensionen zuordnen.[86] Allerdings wird daran deutlich, daß unterschiedliche Imageeinschätzungen Probleme mit sich bringen. Teilweise werden empirische Erhebungen zugrundegelegt, welche entweder keinen repräsentativen Charakter haben oder hinsichtlich der verwendeten Imagedimensionen, wie z.B. Jugendlichkeit, Prestige, etc. kaum auf den Investitionsgüterbereich übertragbar sind. Der Untersuchungsbereich ist dabei nicht immer einheitlich definiert, denn teilweise werden Fragen zum Kultur-Sponsoring gestellt, teilweise zum Kunst-Sponsoring.

Forts.: DIW-Studie im Auftrag der Senatsverwaltung für Kulturelle Angelegenheiten, Berlin 1992, S. 14.

83) Vgl. hierzu ähnlich Zorn, W.: Entwicklungen im Bereich des Sozio- und Kultur-Sponsoring, a.a.O., S. 37.

84) Vgl. Bruhn, M.: Sponsoring, 1987, a.a.O., S. 62

85) Vgl. Bruhn, M.: Kulturförderung und Kultursponsoring - neue Instrumente der Unternehmenskommunikation?, in: Bruhn, M./Dahlhoff, H.D. (Hrsg.): Kulturförderung/Kultursponsoring, Frankfurt a.M. 1989, S. 51.

86) Vgl. Bruhn, M.: Kulturförderung und Kultursponsoring - neue Instrumente der Unternehmenskommunikation?, a.a.O., S. 67.

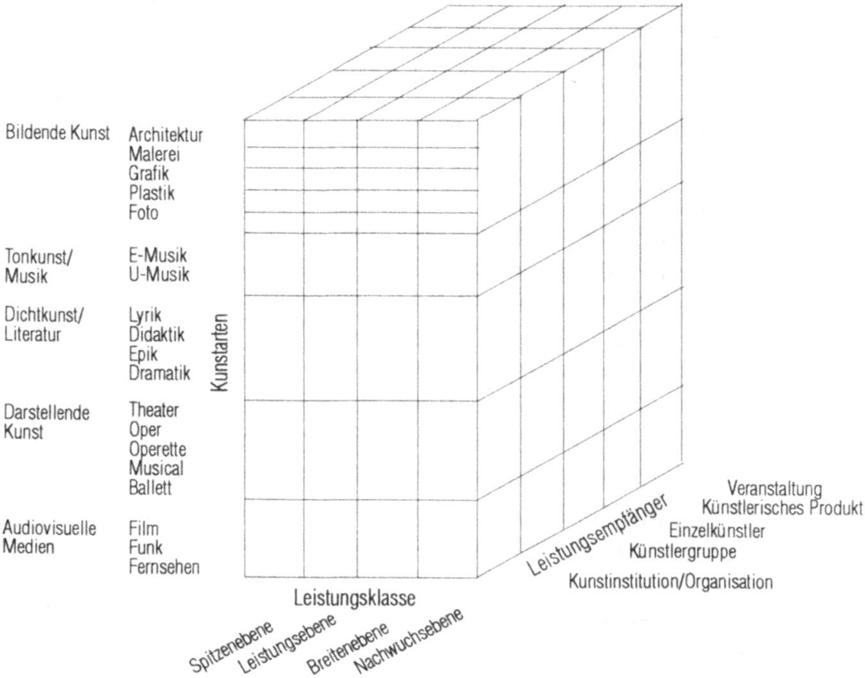

Abb. 15: Klassifikationen des Kunst-Sponsoring[87]

Neben der Sponsoringart ist die *Leistungsklasse* ein weiteres Differenzierungsmerkmal. Der Spitzenebene sind herausragende Künstler zuzurechnen, die in der Öffentlichkeit international anerkannt und geschätzt werden. Kunstschaffende, die immerhin von einem breiten öffentlichen Kreis geachtet werden und bspw. Ausstellungen durchführen, sind der Leistungsebene zuzuweisen, Freizeitkünstler der unterschiedlichsten Bereiche der Breitenebene.[88] Einen besonderen Stellenwert genießen auch

87) Vgl. in Teilbereichen Braun, H.: Formen der Kunst, a.a.O., S. 23.
88) Vgl. Bruhn, M.: Sponsoring, 1987, a.a.O., S. 43.

hier Nachwuchskünstler, die durch ein dauerhaftes Sponsoring eines Unternehmens zu anerkannten Künstlern aufgebaut werden können.[89]

Das dritte Kriterium ist das der *Leistungsempfänger*. Neben Künstlern und Künstlergruppen sind es vor allem Institutionen unterschiedlicher Art, vom Theater über Museen bis zur Fernsehanstalt. Es lassen sich Veranstaltungen ebenso wie "künstlerische Produkte" sponsern, d.h. eine Ausstellung kommt als Sponsoringobjekt genauso in Betracht wie ein Bildband oder eine Fernsehsendung.[90]

Auch hierbei läßt sich keine verbindliche Aussage treffen, ob Investitionsgüter-Unternehmen tendenziell eher Theateraufführungen oder Bildbände sponsern sollten; die Entscheidung hängt von der Zielgruppe und dem Ziel ab. Trotzdem sind einige generalisierende Ausführungen möglich, die aufzeigen sollen, welche Überlegungen von Unternehmensseite bei einer Kunst-Sponsoringauswahl berücksichtigt werden sollten.

Im Rahmen der bildenden Kunst, also bei Architektur, Malerei, Grafik und Plastik ist das Sponsern praktisch aller Leistungsempfänger auch für Firmen des Investitionsgüter-Bereiches denkbar. Es kann z.B. ein anerkannter Grafiker ausgewählt werden, ein Bauwerk oder ein Bildhauer aus dem Nachwuchsbereich. Wenn es um die Darstellung der gesponserten Ergebnisse geht, sind "Produkte" aus den Bereichen Architektur und große Plastiken eher einem größeren Interessentenkreis zugänglich zu machen als eine Reihe von Grafiken, die meist nur im Rahmen zeitlich begrenzter Ausstellungen zu sehen ist. Wenn die anzusprechende Zielgruppe jedoch relativ klein und räumlich weit verstreut ist, kann das Sponsern eines jungen Malers durch einen Bildband mit ersten Werken dokumentiert werden, welcher z.B. guten Kunden zugeschickt wird oder sich auch separat vermarkten läßt.

---

89) Beispiele für Förderungsinstrumente zur Unterstützung junger Künstler in: Bezold, E.: Marketing in der Mäzenatenrolle - Kulturförderung, ein taugliches PR-Instrument?, in: absatzwirtschaft, Sonderausgabe 10/1986, S. 250.

90) Vgl. Bruhn, M.: Sponsoring, 1987, a.a.O., S. 64.

Im Bereich der Tonkunst/Musik ist zwischen klassischer und Unterhaltungsmusik zu differenzieren, häufig auch als E- (ernste) und U- (Unterhaltungs-) Musik bezeichnet.[91] Die Unterhaltungsmusik, vor allen Dingen die Popmusik, die im Gegensatz zur klassischen Musik meist ohne staatliche Subventionen auskommen muß, kann vor allen Dingen den Zugang zu jüngeren Zielgruppen über die Landesgrenzen hinweg, ermöglichen.[92] Für den Investitionsgüterbereich ist ihre Einsetzbarkeit hingegen eher begrenzt.

Ein stark vernachlässigter Bereich ist der der Literatur und Dichtkunst. Der von Bruhn vorgeschlagenen Differenzierung nach Büchern und Zeitschriften[93] wird jedoch nicht gefolgt, da es sich hierbei um Endprodukte handelt, jedoch nicht um Arten der Literatur. Es böte sich vielmehr an, nach den Formen der Lyrik, Didaktik, Epik und Dramatik zu unterscheiden[94].

Mit Blick auf die Kategorie "Leistungsempfänger" wird deutlich, daß sowohl ein einzelner Dichter als auch eine Buch-Sonderausgabe[95] gefördert werden können. Grundsätzlich bedarf diese Art der Kunst eines Mediums, des Papiers oder auch einer Person, die etwas vorträgt. Die Ergebnisse eines Sponsorships lassen sich deshalb entweder in schriftlicher Form vervielfältigen oder inszenieren, sei es durch die Übertragung mittels elektronischer Medien oder in Form einer Lesung. Für potentielle Sponsoren ist der Nutzen dabei auf den ersten Blick nicht unmittelbar ableitbar.

---

91) Vgl. Hermanns, A./Püttmann, M.: Internationales Sponsoring - Das Beispiel Musik; Schriftliche Fassung des Vortrags im Rahmen der BDW/EBS-Veranstaltung "Kulturförderung und Kultursponsoring" am 5. Nov. 1988 an der European Business School Oestrich-Winkel, S. 3.; Püttmann, M.: Musik-Sponsoring: Grundlagen und Ergebnisse einer Veranstalterbefragung, in: Werbeforschung & Praxis, Nr. 1/1991, S. 23.

92) Besondere Risiken bei Pop-Musik-Sponsorships sind allerdings durch die teilweise kurzlebigen und unberechenbaren Trends zu sehen. Vgl. Heinrich, D.: Musik-Sponsorship als Wettbewerbsinstrument, in: der markt, Nr. 2/1990, S. 61.

93) Vgl. Bruhn, M.: Kulturförderung und Kultursponsoring - neue Instrumente der Unternehmenskommunikation?, a.a.O., S. 50.

94) Vgl. Braak, I.: Poetik in Stichworten, 5., durchgesehene Auflage, Kiel 1974, S. 10 ff.

95) Vgl. Hermanns, A./Drees, N.: Kultursponsoring - Neue Möglichkeiten für die Kommunikationspolitik, in: Jahrbuch der Absatz- und Verbrauchsforschung, Nr. 1/1987, S. 19.

Allerdings hängt ein näheres Urteil von der Themenstellung ab. Dichter können bspw. ihre Impressionen zu einer bestimmten Region, einer Zeiterscheinung, einer Branche oder auch einer Technologie aufarbeiten. Diese Werke lassen sich in gedruckter Form an Freunde des Hauses schicken, eine Lesung könnte dazu dienen, die Presse auf das Engagement aufmerksam zu machen. Denkbar ist ebenfalls eine kombinierte Aktion zusammen mit einem Grafiker oder Maler.

Für die darstellende Kunst, worunter Theater, Oper, Operette, Musical und Ballett[96] fallen, sind vielfältige Engagements vorstellbar, durch welche ganz unterschiedliche Akzente für die Unternehmen gesetzt werden können. Als Projekt kann das Sponsern einer Inszenierung sinnvoll sein oder auch die Bereitstellung spezieller Bühnentechnik. Dabei ist sowohl die Unterstützung des Ereignisses selbst[97], als auch die Produktion von Aufnahmen möglich, womit zugleich eine Verbindung zum letzten Bereich, nämlich den audio-visuellen Medien gegeben ist. Film, Funk und Fernsehen lassen sich z.B. durch einzelne Produktionen, Studiotechnik o.ä. fördern.

Eine besondere Form des Kunst-Sponsoring bildet das sogenannte Medien-Sponsoring, das im Grenzbereich zwischen Werbung und redaktionellen Beiträgen angesiedelt ist. Dies läßt sich nach Schönle in Abhängigkeit von der Einwirkungsmöglichkeit des Sponsors in vier Kategorien untergliedern, und zwar easy, soft, hard und heavy sponsorship. Während er die Verknüpfung z.B. des Wetterberichtes mit einem Firmennamen als easy sponsorship bezeichnet, stelle die Produktion von Magazinen durch einzelne Sponsoren ein heavy sponsorship dar.[98] Da in der vorliegenden Arbeit von einem integrierten Sponsoringansatz ausgegangen wird, der sich klar von reinen Werbemaßnahmen abgrenzt, wird auf diese Art der Klassifizierung im folgenden jedoch nicht näher eingegangen.

---

96) Vgl. Loock, F.: Kunstsponsoring, a.a.O., S. 23.

97) Vgl. Bickmann, R.: Art-Sponsoring und Event-Creation, in: Strahlendorf, P. (Hrsg.): Jahrbuch Sponsoring 1991, Düsseldorf - Wien - New York 1991, S. 66 f., der beschreibt, daß sich Art-Sponsoring-Events besser als Sport-Sponsoring für Investitionsgüterunternehmen eignen würden.

98) Vgl. Schönle, A.: 'Diesen Beitrag widmet ihnen...' - Mediensponsoring 90: Untersuchungsergebnisse aus der Region München, in: Werbeforschung & Praxis, Nr. 5/1990, S. 169.

Gerade im Zusammenhang mit Kunst-Sponsorships wird immer wieder darüber diskutiert, inwieweit finanzielle Unterstützungen die künstlerische Freiheit beeinflussen. Hierzu werden zwei Thesen aufgestellt.[99] Die erste geht davon aus, daß durch nichtstaatliche Zuwendungen Einfluß auf die künstlerische Schaffensfreiheit genommen wird[100], die zweite, daß private Mittel erforderlich sind, um auch Vorhaben realisieren zu können, die staatlich nicht gefördert werden würden.[101]

Bei genauerer Betrachtung spricht mehr für die zweite These, weil Unternehmen gerade durch die Förderung extravaganter Kunstformen die Möglichkeiten zur eigenen Profilierung nutzen und zeigen können, daß sie "Kultur haben".[102] Firmen hingegen, die durch ein solches Engagement Auftragskunst betreiben und gestalterischen Einfluß nehmen möchten, tun sich damit selbst keinen Gefallen.[103] Künstler, die sich durch einen Sponsor negativ beeinflußt fühlen, werden sich mittelfristig um einem anderen Finanzier bemühen, um der Beeinflussung zu entgehen. Unternehmen, die Interesse am Kunst-Sponsoring haben, sollten daher vorher genau prüfen, was die einzelnen Künstler hervorbringen und sich erst dann für

---

99) Vgl. hierzu Loock, F.: Kunstsponsoring - Eine neue Dimension der künstlerischen Abhängigkeit?, in: Hermanns, A. (Hrsg.): Sport- und Kultursponsoring, München 1989, S. 176 ff.

100) Vgl. z.B. Schiller, H. I.: Kultursponsoring in den USA - Das unaufhaltsame Eindringen in die Kulturszene, in: Dorer, J./Lojka, K. (Hrsg.): Öffentlichkeitsarbeit. Theoretische Ansätze, empirische Befunde und Berufspraxis der Public Relations, Wien 1991, S. 143 ff.

101) Sponsoren sollten nach Hoffmann als Korrektiv wirken und vor allem Aktivitäten fördern, die durch die offizielle Kulturpolitik vernachlässigt werden. Vgl. Hoffmann, H.: Eine Magna Charta für Sponsoren?, in: Horizont, Nr. 50, 16.12.1988, S. 23. Über die mögliche Beeinflussung von Sponsoren auf Sportler wird hingegen kaum diskutiert, obwohl viele Sportlerkarrieren und Sportturniere ohne Sponsoren nicht mehr durchführbar wären. Vgl. Birkholz, M.: Nutzen für alle, in: pr magazin, Nr. 12/1985, S. 12; vgl. Maar, C.: Die Medien als Initiator und Kontrolle im Kulturbetrieb, in: Strahlendorf, P. (Hrsg.): Jahrbuch Sponsoring 1991, Düsseldorf - Wien - New York 1991, S. 90.

102) Vgl. Feldmann, B.: Festspiele und Sponsoren, in: Strahlendorf, P. (Hrsg.): Jahrbuch Sponsoring 1992, Düsseldorf - Wien - New York - Moskau 1992, S. 87. Vgl. Everding, A.: Kunst und Sponsoring - Neue Abhängigkeit oder neue Freiheit?, in: Marketing Journal, Nr. 3/90, S. 226. Dies gilt im übrigen auch für einige andere Sponsoringarten. Vgl. hierzu Mussler, D.: Sponsor und Sport im Ausgleich der Interessen, in: absatzwirtschaft, Sonderheft Okt. 1988, S. 205; vgl. auch Hussain, W.: Auf der Suche nach dem Kundennutzen, in: Strahlendorf, P. (Hrsg.): Jahrbuch Sponsoring 1991, Düsseldorf - Wien - New York 1991, S. 87.

103) Vgl. Deventer, F.: Auftragskunst oder Kunst-Auftrag?, in: Strahlendorf, P. (Hrsg.): Jahrbuch Sponsoring 1991, Düsseldorf 1991, S. 103 f.

ein Engagement entscheiden. Der Versuch, einen Künstler aus kommerziellen Erwägungen zu beeinflussen, muß fehlschlagen. In der Praxis könnte sich im Fall bestimmter Kunstarten die Gründung eines vorgeschalteten Fördervereins empfehlen, wie z.B. der "Verein der Freunde der Wiener Philharmoniker", der sehr diskret auftritt und teilweise eher mäzenatisch operiert.[104] Zudem darf nicht vergessen werden, daß sich durchaus auch Sponsoren in eine gewisse Abhängigkeit von Künstlern und deren Qualität begeben.[105]

3.3 Klassifikationen des Sozio-Sponsoring

Sozio-Sponsoring ist von den genannten Sponsoringbereichen derjenige, welcher bisher in Theorie und Praxis vergleichsweise zurückhaltend behandelt wurde. Ein Grund dafür mag in der teilweise recht beträchtlichen Unterstützung von Institutionen und Vorhaben in den vergangenen Jahren durch den öffentlichen Haushalt liegen. Anders als in den USA, wo Sozio-Sponsoring schon seit vielen Jahren stark ausgeprägt ist, waren soziale Organisationen in der Bundesrepublik zur Ausführung ihrer "normalen" Tätigkeiten bisher kaum auf private Zuwendungen angewiesen. Durch ständig steigende Aufwendungen im Bereich der Grundlagenforschung, zunehmende Umweltprobleme[106], Überalterung der Bevölkerung, steigendes Bildungsniveau einerseits und Kostendämpfungsprogramme z.B. im Gesundheitswesen andererseits, gewinnt jedoch auch in Deutschland dieser Sponsoring-Bereich zunehmend an Bedeutung.

---

104) Vgl. Resel, W.: Über die Kehrseite der Sponsoring-Medaille, in: Werbeforschung & Praxis, Nr. 2/91, S. 69.

105) Vgl. Hermanns, A./Drees, N.: Kultursponsoring als Instrument der Kommunikationspolitik, a.a.O., S. 23.

106) Härle führt folgende ökologischen Schwerpunktgebiete auf: 1) Verschmutzung von Wasser, Luft und Boden, 2) Desertifikation, Versalzung, Überbauung und Erosion, 3) Vernichtung tropischer Regenwälder, 4) Artensterben, 5) Treibhauseffekt, 6) Abbau der stratosphären Ozonschicht, 7) Bevölkerungsexplosion. Vgl. Härle, M.: Soziokultureller Wandel und Unternehmensführung: Wege und Ansätze zu kulturbewußter Unternehmensführung, Augsburg 1991, S. 162 ff.

Es wird von Sozio-Sponsoring gesprochen, weil die Empfänger der Sponsoringleistungen zum überwiegenden Teil dem nicht-kommerziellen Bereich zuzurechnen sind und Unternehmen Sponsoring-Aktivitäten in diesem Segment vor allem deshalb durchführen, um ihr soziales und gesellschaftspolitisches Engagement zu zeigen[107] als auch entsprechende Wirkungen für die "für ihre Unternehmenskultur und -kommunikation (zu) erzielen"[108].

Wie bereits dargestellt, weisen Kultur- und Sozio-Sponsoring Überschneidungen auf, weshalb der Bereich Kunst-Sponsoring abgegrenzt wurde. Einige Elemente des Kultur-Sponsoring können dem Sozio-Sponsoring zugeordnet werden, wodurch dieser Sektor umso vielfältiger wird. Danach lassen sich folgende Teilbereiche herausarbeiten:

- Gesundheit/Humanitäres
- Umwelt/Naturschutz
- Wissenschaft und Bildung[109].

Hieraus werden folgende Unterpunkte für ein Sozio-Sponsoring abgeleitet:

- Human-Sponsoring
- Öko-Sponsoring und
- Science-Sponsoring.

In Anlehnung an die bereits für Sport- und Kunst-Sponsoring vorgestellten Abbildungen läßt sich folgender Sozio-Sponsoring-Würfel darstellen:

---

107) Vgl. Bruhn, M.: Sponsoring, 1987, a.a.O., S. 72.

108) Bruhn, M.: Beurteilung des Sozio- und Umwelt-Sponsoring in der Bundesrepublik, Ergebnisse einer Unternehmensbefragung, Arbeitspapier des Instituts für Marketing an der European Business School Nr. 11, Schloß Reichartshausen 1990, S. 2. Für den Autor steht beim Sozio-Sponsoring der Fördergedanke im Vordergrund, weniger die werbliche Wirkung. Zudem fordert er, daß sich die Unternehmen mit den Sponsorships identifizieren müßten. Die notwendige Identifikation wird im Rahmen der vorliegenden Arbeit auf alle Sponsoringbereiche übertragen, ein unterschiedlicher Bewertungsmaßstab für Sport-, Kunst- und Sozio-Sponsoring jedoch aus Gründen der Entscheidungsökonomie abgelehnt.

109) Vgl. hierzu auch Bruhn, M.: 1987, a.a.O., S. 72 ff.

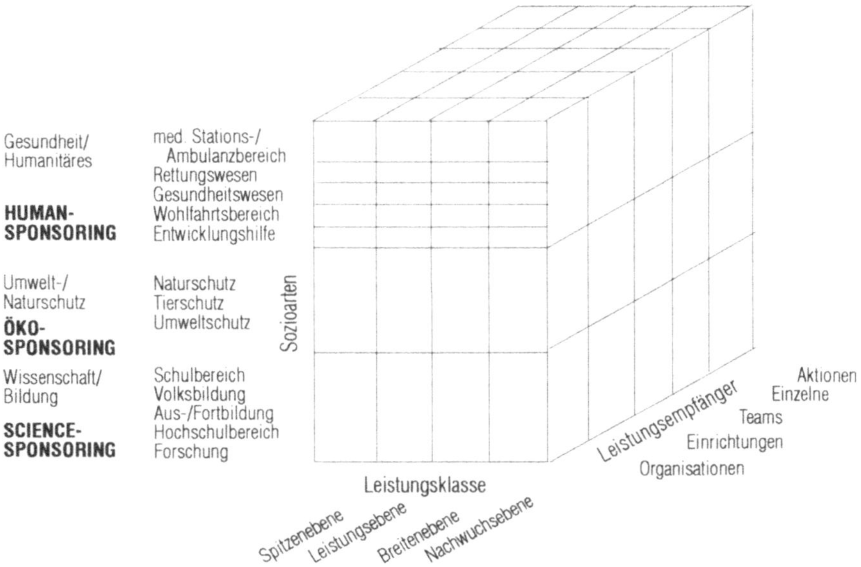

Abb. 16: Klassifikationen des Sozio-Sponsoring

Auch in diesem Fall werden durch die drei Dimensionen die *Sozio*-Sponsoring*arten*, die *Leistungsebenen* sowie die *Leistungsempfänger* bezeichnet. Die *Sozio-Arten* werden zunächst auf der 1. Stufe nach Human-, Öko- und Science-Sponsoring gegliedert. Auf der zweiten Stufe kommen Unterbereiche zur Anwendung, wie z.B. medizinischer Stations- und Ambulanzbereich, Rettungswesen, Gesundheitswesen, etc. oder auch Schul-, Hochschul- oder Forschungssektor.

Das *Human-Sponsoring* umfaßt den medizinischen Stations- und Ambulanzbereich, unter den Krankenhäuser und Spezialkliniken, jedoch auch Einrichtungen zur Vor- und Nachbehandlung fallen. Als Rettungswesen werden Sanitätsdienste und -einrichtungen bezeichnet, die Unfallopfer bergen und bei akuten Notfällen zur Hilfe sind. Ergänzend dazu wirkt das Gesundheitswesen, das sich u.a. mit Aufklärungs- und Vorbeugungsdiensten befaßt.[110] Darüber hinaus zählt zum Human-Sponsoring der Wohlfahrtsbereich, der vor allem auf die Jugend- sowie Alten- und Behindertenbetreuung abzielt. Letztlich kann auch die Entwicklungshilfe auf humanitärem Gebiet hinzugerechnet werden.

Unter dem zweiten Soziobereich *Öko-Sponsoring* wird alles subsummiert, was im weitesten Sinne mit der belebten als auch unbelebten Umwelt zu tun hat, d.h. Schutz der Luft, der Gewässer, der Pflanzen, der Tiere, etc. Obwohl die Begriffe meist sehr unterschiedlich benutzt werden, und z.B. unter Umweltschutz auch die Schonung der Gewässer, der Atmosphäre, der Pflanzen etc. gerechnet wird, soll im folgenden mit einer etwas konkreteren Untergliederung gearbeitet werden. Unter Naturschutz fällt im weiteren alles, was mit der Flora zu tun hat, unter Tierschutz alles, was im Zusammenhang mit der Fauna steht. Der Schutz der unbelebten Natur wird mit Umweltschutz bezeichnet.[111]

Letztlich ist eine Klärung auch für den dritten Sozio-Sponsoring-Bereich herbeizuführen. Unter *Science-Sponsoring* fällt nachstehend die Förderung von Wissenschaft und Bildung, was mit der Schulbildung beginnt, sich über die Aus- und Fortbildung erstreckt, die Erwachsenenbildung einschließt und bis zum Hochschulsektor reicht. Hinzugezählt wird ebenso der Forschungsbereich, sei es in Form von staatlichen, halbstaatlichen oder privaten Einrichtungen.

Für jeden Sozio-Sponsoring-Bereich sind sehr unterschiedliche Betätigungsfelder denkbar. Sie sollen hier jedoch nicht im einzelnen aufgelistet werden, weil eine vollständige Aufzählung aufgrund der zahlreichen Kombinationsmöglichkeiten zu weit führen würde und durch die Dynamik der Sponsoringentwicklung nie abgeschlossen wäre.

---

110) Vgl. Bruhn, M.: Sponsoring, 1987, a.a.O., S. 73 f.
111) Vgl. hierzu Hafner, L./ Philipp, E.: Ökologie, Hannover 1978, S. 7.

Als Leistungsempfänger kommen grundsätzlich in allen Bereichen des Sozio-Sponsoring in Frage:

- Organisationen
- Einrichtungen
- Einzelne
- Teams
- Aktionen

Organisationen können z.B. Verbände oder Umweltschutzgruppen sein[112], als Einrichtung ist ein Kindergarten denkbar, aber auch ein Forschungsinstitut. Als Einzelne kann Mutter Theresa in Betracht kommen, genauso wie ein Nobelpreisträger der Physik; ein Ärzteteam ist ebenso möglich wie eine Gruppe von Entwicklungshelfern. Aktionen letztlich werden bspw. von Greenpeace durchgeführt, aber auch eine Gesundheitsorganisation kann aktionsweise zu einer Woche des aktiven Zähneputzens in Kindergärten einladen.

Sponsoren können hierfür Geld, Sachmittel sowie personelle Leistungen in Form von Mitarbeitern zur Verfügung stellen, d.h. in einem Institut werden durch sogenannte Drittmittel Forschungsvorhaben realisiert, eine Universität kann durch Sachmittel die Bibliothek aufstocken und eine Gruppe von Umweltschützern läßt sich durch einen Experten aus der Industrie unterstützen, um an einem Projekt zu arbeiten. Auch die Auslobung eines Umweltpreises z.B. für Forschungsarbeiten im Umweltbereich ist denkbar und kann eine besondere Kompetenz des sponsernden Unternehmens auf diesem Gebiet signalisieren, wenn dieses selbst für den Umweltschutz viel tut, um auch als Preisgeber glaubwürdig zu wirken.[113]

Die dritte Unterscheidungsmöglichkeit ist durch die Leistungsebene gegeben. Wie in den anderen Sponsoring-Bereichen sind die Spitzen-, Lei-

---

112) Siehe zu verschiedenen Umweltschutzgruppen Grüßer, B.: Image durch erfolgreiches Ökosponsoring - mit 50 Fallbeispielen, a.a.O., S. 217 ff.

113) Vgl. Drees, N.: Öko-Preise - Umweltkommunikation mit besonderem Anspruch, in: Werbeforschung & Praxis, Nr. 1/1992, S. 11. Vgl. zur Glaubwürdigkeit als Voraussetzung der Sponsorship-Akzeptanz auch Hermanns, A./Drees, N.: Wirkungsaspekte bei der Nutzung offizieller Prädikate im Sportsponsoring, in: Hermanns, A.: Sport- und Kultursponsoring, München 1989, S. 113.

stungs-, Breiten- und Nachwuchsebenen angesprochen. Wenngleich eine solche Gliederung eher für Sport- oder Kunst-Sponsorships zutreffend erscheinen, lassen sich auch im sozialen Sektor unterschiedliche Ebenen herausbilden. Unter der Spitzenebene wird die Förderung von Personen oder Institutionen gefaßt, die in ihren Bereichen Spitzenleistungen vollbringen und internationalen Ruf genießen, indem sie sich für soziale Belange einsetzen. Der Leistungsebene sind Leistungsempfänger zuzurechnen, welche sich professionell für soziale Belange einsetzen, der Breitenebene diejenigen, die dies als Privatperson tun. Berücksichtigt werden sollte wiederum der Nachwuchs, dem auf diese Weise soziales Verhalten nahegebracht werden kann. Durch eine Schulaktion können Kinder bspw. dazu aufgerufen werden, sich um ältere Menschen in der Nachbarschaft zu kümmern.

Bereits anhand dieser Auflistung wird deutlich, daß sich Überschneidungen zwischen den einzelnen Sozio-Sponsoringbereichen kaum vermeiden lassen, so daß gerade hierfür eine Abgrenzung nicht ganz einfach ist. Durch die Vielfältigkeit dieses Sponsoring-Sektors sind pauschale Empfehlungen über den Einsatz einzelner Instrumente ebenfalls kaum möglich, da sehr unterschiedliche Assoziationen zu dem weitreichenden Begriff "sozio" bzw. "sozial" denkbar sind. Einerseits "fortschrittlich", indem sich moderne Unternehmen um soziale Belange kümmern, andererseits könnten Hilfsbedürftigkeit und Durchschnittlichkeit mitschwingen, was natürlich von den Einstellungen, Werten und der sozialen Stellung des Botschaftsempfängers abhängig ist.

Obwohl Sozio-Sponsoring bisher eher vernachlässigt wurde, scheint es gerade für Unternehmen des Investitionsgüter-Sektors geeignet zu sein, da durch ein solches Sponsoring aufgezeigt werden kann, daß das Unternehmen einen Teil der Gesellschaft bildet. Hierdurch kann insbesondere die Gesellschaftliche Kompetenz demonstriert werden. Dies konnte ähnlich auch empirisch nachgewiesen werden, wonach Öko-Sponsoring von 100 % aller Befragten als geeignet bewertet wurde, gesellschaftliche Verantwortung zu demonstrieren. 99,1 % hielten ebenso

Sozio-Sponsoring dafür geeignet, während es bei Kunst-Sponsoring nur 63,4 % und bei Sport-Sponsoring nur 27,9 aller Befragten waren.[114]

Allerdings ist gerade bei diesem Instrumentarium viel Sensibilität erforderlich, wie z.B. Entwicklungen im letzten Jahr im Zusammenhang mit Solidaritätsbekundungen für ausländische Mitbürger gezeigt haben. Viele Unternehmen nutzten dieses Thema offenkundig als sehr kurzfristige PR-Maßnahme.[115] Inwieweit es sich um eine ernstgemeinte Unterstützung oder nur um kurzfristige Effekthascherei handelte, wird sich in Zukunft erweisen müssen.

Ebenfalls wird sich herausstellen, ob und inwieweit die beschriebene Gliederung des Sozio-Sponsoring erweitert und ggf. neu geordnet werden muß. So wird z.B. das Sponsorn bestimmter sozialer "Szenen" von einigen Autoren diskutiert,[116] wonach z.B. Trend-Ereignisse initiiert und unterstützt werden können. Dadurch läßt sich einerseits die Berichterstattung in den Medien unterstützen, andererseits können Mitglieder dieser Szenen den Sponsor als "informellen Führer" schätzen lernen. Diese Form des Sponsoring könnte Projektcharakter haben, wenngleich die Einordnung in die vorstehend skizzierte Systematik nicht ganz leicht fallen würde. Inwieweit neue Sponsoringarten grundsätzlich auch im Investitionsgüterbereich Anwendung finden können, ist im konkreten Fall zu prüfen.

---

114) Vgl. Drees, N.: Das Sponsoring-Barometer - Ergebnisse einer Unternehmensbefragung, in: Werbeforschung & Praxis, Nr. 1/1991, S. 18.

115) Vgl. Tödtmann, C.: Bitterer Beigeschmack - Deutsche Unternehmen polieren mit Spenden für Attentatsopfer ihr Image auf, in: Wirtschaftswoche, Nr. 29/1993, S. 43; o.V.: Selbstverständliches nicht als Widerstand erleben müssen, in: w&v, Nr. 5/1993, S. 32 f. Ähnlich nutzten auch amerikanische Firmen den Golf-Krieg, um ihre Produkte an die Front zu schicken und dies über die Medien hinreichend kommunizieren zu lassen. Vgl. Leo, A.: "Als ob Nike einen Marathon sponsert" - Die Golfkrise als "Special Event": US-Industrie macht sich mit Geschenken Freunde unter den GIs, in: Horizont, Nr. 2/1991, S. 20.

116) Vgl. auch Beger, R./Gärtner, H.-D./Mathes, R.: Unternehmenskommunikation - Grundlagen - Strategien - Instrumente, Frankfurt a.M. 1989, S. 363 f. Auer/Kalweit/Nüßler bezeichnen diesen Effekt als Trendsetting. Vgl. Auer, M./Kalweit, U./Nüßler, P.: Product Placement - Die neue Kunst der geheimen Verführung, Düsseldorf 1991, S. 116 f.

4. Sponsoringfunktionen

Zur Beantwortung der Frage, ob und wie Sponsoring im Rahmen der Imagepolitik eines Investitionsgüter-Unternehmens Einsatz finden kann, ist eine Betrachtung der Funktionen dieses multifunktionalen Instruments notwendig. Es werden folgende Funktionen definiert, denen im später noch ausführlich dargestellten Sponsoring-Mix jeweils adäquate Instrumentarbereiche zugeordnet werden. Es sind dies die Funktionen

* Sponsoring als Ersatzprodukt
* Sponsoring als Medium und Imagefilter
* Sponsoring als Aufwertungsmechanismus,

die im folgenden erläutert werden.

4.1 Sponsoring als Ersatzprodukt

Unternehmen haben die Möglichkeit, neben der Herausstellung ihrer Produktpalette auch andere Themen zur Profilierung einzusetzen. Sponsoring kann dabei die Funktion eines "Ersatzproduktes" übernehmen,[117] das beworben werden kann und über das sich zugleich Sympathie- und Imagewerte des Unternehmens transportieren lassen. Hierin liegt ein entscheidender Vorteil, weil es gerade im Bereich der komplexen Systemtechnologie für Unternehmen zunehmend schwerer wird, diese Werte zu kommunizieren. Die Systeme selbst können in der Kommunikation in Form einer Produktwerbung nur bedingt in den Mittelpunkt gerückt werden. Weiterhin ist zu berücksichtigen, daß es Phasen im Laufe einer Kundenbeziehung gibt, in denen Verkaufsgespräche nicht zur Diskussion stehen, z.B. während systembedingter Investitionspausen.

---

117) Vgl. Zorn, E.: Entwicklungen im Bereich des Sozio- und Kultursponsoring, in: Meffert, H./Wagner, H. (Hrsg.): Sponsoring, Dokumentation des Workshops vom 16.11.89, der Ereignissen im Sozio- und Umweltsponsoring Produktcharakter zuweist.

Vor dem Hintergrund einer solchen Betrachtung wird Sponsoring mit den erforderlichen begleitenden Maßnahmen zum Kommunikations-Marketing im allgemeinen, d.h. zum Marketing für Kommunikation, und zum Sponsoring-Marketing im speziellen, d.h. zum Marketing für Sponsoring-Aktivitäten, allerdings aus Sicht des Sponsors.

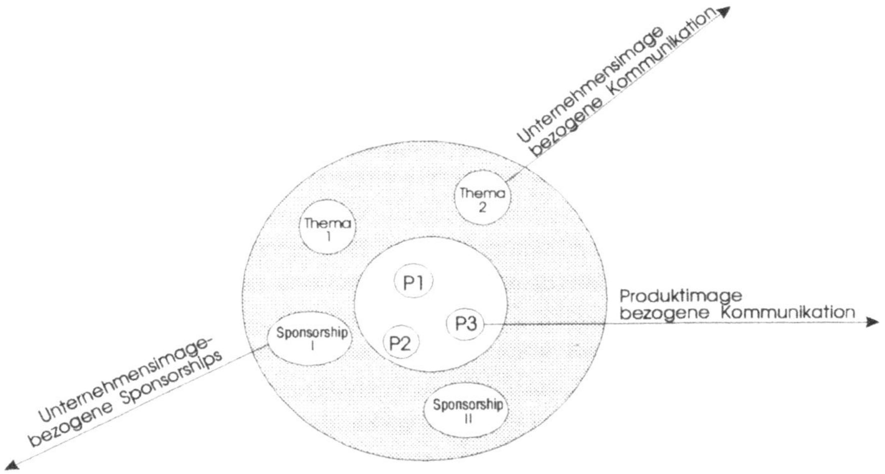

Abb. 17: Sponsoring als Ersatzprodukt in der Unternehmenskommunikation

Die vorstehende Abbildung soll verdeutlichen, daß es unterschiedliche Kommunikationsinhalte gibt, durch die verschiedene Imagearten beeinflußt werden sollen. Neben der produktbezogenen Kommunikation können Unternehmen auch andere Themen in den Mittelpunkt rücken, die Einfluß auf das Unternehmensimage haben.[118] Sponsoring läßt sich auf dieser

118) Kroeber-Riel verweist auf die Problematik verschiedener Anbieter, abstrakte Leistungsangebote anschaulich darzustellen, wie z.B. im Energiebereich, bei Roh-

Ebene ansiedeln und wird so zum kommunikativen Ersatzprodukt, für das ein eigenständiges Sponsoring-Mix zur Verfügung steht.

4.2 Sponsoring als Medium und Imagefilter

Sponsoring ist aber nicht nur ein zu bewerbendes Ersatzprodukt, es ist zugleich ein Medium. Ein sponserndes Unternehmen, das nach einer Situationsanalyse und einer Zieldefinition ein entsprechendes Sponsoring-Mix zusammengestellt hat, beabsichtigt auf diese Weise mit der Zielgruppe zu kommunizieren, wobei ein Imagetransfer angestrebt wird.

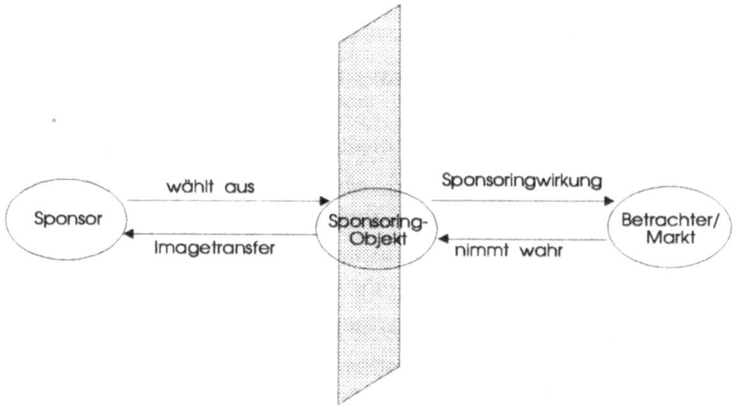

Abb. 18: Sponsoring als Medium und Imagefilter

Forts.: stoffen u.ä. Einige Unternehmen haben hierfür gedankliche Präsenzsignale in Form von Figuren entwickelt, wie z.B. den Esso-Tiger, das Michelin-Männchen oder auch den rosaroten Elefanten der Bundesbahn. Vgl. Kroeber-Riel, W.: Die inneren Bilder der Konsumenten: Messung - Verhaltenswirkung - Konsequenzen für das Marketing, in: Marketing ZFP, Nr. 2/1986, S. 92.

Die Rezipienten sollen die Merkmale bzw. das Image des gesponserten Objekts auf das sponsernde Unternehmen übertragen, wodurch bei diesem eine Imagestabilisierung oder -forcierung angestrebt wird.[119] Sinnbildlich fungiert das Sponsoring-Objekt auf diese Weise als vor das Unternehmen geschalteter Imagefilter, wobei dieser "durchsichtig" ist und den Blick des Empfängers auf das sponsernde Unternehmen sowie die übrigen Unternehmensaktivitäten zuläßt.

In Ergänzung zur vorstehend skizzierten Funktion von Sponsoring als Ersatzprodukt wird bei dem hier vermittelten Sinnbild von Sponsoring als Medium und Imagefilter berücksichtigt, daß neben den Sponsorships auch die sonstigen Aktivitäten des Unternehmens vom Betrachter wahrgenommen werden und imagebeeinflussend wirken können.

Entgegen der Annahme, daß Sponsoring ähnlichen Mechanismen unterliege wie Werbung und daher beliebig ausgewählt werden könne, sei darauf hingewiesen, daß der Rezipient eine Stimmigkeit zwischen Unternehmen und Sponsoringobjekt erkennen sollte. Hat er jedoch das Gefühl, daß das sponsernde Unternehmen durch das Sponsorship von Problemen ablenken will, wird der oben benannte Imagefilter leicht als Schleier zum Verdecken von Ungereimtheiten empfunden. Das weckt Skepsis und das negative Gefühl, daß im Unternehmen weitere Unstimmigkeiten existieren.[120]

Wird unternehmensseitig z.B. ein Öko-Sponsoring durchgeführt, jedoch nicht dafür gesorgt, daß auch die eigene Produktion sauberer wird, können sogar Imageverluste eintreten, die sich unter Umständen erst wesentlich später ergeben hätten, weil auch die Öffentlichkeit mutmaßlich erst später mit den Problemen konfrontiert worden wäre.

---

119) Vgl. Hermanns, A.: Sponsoring - Innovatives Instrument der Kommunikationspolitik im Marketing, a.a.O., S. 438 f.

120) Vgl. Hermanns, A.: Profilierung durch Sponsoring - Erlebnisorientiertes Instrument der Marktkommunikation und Wettbewerbsfaktor, a.a.O., S. 80, der darauf hinweist, daß "Sponsoringmaßnahmen widerspruchsfrei zum übrigen Verhalten des Unternehmens nach innen und außen stehen" müssen.

4.3 Sponsoring als Aufwertungsmechanismus

Sponsoring hat letztlich eine dritte Funktion, indem es als regelkreisartiger Aufwertungsmechanismus fungiert. Wird ein Sponsorship zur Verbesserung des Kompetenz-Images eingesetzt, bestehen gute Möglichkeiten, zugleich für die Optimierung der tatsächlichen Kompetenz zu sorgen. Wenn es sich um einen Imagebonus handelt, d.h. wenn das Kompetenz-Image besser ist als dies aus Sicht des Unternehmens gerechtfertigt wäre, besteht sogar die Notwendigkeit, neben dem Sponsorship auch kompetenzverbessernde Maßnahmen zu ergreifen, um das gute Image nicht zu gefährden.

Durch die positive Veränderung der Kompetenz wiederum ergeben sich gute Chancen, daß sich dadurch auch das Kompetenz-Image verbessert, so daß eine Anpassung von Image und Realität aus Unternehmenssicht Schritt für Schritt erfolgen kann.

Insofern schließt sich der Kreis zum Corporate Identity-geprägten Erscheinungsbild des Unternehmens. Obwohl sich die Imagepolitik grundsätzlich an der Corporate Identity orientieren sollte, fällt es offenbar in vielen Unternehmen leichter, sich für ein Sponsorship zu entscheiden, als eine Corporate Identity zu formulieren. Hier wäre wenigstens die Chance von Unternehmensseite zu nutzen, durch ein Sponsorship intensiver über die eigene CI nachzudenken.

Es wird deutlich, daß Sponsoring bei genauer Planung wesentlich mehr Nutzungsmöglichkeiten bietet, als z.B. die auf werbliche Funktionen begrenzte Banden-/Trikotwerbung, der häufig lediglich Erinnerungswirkung zukommt.[121] Allerdings setzt dies auch voraus, daß sich Unternehmen, die ein Sponsorship in Erwägung ziehen, frühzeitig und aktiv mit dem Thema auseinandersetzen und nicht erst bei einer konkreten Anfrage nach Geld

---

121) Vgl. Bachleitner, R.: Spitzensportler sind nicht Werbespitze, in: w&v, Nr. 23/1987, S. 75.

oder Sachleistungen anhand eines Einzelfalls Spekulationen über den evtl. Nutzen anstellen.

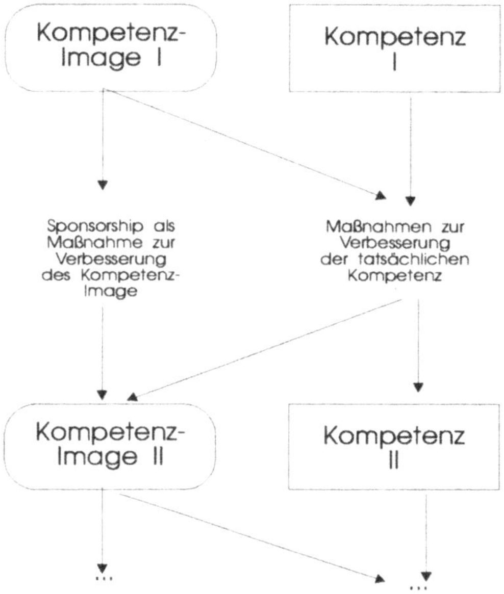

Abb. 19: Sponsoring als Aufwertungsmechanismus

IV. Der sponsoringinduzierte Imagetransfer

1. Beeinflußbarkeit von Images durch andere Images

Es kann festgehalten werden, daß mit erfolgreichen Sponsorships ein Imagetransfer vom Gesponserten auf den Sponsor realisiert werden soll. Wie ein solcher Imagetransfer jedoch funktioniert und welche beeinflussenden Determinanten zu berücksichtigen sind, wurde im Zusammenhang mit Sponsoring bisher kaum aufgezeigt, vielmehr wird unterstellt, daß ein Imagetransfer stattfindet.

> "Sport und Kultur (...) stellen selbst positive Imageträger dar. Auf dem Wege des Imagetransfers kann es gelingen, Imagekomponenten von Sport und Kultur auf eine Marke, ein Produkt oder ein Unternehmen zu übertragen."[1]

Mit Blick auf die Theorie des Imagetransfers sei auf einige theoretische Hintergründe verwiesen, um die Möglichkeiten eines solchen Transfers zu prüfen. Meist wird unter dem Begriff Imagetransfer die Übertragung eines Markenimages auf eine andere Marke verstanden[2] bzw. die "wechselseitige Übertragung und Verstärkung von Assoziationen zwischen Produkten unterschiedlicher Kategorien".[3]

---

1) Hermanns, A.: Sponsoring - Zukunftsorientiertes Instrument der Marktkommunikation, a.a.O., S. 9, in Anlehnung an Mayer, A./Mayer, R.U.: Imagetransfer, Hamburg 1987, S. 26.

2) Vgl. Lippegans, A.: Geplanter Transfer von Markenimages, in: Markenartikel - Zeitschrift der Markenartikelindustrie, Nr. 9/1984, S. 436 ff.; vgl. auch von Matt, D.: Nützt die Dach-Marke dem Image Ihres Angebotes - oder nur Ihrem eigenen?, in: Marketing Journal, Nr. 2/1990, S. 170 f; vgl. Schweiger, G.: Imagetransfer - Kann ein neues Produkt durch "gemeinsamen Markennamen" von einem eingeführten Produkt profitieren?, in: Marketing Journal, Nr. 4/1982, S. 322; vgl. Hätty, H.: Der Markentransfer, Heidelberg 1989, S. 37; vgl. Hätty, H.: Zentrale Erfolgsfaktoren des Markentransfers, in: VM International, Nr. 2/1990, S. 18. Meffert/Heinemann weisen darauf hin, daß beim Imagetransfer sowohl die Denotationen, d.h. sachhaltigen Produkteigenschaften, als auch die Konnotationen, also emotionalen Produkteigenschaften berücksichtigt werden müßten. Sie grenzen den Imagetransferbegriff relativ eng ein und schließen bspw. einen Goodwill-Transfer aus. Vgl. Meffert, H./Heinemann, G.: Operationalisierung des Imagetransfers - Begrenzung des Transferrisikos durch Ähnlichkeitsmessungen, in: Marketing ZFP, Nr. I/1990, S. 5 ff. Im Rahmen dieser Arbeit wird jedoch ein Imagetransfer im weiteren Sinne bevorzugt.

3) Mayer, A./Mayer, R.U.: Imagetransfer, a.a.O., S. 26. Auch von einer assoziativen Imageaufbesserung wird gesprochen, vgl. o.V.: Sportwerbung hebt das Image der Firmen, in: impulse, Nr. 10/87, S. 112; vgl. ähnlich Gutjahr, G.: Markt- und Werbepsychologie, Teil 1: Verbraucher und Produkt, Heidelberg 1972, S. 84 f.

Eine Beeinflussung von Images untereinander ist aber auch in anderer Weise denkbar, z.B. die Einflußnahme des Branchenimages auf das Firmenimage. Zum einen ist festzustellen, daß manchen Branchen ein eher negatives Image anhaftet (z.B. chemische Industrie, Rüstungsindustrie)[4], zum anderen kann ein einzelner Störfall in einem Unternehmen Auswirkungen auf das Image der gesamten Branche haben. Je weniger Informationen jemand über einzelne Unternehmen in einer solchen Situation hat, desto eher wird er dazu neigen, das Image der Branche als Bewertungsmaßstab auch für einzelne Firmen zu nehmen. Von Unternehmensseite muß dies bei der imagepolitischen Arbeit berücksichtigt werden.

Weiterhin ist eine die Abstrahlung des Firmenimages auf die Produkte möglich.[5] Inwieweit sich Firmen- und Produktimage gegenseitig beeinflussen, hängt von der Branche, aber auch den unternehmenspolitischen Zielsetzungen ab. Mit Blick auf das Verhältnis von Firmen- und Markenimages sieht bspw. Johannsen vier Hauptbeziehungsmöglichkeiten.[6]

* *Identität:* Firmen- und Produkt-/Marken-Images decken sich weitgehend, was gerade in der Investitionsgüterindustrie vielfach vorkommt, z.B. KRUPP.[7]
* *Positive Integration:* Es handelt sich nicht um eine Deckungsgleichheit, aber um eine enge Verbindung zwischen Firmen- und Markenimage, wie z.B. bei Henkel und Persil.
* *Desintegration:* Das Prinzip der Integration kann jedoch unerwünschte Effekte haben, wenn eine Verbindung von Firmen- und Produkt-Image auch bei Produkten beabsichtigt ist, die miteinander wenig zu tun haben, wie z.B. bei KRAFT. Kraft-Käse <-> Kraft-Kuchen, soweit es sich nicht ausschließlich um Käsekuchen handelt.

---

4) Vgl. Reitz, H.-J.: Die Corporate Identity-Konzeption, in: pr magazin, Nr. 10/83, S. 37.

5) Vgl. Ehrhardt, M.: Wettbewerbsvorteile eines Unternehmens: Corporate Prestige, in: Die Kammer, Nr. 7/93, S. 70; Stöhlker, K.J.: Bieten Sie "Corporate Prestige" - Denn Kunden suchen nicht nur Leistung, Qualität und Sicherheit bei den Marken, in: Marketing Journal, Nr. 1/1992, S. 44 f.

6) Vgl. Johannsen, U.: Image, a.a.O., Sp. 817 f.

7) Vgl. ähnlich Bergler, R.: Psychologie des Marken- und Firmenbildes, a.a.O., S. 88 f. Vgl. zur Bedeutung von Firmenmarken im Investitionsgüterbereich Merbold, C.: Marken-Wirkungen bei Investitionsgütern - Psychologische Effizienz bei Kaufentscheidungen, in: Marktforschung & Management, Nr. 3/1991, S. 109 f.

* *Isolation:* Hierbei liegt eine strenge Trennung von Marken- und Firmen-Image vor. Die Firmenpersönlichkeit hat erkennbar nichts mit dem Produkt zu tun, z.B. Reemtsma - Eckstein. Eine Image-Isolation ist dann sinnvoll, wenn ein neues Produkt mit dem traditionellen Firmen-Image nicht zusammen paßt, bspw. bei einer traditionsreichen Tabakfirma und einer neuen Bohnenkaffeemarke.[8]

Übertragen auf die Möglichkeiten eines sponsoringinduzierten Imagetransfers vom Gesponserten auf den Sponsor ergibt sich folgende Situation. Von einer *Identität* könnte gesprochen werden, wenn der Sponsor automatisch mit dem Gesponserten in Verbindung gebracht wird und umgekehrt. Dies ist vor allem bei Sportmannschaften zu unterstellen, die einen Firmennamen tragen, wie z.B. die Fußballmannschaften der Hoechst AG Hoechst oder der Bayer AG.

Während eine solch enge gedankliche Verbindung auch kontraproduktiv sein kann und vor allem das sponsernde Unternehmen in seiner Imagegestaltung einengt, stellt eine *positive Integration* ein gutes Verhältnis zwischen den Partnern dar. Sponsor als auch Gesponserter behalten ihre eigene Identität, werden jedoch - zumindest für eine bestimmte Zeit - miteinander gedanklich in Verbindung gebracht.

Anders bei einer *Desintegration* oder sogar bei einer *Isolation*. Beide Beziehungen wären für ein Sponsorship unerfreulich. Entweder würden beim Betrachter mit Blick auf das Sponsorship falsche Assoziationen erweckt werden oder gar keine.

Eine derartige Betrachtung der Verhältnisse bildet jedoch nur den Einstieg in die theoretischen Grundlagen des Imagetransfers vom Gesponserten zum Sponsor. Wenn das Image des Sponsors zur Diskussion steht, muß zunächst festgelegt werden, welches Image genau im Mittelpunkt der Betrachtung steht, das allgemeine Firmenimage, das Image als Arbeitgeber, das Produktimage o.ä.

---

8) Vgl. Johannsen, U.: Image, a.a.O., Sp. 818 f.

Wie dargestellt, steht in der vorliegenden Arbeit primär jenes Firmenimage im Vordergrund, durch das Kaufentscheidungsprozesse positiv begleitet werden können. Hierfür wurde das Kompetenz-Image in die Diskussion gebracht, welches im folgenden auch Gegenstand der Betrachtung sein soll. Es gilt also zu prüfen, wie durch Sponsoring vor allem ein gewünschtes Kompetenz-Image unterstützt bzw. aufgebaut werden kann.

Zudem soll in diesem Kapitel auf die Empfänger der Botschaft eingegangen werden, also auf die Betrachter von gesponserten Begebenheiten, Veranstaltungen o.ä. Da die meisten Veröffentlichungen sich bislang mit Sponsoring im allgemeinen beschäftigt haben, dominiert - wie dies auch bei Marketingpublikationen meist der Fall ist -, der konsumgüterorientierte Ansatz. Mit anderen Worten, eine nähere Auseinandersetzung mit den Betrachtern, wie sie für den Investitionsgüterbereich erforderlich ist, blieb bislang weitgehend aus.

Zunächst ist klarzustellen, daß es das optimale Sponsorship nicht gibt und auch nicht geben kann. Der Erfolg jedes Sponsoring-Engagements hängt vielmehr von zahlreichen Faktoren ab. Was für ein Unternehmen guten Erfolg bringt, kann sich bei einem anderen Sponsor entweder negativ auswirken oder ohne jegliche Resonanz bleiben.

Hierbei können auch Umweltfaktoren eine große Rolle spielen. Tietz schreibt - wenngleich in einem etwas anderen Zusammenhang - über Imagesysteme und führt aus, daß bei einer Imagebetrachtung auch alle relevanten Umfeldimages eines Unternehmens erfaßt werden müssen, weil es für das Image neuer Waren bspw. entscheidend sei, wo und wie sie präsentiert werden, da auch Betriebstypen und Standorte spezielle Images haben, die auf das Warenimage wirken können.[9]

So ist festzuhalten, daß Imagetransfers durchaus auch zwischen unterschiedlichen Imageträgern möglich sind, so auch zwischen Sponsoring-Objekt und Sponsor. Dennoch handelt es sich hierbei um sehr komplexe Vorgänge, so daß der Transferprozeß von zahlreichen Faktoren beein-

9) Vgl. Tietz, B.: Die Grundlagen des Marketing, II. Band, Die Marketing-Politik II, München 1975, S. 1251.

flußt werden kann, die im folgenden mit Blick auf ihre transferhemmenden und -fördernden Wirkungen untersucht werden.

2. Imagetransferhemmende und -fördernde Faktoren

Die Faktoren, welche einen Imagetransfer beeinflussen können, werden im folgenden nach vier Gruppen unterschieden, und zwar

* Sponsorshipbezogene Faktoren
* Servicebezogene Faktoren
* Situationsbezogene Faktoren sowie
* Betrachterbezogene Faktoren.

2.1 Sponsorshipbezogene Faktoren

Je enger die gedankliche Verbindung zwischen Sponsor und Sponsoring-Engagement ist, desto größer ist auch die Chance für einen Imagetransfer. Je weniger der Sponsor also erläutern muß, warum er etwas sponsert, desto höher die Transferwahrscheinlichkeit.

Angesprochen ist hiermit die Affinität zwischen Sponsor und Gesponsertem. Bruhn differenziert diese nach Zielgruppenaffinität, Produktaffinität und Imageaffinität[10]. Bei der Zielgruppenaffinität sollte zwischen der Zielgruppe des Gesponserten und der des Sponsors eine weitgehende Übereinstimmung bestehen. Bei der Produktaffinität wird entweder zwischen den Produkten des Sponsors und dem Sponsoring-Engagement eine Verbindung oder zumindest ein Bezug zum Verwendungsumfeld erwartet. Bei der Imageaffinität letztlich wird angestrebt, daß zwischen dem Image des Sponsors bzw. einer ausgewählten Marke und dem Sponsorship eine Übereinstimmung existiert.

---

10) Vgl. Bruhn, M.: Sponsoring als Instrument der Unternehmenskommunikation - Erscheinungsformen, Planungskonzepte und Integrationsaspekte, a.a.O., S. 6 f.

Im Investitionsgüterbereich spielen vor allem die Image-, teilweise auch die Produktaffinitäten eine Rolle, während die Zielgruppenaffinität von eher untergeordneter Bedeutung ist. Selbst wenn z.B. ein Hersteller von Präzisionsmeßgeräten feststellen würde, daß sich seine Abnehmer besonders für Fußball interessieren, wäre das Sponsern einer Fußballmannschaft, gemessen an der Größe der Zielgruppe und dem erreichbaren Nutzen, unter Marketinggesichtspunkten fragwürdig.

Unter Zugrundelegung der drei dargestellten Affinitäten läßt sich ein Sponsorship-Affinitäts-Maß konstruieren. Jedes Sponsorship wird dabei daraufhin untersucht, ob und inwieweit die einzelnen Affinitätskomponenten gegeben sind, da ja durchaus auch mehrere Affinitäten vorliegen können.

P = Produktaffinität
I = Imageaffinität
Z = Zielgruppenaffinität

1 = ist nicht gegeben
2 = ist vorhanden
3 = trifft stark zu

So besagt z.B. der Vektor P_1 I_3 Z_1, daß das Sponsorship eine starke Imageaffinität aufweist, Produkt- und Zielgruppenaffinität aber nicht gegeben sind. Ein Unternehmen mit extrem schnellem Service könnte diesen Vorteil z.B. durch das Sponsern einer schnellen Sportart unterstreichen.

Ein Produzent, der demgegenüber Chemikalien zur Verdichtung von Ölteppichen erzeugt, diese bei einem Unfall kostenlos zur Verfügung stellt und sein Engagement als Sozio-Sponsoring nutzt, könnte bspw. die Kombination P_3 I_1 Z_3 haben. Dabei wird unterstellt, daß die Imagetransfer-Wahrscheinlichkeit mit höheren Werten zunimmt, und sich die Erklärungsnotwendigkeit demgegenüber etwas reduziert.

Art der Affinität	Ausprägung: nicht gegeben	vorhanden	trifft stark zu
P = Produktaffinität	P1	P2	P3
I = Image-Affinität	I1	I2	I3
Z = Zielgruppen-Affinität	Z1	Z2	Z3

Zunahme von Affinität und damit auch der Imagetransferwahrscheinlichkeit →

Abb. 20: Sponsorship-Affinitäts-Maß

Etwas anders hat bspw. Waite die Verbindung zwischen Sponsor und Gesponsertem klassifiziert.[11] Er unterscheidet nach der Beziehung zwischen Sponsorship und Produkt (product linked), Sponsorship und Produktimage (product image linked) und Sponsorship und Unternehmensimage (corporate image linked). Grundsätzlich sei die Glaubwürdigkeit von Sponsorships umso höher, je enger die Verbindungslinien zwischen Sponsor und Gesponsertem sind.

Die bereits angesprochene Einteilung in unmittelbare und mittelbare Sponsoren hängt mit der Erklärungsbedürftigkeit eng zusammen.[12] Je größer die Affinität des Sponsors zum Sponsorship, desto geringer die Erklärungsnotwendigkeit. Bei relativ geringer Affinität stellt sich die Frage, ob die Intentionen des Sponsors für den Rezipienten erkennbar werden, wenn sich dieser mit dem Sponsoring-Engagement auseinandersetzt, oder ob eher Irritationen verbleiben und der Sponsor Gefahr läuft, diese evtl. nicht ausräumen zu können.

Ein Werkzeugmaschinenhersteller, der z.B. durch das Sponsern eines Balletts ausdrücken will, daß seine Maschinen auch sehr filigrane Stücke bearbeiten können, leise arbeiten und ein angenehmes Design haben,

---

11) Siehe hierzu Bruhn, M./Wieland, Th.: Sponsoring in der Bundesrepublik, a.a.O., S. 28.

12) Siehe Abschnitt III.3.

muß dem Zuschauer eine gedankliche Brücke bauen. Diese muß glaubhaft und nachvollziehbar sein, ansonsten könnte das Sponsorship schnell lächerlich wirken.[13] Dieses Ballettbeispiel liegt zunächst auf der Grenze des Vertretbaren, wenn es sich um das einzige Sponsoring-Engagement des Unternehmens handelt. Demonstriert der Sponsor diese Idee jedoch nachhaltig und integriert sie konsequent über einen längeren Zeitraum in seine Gesamtkommunikation, könnte es für das Unternehmen zu einer neuen Positionierung kommen.

Allerdings müssen auch die möglichen Nebeneffekte berücksichtigt werden, die von einem neuen Imageprofil ausgehen, da sich einzelne Attribute wie z.B. filigran, leise oder elegant im Fall des Ballettbeispiels nicht immer isoliert übertragen lassen, sondern auch die Gesamtanmutung transferiert werden kann. Durch eine Ballerina, die zerbrechlich wirkt, werden jedoch die vom Unternehmen evtl. ebenfalls gewünschten Attribute wie Schnelligkeit, Kraft, Ausdauer etc. nicht unbedingt unterstützt.

Daran wird deutlich, daß Sponsoring zugleich unter Berücksichtigung seiner mittel- und langfristigen Wirkungen geplant werden muß und diesbezügliche Entscheidungen auf keinen Fall kurzfristigen Launen der Entscheider überlassen werden sollten. Vielmehr sind frühzeitig die verschiedenen Imageprofile in Frage kommender Sponsoringarten auf Chancen und Risiken für das gewünschte Image des Sponsors zu überprüfen.

Es lassen sich jedoch auch andere Beispiele anführen, die eher im Bereich der Produktaffinität angesiedelt sind. Wenn bspw. ein Hersteller von Grafik-Software ein Kunst-Sponsorship initiiert, bei dem ein Künstler mit den Produkten des Unternehmens etwas erstellt, wäre eine unmittelbare Verbindung zwischen Sponsor und Künstler gegeben. Ähnliches ist z.B. auch für einen Chemiekonzern denkbar, durch den Inhaltsstoffe für Künstlerfarben produziert werden.[14]

---

13) Bickmann führt die beim "Art-Sponsoring" notwendige Adäquanz zwischen den Sponsorship-Partnern an, die Glaubwürdigkeit erst möglich macht. Vgl. Bickmann, R.: Art-Sponsoring und Event Creation, a.a.O., S. 65.

14) Vgl. Franke, H. W.: Kunst, Technik, Sponsoring, in: Strahlendorf, P. (Hrsg.): Jahrbuch Sponsoring 1991, Düsseldorf - Wien - New York 1991, S. 108 ff.

In Anlehnung an den Transfer von Markenimages kann letztlich folgendes festgehalten werden:[15]

* Imagemäßig ungeeignete Transferpartner können zum Verfall des Images führen.
* Nicht im Einklang stehende Assoziationen können beim Betrachter Irritationen und Akzeptanzbeeinträchtigung auslösen.
* Zu viele Transferobjekte können zum "Verschwimmen" des Images beitragen.
* Zu häufige Imagetransfers werden vom Betrachter nicht nachvollzogen.

Dies trifft im wesentlichen auch auf den Transfer zwischen den Sponsoringpartnern zu. Beachtet werden muß zudem, daß länder- oder regionenspezifische Faktoren das Sponsorship-Image beeinflussen können.[16] So ist es möglich, daß eine Sportart in einem Land sehr populär und angesehen ist, in einem anderen hingegen kaum Bedeutung hat oder sogar negativ belegt ist.

Gerade Firmen, die international tätig sind und den sprachbarrierenüberschreitenden Vorteil eines Sponsorships nutzen wollen, müssen verschiedene Werte unterschiedlicher Rezipienten sowie kulturelle Gegebenheiten der verschiedenen Länder aus diesem Grund bei der Sponsoringplanung berücksichtigen.[17] Hierfür kann ein Koordinaten-Kreuz angelegt werden, in welchem die Bedeutung eines Sponsorships in unterschiedlichen Ländern abgetragen wird. Die Ausprägungen können z.B. mittels länderübergreifender Sponsoring-Imageanalysen durch Umfragen erho-

---

15) Vgl. Lippegans, A.: Geplanter Transfer von Markenimages, a.a.O., S. 436.

16) Inwieweit Werte in verschiedenen Ländern zu einem unterschiedlichen Verhalten von Unternehmen und Entscheidern führen kann, belegt u.a. eine Studie von Gabele, der vor allem kleinere und mittelständische Unternehmen bzgl. ihrer Werthaltungen in der Eigenschaft als Eigentümer, Arbeitgeber und Mitbewerber analysiert hat. Vgl. Gabele, E.: Werthaltungen mittelständischer Unternehmer in Europa im Vergleich, in: Schauenberg, B.: (Hrsg.): Wirtschaftsethik - Schnittstellen von Ökonomie und Wissenschaftstheorie, Wiesbaden 1991, S. 85 ff.

17) Vgl. im Zusammenhang mit internationaler Werbung Eder, T.B./Herrmann, A.: Ads follow Culture - Schlüssel zum Erfolg von Werbe-Kampagnen auf Auslandsmärkten, in: Marketing Journal, Nr. 6/1992, S. 594.

ben und anschließend ausgewertet werden. Als fiktives Beispiel möge folgendes Bild dienen:

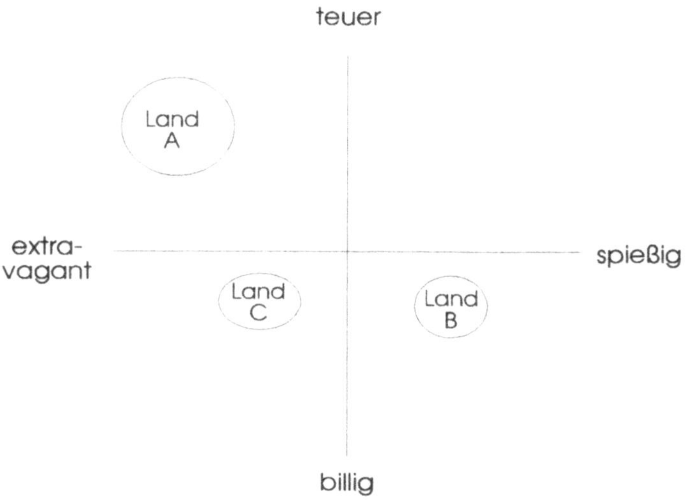

Abb. 21: Länderspezifische Bedeutungsunterschiede eines Sponsorships

Die Größe der Kreise kann zugleich die Bedeutung der Sponsoringart bzw. genauer z.B. einer einzelnen Sportart im Land verdeutlichen, also z.B. die prozentuale Anhängerschaft. So kann eine Sportart in einer Land zwar als eher billig und spießig gelten, trotzdem jedoch viele Anhänger haben.

Ein weiteres Kriterium könnte die Reife der Bewohner mit Blick auf ein bestimmtes Thema sein. Zwar wird in Deutschland inzwischen viel für den Umweltschutz getan,[18] in anderen Ländern hingegen wird nach wie vor

18) Zur Veränderung der Bedeutung von Umweltschutzmaßnahmen aus Unternehmenssicht vgl. Hoff, A./Strümpel, B.: Öffentlichkeitsarbeit als Unternehmensfunktion, in: Haedrich, G./Barthenheiner, G./Kleinert, H. (Hrsg.): Öffentlichkeitsarbeit. Dialog zwischen Institutionen und Gesellschaft. Ein Handbuch, S. 45; Ant-

Raubbau mit der Natur betrieben. Es ist leicht verständlich, daß die Bedeutung von Öko-Sponsoring in beiden Fällen unterschiedlich beurteilt werden wird.

2.2 Servicebezogene Faktoren

Wie dargestellt, gibt es Sponsorships, die sich praktisch "von selbst erklären" und andere, die dem Betrachter erläutert werden müssen. Kommunikationsaktivitäten, die ein Sponsorship begleiten, werden hier unter Servicegesichtspunkten gesehen. Bei einem guten kommunikativen Service wird sich der Sponsor bemühen, dem Betrachter das Engagement z.B. durch Anzeigen, Informationsbroschüren o.ä. verständlich zu machen.

Durch konzertierte Aktionen sollte dabei versucht werden, den unterschiedlichen Aktivierungsphasen des Betrachters gerecht zu werden. Er wird ein Plakat mit einem Hinweis auf die sponsernde Firma nach einer Veranstaltung vermutlich ganz anders wahrnehmen als vorher, da er auf die wiederkehrenden Signale achtet. Empirisch konnte aber auch belegt werden, daß die Aufmerksamkeitswirkung von Sponsorships größer ist, bei denen die Rezipienten vor dem Ereignis Informationen bekamen, was auch als Hitchcock-Effekt[19] bezeichnet wird. Da Hitchcock in seinen Filmen oft eine kurze Statistenrolle einnahm, konzentrierten sich die Zuschauer im Laufe der Zeit mehr darauf, den mitspielenden Autor zu entdecken, als auf die eigentliche Handlung, was dazu führte, daß diese Szenen weiter an den Anfang der Filme gesetzt wurden, um den weiteren Verlauf der Handlung nicht zu stören.

Forts.: recht, R.: Weißmacher. Die mißglückte Umweltschutz-Werbung der Industrie, in: Capital, Nr. 1/1986, S. 169 f.

19) Vgl. Mayer, H./Christner, B.: Der Hitchcock-Effekt im Sponsoring - Eine psychologische Untersuchung zur Wirkung des Kultursponsorings, in: GfK Jahrbuch der Absatz- und Verbrauchsforschung, Nr. 4/1991, S. 347.

Daraus läßt sich ableiten, daß die Chance für einen Imagetransfer durch begleitende entsprechende Erläuterungen steigt. Von seiten des Sponsors ist hierbei jedoch viel Sensibilität erforderlich, damit dieser nicht zu sehr in den Vordergrund gerät und die Hinweise auf das sponsernde Unternehmen als aufdringlich empfunden werden.

Eine wichtige Rolle mit Blick auf die Erläuterungen zu Sponsorships spielen die Medien. Waren sie früher sehr zurückhaltend gegenüber dem Sponsoring, hat sich diese Einstellung durch Privatsender in letzter Zeit stark verändert. Teilweise wird sogar offen über einzelne Engagements berichtet, insbesondere, wenn das Sponsorship als besonders wertvoll eingeschätzt wird, was häufig auf herausragende Kunstprojekte oder soziale Aktivitäten zutrifft.

2.3 Situationsbezogene Faktoren

Als Situation wird in diesem Zusammenhang der Moment definiert, in welchem der Betrachter das Sponsorship aufnimmt. Dabei kann es sich um den Besuch einer Vernissage oder eines Fußballspieles handeln oder auch um das Wahrnehmen von Informationen über das Sponsorship durch das Lesen, Hören oder Sehen, d.h. durch eine Zeitungsmeldung, eine Fernsehsendung oder den Bericht eines anderen Menschen.

Störend können sich vor allem Pannen bei Veranstaltungen auswirken, z.B. wenn eine Bühne einstürzt, ein Sportler verunglückt oder ein Feuer ausbricht.[20] In diesen Momenten ist der Betrachter ganz von der neuen

20) Derartige Negativeffekte konnten im Zusammenhang mit Automobilrennsport festgestellt werden. Vgl. Hermanns, A.: Sport und Werbung - Präsenz und Erinnerungswirkung ausgewählter Werbeträger an Rennstrecken, München 1/1986, BHericht über ein Studienobjekt, S. 12. Vgl. auch Wimmer, H.: Möglichkeiten und Grenzen im Rahmen der Marketingaktivitäten von Anbietern, Diplomarbeit an der Universität Augsburg, Augsburg 1987, S. 54 f. Dennoch könnte ein solches Ereignis zum Anlaß genommen werden, die Hintergründe des Sponsorships zu erläutern, um die negativen Aspekte abzufedern. Dies allerdings setzt weitere begleitende Kommunikationsmaßnahmen voraus. Vgl. Kernen, J.: Sportsponsoring - die erlebnisorientierte Kommunikation, in: VM International Extra 1990, S. 17 f.

Situation eingenommen, so daß alle anderen Faktoren überlagert werden. Fördernd ist es demgegenüber, wenn es bei der Auseinandersetzung mit dem Sponsorship keine Pannen gibt, der Betrachter mit einem positiven Gefühl die Veranstaltung verläßt, weil keine organisatorischen Mängel aufgetreten sind, sein Favorit gewonnen oder ihm das Konzert oder die Ausstellung gut gefallen hat.

Handelt es sich also um Situationen, bei denen der Betrachter in eine positive Grundstimmung versetzt und gedanklich aktiviert wird, ist dies die beste Voraussetzung sowohl für die Aufnahme von Sponsoringbotschaften als auch für einen Imagetransfer.

2.4 Betrachterbezogene Faktoren

Neben der Affinität des Sponsors zum Sponsoringobjekt wird der Imagetransfer letztlich auch vom Betrachter selbst und dessen Erwartungshaltung beeinflußt. Grundsätzlich kann davon ausgegangen werden, daß z.B. Besucher von Spitzensportveranstaltungen sich nicht mit Informationen belasten wollen, die nichts mit dem Spiel zu tun haben. Sie gehen vielmehr aus sportlichem oder gesellschaftlichem Interesse zum Ereignis, während die Erwartungshaltung bspw. bei der Eröffnung eines neuen Krankenhauses eine ganz andere ist.

Weiterhin lassen sich aber auch folgende Aspekte festhalten, die einen Imagetransfer positiv beeinflussen können:

* Dem Betrachter ist das sponsernde Unternehmen gut bekannt, so daß er Informationen darüber besonders aufmerksam zur Kenntnis nimmt.
* Eine weitere Möglichkeit ist, daß er sich für das Instrumentarium Sponsoring besonders interessiert und jede Gelegenheit nutzt, Sponsorships auf ihre Schlüssigkeit hin zu überprüfen.

Letztlich ist es möglich, daß er sich für das einzelne Sponsorship ganz besonders interessiert und deshalb auch die Rahmeninformationen wesentlich stärker aufnimmt. Zum Beispiel kann der Besucher einer Vernissage großes Interesse daran haben zu erfahren, wieso eine teure Ausstellung doch noch möglich geworden ist, die zuvor unter finanziellen Gesichtspunkten zur Diskussion stand.

Um die Stellung des Betrachters im weiter unten dargestellten sponsoringinduzierten Imagetransfer-Modell näher bestimmen zu können, ist es denkbar, zu den vorbenannten Aspekten Items zu bilden, die sich durch eine anschließende Faktorenanalyse ggf. auf zwei Faktoren reduzieren ließen. Hiernach ließe sich die Stellung der Betrachter in einem Koordinatenkreuz abbilden, das über einen Sponsorship-Wirkungskanal gelegt wird. Auf diese Weise könnte ein Betrachter-Prädispositions-Maß bestimmt werden, das Aussagen über die Informationsaufnahme, -verarbeitungs- und Imagetransferwahrscheinlichkeit zulassen würde.[21]

Ein Imagetransfer kann in Konsequenz nur dann stattfinden, wenn der Betrachter:

* Informationen über das Sponsoring aufnimmt und
* diese auch verarbeitet (unterschwellig oder bewußt),
* wobei beide Bedingungen zeitlich nicht unbedingt parallel erfüllt sein müssen.

Dies wird im folgenden ausführlicher im Zusammenhang mit der Wirkung unterschiedlicher Sponsoringkonstellationen diskutiert.

---

21) Da zur Ermittlung eines solchen Maßes empirische Erhebungen erforderlich gewesen wären, wurde im Rahmen der vorliegenden Arbeit auf eine Überprüfung verzichtet, die weiteren Abhandlungen vorbehalten bleibt. Vielmehr wurde der Modellcharakter beibehalten.

Transferhemmende und -fördernde Faktoren	
Sponsorshipbezogene Faktoren:	* Affinität Sponsor/Gesponserter * Erklärungsbedürftigkeit des Sponsorships * Länder-/Regionenspezifische Faktoren * Themenreife der Betrachter
Servicebezogene Faktoren:	* begleitende Kommunikationsmaßnahmen
Situationsbezogene Faktoren:	* Ablauf eines Sponsoringereignisses * Situation der Informationsaufnahme
Betrachterbezogene Faktoren:	* Erwartungshaltung * Involvement * Informationsverarbeitung

Abb. 22: Transferhemmende und -fördernde Faktoren

3. Wirkungen unterschiedlicher Sponsoringkonstellationen

Der Einsatz von Sponsoring als Instrument der Imagepolitik soll zur Imagestabilisierung und -forcierung beitragen. Damit stellt sich die Frage nach den Wirkungsmechanismen von Sponsoring-Instrumenten bzw. einzelnen Sponsoringarten. Prozesse der Wahrnehmung und Informationsverarbeitung[22], aber auch der Aspekt des Involvements sind hierbei zu berücksichtigen.

---

22) Lilli, W.: Perzeption, Kognition: Image, a.a.O., S. 406 f.

Unter Involvement wird das Engagement einer Person verstanden, sich mit einem Sachverhalt oder einer Aufgabe auseinanderzusetzen.[23] Dieses Konstrukt hat insbesondere in der Werbepsychologie große Bedeutung, weil die Gestaltung von Werbemitteln z.B. durch Erkenntnisse beeinflußt wird, wie involviert eine Person bei der Betrachtung einer Anzeige ist.

Bei Kommunikationsstrategien kann grundsätzlich zwischen Low-Involvement- und Aktivierungsstrategien unterschieden werden. Im ersten Fall wird der Informationsempfänger in einer passiven Haltung belassen bzw. angesprochen. Informationen werden in einfacher, gut aufnehmbarer Form dargeboten, vorzugsweise durch häufig wiederholte Bilder. Durch Aktivierungsstrategien soll die Aufmerksamkeit der Informationsempfänger für die dargebotenen Informationen verstärkt werden. Wenngleich diese Betrachtungen eher für den konsumgüterorientierten Bereich gelten, lassen sich für den Investitionsgütersektor dennoch wichtige Ableitungen treffen.

Zurückkommend auf die Zielgruppen imagepolitischer Maßnahmen ist festzuhalten, daß zumeist Kunden und potentielle Abnehmer im Mittelpunkt der Betrachtung stehen. Um transaktionshemmende Einflüsse zu minimieren, sind weiterhin Mitglieder der von Raffée definierten gesellschaftlichen Umwelt II zu berücksichtigen, wie z.B. Anwohner, Bürgerinitiativen etc. Bei einer Befragung von 70 Marketingmanagern in Irland, die Sponsorships betreuen, konnte z.B. 1991 festgestellt werden, daß 75 % der Sponsoring-Projekte mit Blick auf die Kunden initiiert wurden, 33 % die allgemeine Öffentlichkeit betrafen, 27 % Mitarbeiter-orientiert gestaltet waren und 26 % für Multiplikatoren und Opinion leader lanciert wurden.[24] Bei diesen zum Teil sehr unterschiedlichen Gruppen muß mit verschiedenartigen Prädispositionen gerechnet werden, sich mit den Sponsoring-Maßnahmen auseinanderzusetzen. Die Kenntnis um diese Grundhaltungen ist wichtig, um nicht nur ein adäquates Sponsoring-Mix

---

23) Vgl. Kroeber-Riel, W.: Konsumentenverhalten, a.a.O., S. 377.

24) Vgl. Crowley, M. G.: Prioritising the Sponsorship Audience, in: European Journal of Marketing, Nr. 11/1991, S. 14 f. Mit Blick auf mitarbeiterorientierte Kulturförderung vgl. auch Grüßer, B.: Handbuch Kultursponsoring - Ideen und Beispiele aus der Praxis, a.a.O., S. 108 f.

zu entwickeln, sondern auch die Einbettung der Sponsoring-Maßnahmen in ein geeignetes, begleitendes kommunikatives Mix zu gewährleisten.

Da durch Sponsoring-Engagements imagebeeinflussende Wirkungen erzielt werden sollen, muß der Informationsempfänger zunächst das sponsernde Unternehmen, als auch die Sponsoringbotschaft wahrnehmen. Diese Wahrnehmung beinhaltet nicht nur die Aufnahme von Informationen, sondern auch deren Bewertung, so daß sie als kognitiver Prozeß anzusehen ist. Um die gewünschten Wirkungen erzielen zu können, müssen dargebotene Reize gelernt werden, was sich grundsätzlich in drei Bereichen vollziehen kann:

* durch Wissensspeicherung
* durch Lernen von Gefühlen und
* durch Erwerben von Verhaltensmustern.[25]

Aus den bisherigen Darstellungen wird deutlich, daß das Erfordernis einer möglichst genauen Zielgruppendefinition besteht, und daß Sponsoring-Maßnahmen bestimmter Investitionsgüter-Unternehmen meist mit einem höheren Erklärungsaufwand verbunden sind, als dies im Konsumgüterbereich üblich ist. Daraus folgt, daß bei der Auswahl von Sponsoring-Aktivitäten die Möglichkeiten berücksichtigt werden müssen, Erläuterungen zum Engagement zu plazieren oder mit anderen Worten: die Informationsaufnahmekapazität des Sponsorships ist ein wichtiger Aspekt. Angesprochen sind hierbei z.B. Broschüren, in denen Sponsoren über die Hintergründe ihres Engagements Stellung nehmen können, Pressekonferenzen, u.ä. Die vom Sponsor selbst zu gestaltenden Kommunikationsaktivitäten, also z.B. Hinweise auf das Sponsorship in Firmenanzeigen und der Versand von Informationsunterlagen an Kunden mit beiliegender Einladungskarte zu einem gesponserten Ereignis, sind hierbei zunächst nicht berücksichtigt, da sie von Unternehmensseite praktisch für jedes Engagement beliebig umfangreich gestaltet werden können.

Bei der Sponsorship-Planung ist zielgruppenorientiert zu unterscheiden, wieviel und welche begleitenden Informationen im Ablauf eines Sponso-

---

25) Vgl. Drees, N.: Sportsponsoring, Diss., Wiesbaden 1989, S. 170 ff.

ring-Projektes gegeben werden sollten. In diesem Zusammenhang wird auf die vier von Kroeber-Riel[26] angeführten Wirkungspfade von Werbung verwiesen, und zwar:

a) informative Werbung bei involvierten Konsumenten/Käufern
b) informative Werbung bei wenig involvierten Konsumenten/Käufern
c) emotionale Werbung bei involvierten Konsumenten/Käufern
d) emotionale Werbung bei wenig involvierten Konsumenten/Käufern

Diese vier Pfade werden zunächst dargestellt und anschließend auf ihre Bedeutung für den Sponsoringbereich untersucht.

Zu a: **Kontakt - starke Aufmerksamkeit - kognitive Vorgänge - Einstellung - Verhalten:**[27]

Informative Werbung, die meist verbale, sachbezogene Informationen beinhaltet, wird nur dann erfolgreich sein, wenn die Informationsempfänger involviert sind. Da das Involvement der Empfänger auf vorhandene Bedürfnisse zurückzuführen ist, treten bei der Informationsverarbeitung emotionale Begleiterscheinungen auf, die für effiziente Verarbeitung und Informationsspeicherung sorgen.

Zu b: **Kontakt - schwache Aufmerksamkeit - kognitive Vorgänge - Verhalten:**

Sind die Informationsempfänger schwach involviert, werden auch nur wenige Informationen aufgenommen und verarbeitet. Eine Einstellungsbildung erfolgt dabei nicht, sondern erst, wenn sich der Empfänger nach evtl. Kauf des Produktes seine Meinung bildet.

Zu c: **Kontakt - starke Aufmerksamkeit - emotionale Wirkung - kognitive Wirkung - Einstellung - Verhalten.**

Emotionale Werbung löst bei involvierten Empfängern zunächst emotionale Prozesse aus. Diese wirken auf die kognitiven Prozesse durch eine selektive Produktbeurteilung. Neben diesen indirekten Wirkungen gibt es noch die direkten, bei denen hervorgerufene emotionale Eindrücke zur direkten Assoziation mit Produkteigenschaften führen. Die Gemeinsamkeit von emotionalen und kognitiven Wirkungen führt letztlich zur Produktbeur-

---

26) Vgl. Kroeber-Riel, W.: Konsumentenverhalten, a.a.O., S. 629 ff.
27) Siehe zur Beschreibung der vier von Kroeber-Riel vorgestellten Wirkungspfade bei Kroeber-Riel, W.: Konsumentenverhalten, S. 630 ff.

teilung. Je involvierter der Informationsempfänger allerdings ist, desto eher wird er mögliche Widersprüche zwischen der emotionalen Werbung und dem Produkt erkennen. Dieses Problem ist bei weniger involvierten Betrachtern praktisch nicht gegeben.

Zu d: Kontakt - schwache Aufmerksamkeit - emotionale Vorgänge - Einstellung - Verhalten:

Bei dieser Kombination liegt der Fall der klassischen Konditionierung vor. Die häufige Wiederholung der einfachen Werbebotschaft reicht aus, um emotionale Markenbindungen zu erzeugen, die sich positiv auf das Kaufverhalten auswirken.

Diese für den Bereich der Konsumentenwerbung zutreffenden Betrachtungen sollen im folgenden auf ihre Anwendbarkeit für Sponsoring im Investitionsgüterbereich analysiert werden. Grundsätzlich ist festzuhalten, daß das Sponsoring als Instrument der Imagepolitik im Investitionsgüterbereich nicht darauf abzielt, Spontankäufe zu initiieren, wie dies im Konsumgüterbereich häufig angestrebt wird. Ziel ist vielmehr die Imagestabilisierung bzw. -forcierung. Dazu wird bereits mit einer erreichten Veränderung der Einstellung zum Unternehmen beigetragen.

Weiterhin ist festzuhalten, daß der untersuchte Gegenstand - die Wirkung von Werbung, speziell Anzeigenwerbung - nicht unmittelbar mit den Wirkungen von Sponsoring gleichgesetzt werden kann, allerdings mit bisher einer Ausnahme, nämlich im Fall der reinen Werbung, z.B. im Zusammenhang mit Sport- oder Kunstereignissen.

Im folgenden werden nun vier Kombinationen zwischen involvierten und nicht involvierten Informationsempfängern d.h. Sponsoringbetrachtern, sowie emotionaler und informativer Aufbereitung eines Sponsorships untersucht. Dabei wird vom Gedanken ausgegangen, daß das Sponsoring als Ersatzprodukt fungiert.

Infoempfänger		Sponsoringaufbereitung: emotional	Sponsoringaufbereitung: informativ
	involviert	IV	I
	nicht involviert	III	II

Abb. 23: Involvement-/Sponsorship-Matrix

<u>Zu I</u>: Involvierte Informationsempfänger, informative Sponsoringaufbereitung

Es wird von informativen begleitenden Kommunikationsmaßnahmen und involvierten Informationsempfängern ausgegangen[28]. Diese Konstellation liegt entweder dann vor, wenn die Informationsempfänger durch begleitende Maßnahmen über das Sponsorship informiert wurden und daher weitere, dieses Engagement betreffende Nachrichten wesentlich offener aufnehmen oder mit dem sponsernden Unternehmen in engem Kontakt stehen und jegliche, den Betrieb betreffende Signale ohnehin viel aktiver empfangen.[29] In letzterem Fall kann es sich um entscheidungsrelevante Fachleute ebenso handeln wie um Mitarbeiter des sponsernden Unternehmens.

---

28) Im Zusammenhang mit Sportwerbung unterscheidet Deimel zwischen drei Involvementkomponenten, und zwar der Sportart, dem Unternehmen/Produkt und der Sportwerbung. Vgl. Deimel, K.: Erinnerungswirkungen der Sportwerbung - Ergebnisse einer empirischen Studie, in: Marketing ZFP Zeitschrift für Forschung und Praxis, Nr. 1/1993, S. 7.

29) Für das Instrument Bandenwerbung wurde vor einigen Jahren eine Untersuchung durchgeführt, bei der Stadionbesucher von Weltmeisterschaftsveranstaltungen zu verschiedenen Zeitpunkten nach der wahrgenommenen Werbung im Stadion befragt wurden. Die erste Befragung führte zu höherer Aufmerksamkeit und brachte bei der zweiten Befragung, auf die die Befragten nicht vorbereitet waren, bessere Ergebnisse. Troll empfiehlt daher, bereits bei Bandenwerbung durch externe Faktoren die Aufmerksamkeit der Zuschauer hinsichtlich der Werbung zu erhöhen, z.B. durch Preisausschreiben im Stadion. Vgl. Troll, K.: Bandenwerbung: Aufstiegschancen für Recall-Werte, in: absatzwirtschaft, Nr. 8/1983, S. 42.

Zu II: Nicht involvierte Informations-Empfänger, informative Sponsoringaufbereitung

Auch in diesem Fall wird von informativen begleitenden Kommunikationsmaßnahmen ausgegangen, allerdings unter der Prämisse wenig involvierter Informationsempfänger, was vor allem auf Personen zutrifft, die mit dem sponsernden Unternehmen keine oder nur schwache Assoziationen verbinden. Nach Kroeber-Riel kommt es hierbei noch nicht zur Einstellungsbildung, weil nur wenige Informationen aufgenommen und verarbeitet werden. Der im Konsumgüterbereich mögliche Fall der Einstellungsbildung nach erfolgtem Kauf und eigener Produktbeurteilung durch Ausprobieren scheidet weitgehend aus, da es hier nicht um ein beworbenes Produkt, sondern ein Sponsorship geht. Diese Kombination ist deshalb für den Bereich des Investitionsgüter-Sponsoring eher zu vernachlässigen.

Zu III: Nicht involvierte Informations-Empfänger, emotionale Sponsoringaufbereitung

Diese Kategorie geht von emotionalen begleitenden Kommunikationsmaßnahmen und schwach bzw. nicht involvierten Informationsempfängern aus. Die unterstellte klassische Konditionierung läßt sich nur in wenigen Fällen auf das Investitionsgüter-Sponsoring übertragen. Durch das Übermitteln einfacher Werbebotschaften, wie z.B. die Einblendung des Firmenlogos, wird normalerweise die Erinnerung an das Unternehmen unterstützt, ggf. werden mit der Firma bestimmte Emotionen verknüpft. Da dies nur bei häufiger Wiederholung funktioniert, sind beim Sponsoring Grenzen gesetzt, es sei denn, es handelt sich um gezielt einschaltbare Anzeigenmotive, weil sich Veranstaltungen ebensowenig beliebig oft wiederholen lassen, wie z.B. die ständig gleiche Berichterstattung über das Sponsern einer Musikschule.

Zu IV: Involvierte Informations-Empfänger, emotionale Sponsoringaufbereitung

Die letzte Kategorie von emotionalen Kommunikationsmaßnahmen bei involvierten Konsumenten bedeutet auf den Investitionsgüterbereich übertragen, daß das Sponsoring weitgehend unerläutert auf den Informationsempfänger trifft und wirken soll. Hierunter kann einerseits das Erleben einer gesponserten Veranstaltung gefaßt werden oder die vom sponsernden Unternehmen unkommentierte Berichterstattung über das Sponsorship, wozu etwas weiter gefaßt auch ein emotionales Anzeigenmotiv gehört. Involvierte Zuschauer müssen in diesem Fall auch ohne vorherige Informationen involviert sein, d.h. müssen ohnehin eine höhere Bereitschaft zeigen, sich mit dem sponsernden Unternehmen gedanklich auseinanderzusetzen. Dies trifft vor allen Dingen auf Personen zu, die bereits Erfahrungen mit dem Unternehmen haben, d.h. mit dem Firmennamen auch bestimmte Assoziationen verbinden. Davon sind bestehende Kunden ebenso tangiert wie Banker oder Mitarbeiter.

Drees[30] führt aus, daß es umso eher Glaubwürdigkeitsprobleme geben kann, je entfernter das sponsernde Unternehmen gedanklich vom Gesponserten einzuordnen ist. Mit anderen Worten: Ein Sportartikelhersteller kann selbstverständlich Sportveranstaltungen oder Sportler sponsern. Ein Unternehmen, das hingegen Fischentgrätungsmaschinen liefert, wird sich mit dem Sponsern z.B. eines Klavierkonzerts eher schwertun. Im Extremfall könnte dies sogar mit negativen Folgen verbunden sein, wenn irritierte Zuschauer öffentlich die Frage aufwerfen, ob der Sponsor dadurch unnötig Geld ausgibt, während Mitarbeiter besser gefördert oder Produkte preiswerter angeboten werden könnten.

Aus diesen Beispielen wird deutlich, daß sich die für den Bereich der Werbung zutreffenden Ausführungen nur zum Teil auf den Sponsoringbereich übertragen lassen, wobei dies im Konsumgüter-Sponsoring noch vergleichsweise einfacher ist. Dennoch lassen sich daraus einige Schlüsse für das Investitionsgüter-Sponsoring ziehen.

Normalerweise ist hier mit einem höheren Grad an Involvement zu rechnen, weil die meisten Informationsempfänger nicht nur als Privatpersonen empfinden, sondern auch Querschlüsse auf das sponsernde Unternehmen ziehen werden. Für den Fall, daß der Informationsempfänger das sponsernde Unternehmen nicht kennt, jedoch durch begleitende Informationen über ein interessantes Sponsoring auf die Firma aufmerksam wird,

---

30) Vgl. Drees, N.: Sportsponsoring, a.a.O., S. 173.

kann neben der Imageforcierung oder -stabilisierung evtl. die Initiierung eines Entscheidungsprozesses bei einfacheren Gütern ausgelöst werden. Dieser Fall wird jedoch eher selten vorkommen, und die Wirkung ließe sich mit größerer Wahrscheinlichkeit besser durch den Einsatz traditioneller Kommunikationsinstrumente erreichen.

Da es nur wenige Sponsoringbereiche gibt, die auf den ersten Blick mit Investitionsgüter-Sponsoren verbunden sind, werden Erläuterungen meist erforderlich sein, wenn die Intention nicht ganz klar ist. Auf jeden Fall sollte für ein möglichst hohes Involvement der Informationsempfänger gesorgt werden.

Ein besonderer Fall liegt im übrigen vor, wenn der Informationsempfänger nicht nur etwas über das Sponsoring liest, hört oder etwas im Fernsehen sieht, sondern unmittelbar am Ereignis teilnimmt, wenn er z.B. als Zuschauer zu einer Veranstaltung geht oder als Mitarbeiter in den Genuß eines gesponserten Künstlers kommt, der einen Vortrag hält. Durch das direkte Erleben ist meist auch die Bereitschaft größer, sich mit dem Umfeld der Veranstaltung intensiver auseinanderzusetzen,[31] also z.B. den Erläuterungen im Programmheft, werblichen Botschaften auf dem Gelände, Informationsständen, der Berichterstattung in den Medien etc. Sponsoringhinweise können dabei eine viel größere Wirkung erzielen als die Betrachtung einer isolierten Anzeige, die auf das Engagement hinweist. Auf diese Weise kann das eigene Erleben das Involvement steigern.[32] Letztlich empfiehlt sich zur optimalen Nutzung der Sponsoringwirkung ein Sponsoring-Mix, das neben der Kreierung des Produktes Sponsoring auch dessen Kommunizierung und Implementierung berücksichtigt.[33]

---

31) Blackwell/Crihfield beschreiben vier Bedingungen, die parallel erfüllt werden müssen, wenn der Botschaftsempfänger die Kommunikation im Rahmen einer Veranstaltung akzeptieren soll. Er muß die Botschaft verstehen können, er muß den Eindruck haben, daß sie mit den Absichten des Übermittlers übereinstimmt. Weiterhin muß der Empfänger den Eindruck haben, daß die Mitteilung mit seinen Interessen übereinstimmt und letztlich muß er physisch und psychisch in der Lage sein, der übermittelten Aufforderung nachzukommen. Vgl. Blackwell, S. H./Crihfield, T.S.: Controlling the communications impact, in: Public Relations Journal, Ausgabe Juni 1991, S. 34 f.

32) Vgl. ähnlich Erdtmann, S. L.: Sponsoring und emotionale Erlebniswerte - Wirkungen auf den Konsumenten, Wiesbaden 1989, S. 125.

33) Siehe hierzu Abschnitt V.1.

4. Das sponsoringinduzierte Imagetransfer-Modell

Zunächst sei nochmals auf die grundlegende Frage verwiesen, wie Sponsoring als Instrument der Imagepolitik Einsatz finden kann und wie der gewünschte Imagetransfer vom Gesponserten auf den Sponsor zu realisieren ist. Es wurde festgestellt, daß das Image verschiedene Ausprägungsformen haben kann, z.B. als Produkt- oder Unternehmens-Image. Eine besondere Funktion im Rahmen dieser Arbeit spielt das Kompetenz-Image, das sich aus den Komponenten Technologische, Service- und Gesellschaftliche Kompetenz zusammensetzt.

Zur Veranschaulichung wird ein sponsoringinduziertes Imagetransfer-Modell vorgestellt, um die Komplexität des Sachverhaltes zu veranschaulichen. Auf der linken Seite befindet sich ein Sponsor-Image-Kreis, der die verschiedenen Imagefacetten des Sponsors aufzeigt. Um die Vielschichtigkeit des Unternehmensimages auf möglichst transaktionsbeeinflussende Kriterien zu verdichten, wurde das Kompetenz-Image in die Betrachtung eingeführt, das bildhaft vor das eigentliche Unternehmensimage geschaltet wird. Der Sponsor-Image-Kreis und das Kompetenz-Image sind daher durch einen Kompetenz-Image-Kanal miteinander verbunden. Die drei Kompetenz-Imagebereiche haben verschiedene Ausprägungen[34], aus denen sich zugleich die Anforderungen an ein Sponsorship ablesen lassen. Aus der Vielzahl möglicher Sponsoringkonstellationen wird im Anschluß daran auf der Grundlage des Sponsorship-Anforderungsprofils in einem Operationalisierungs-Kanal die Selektionsbasis für den Sponsorship-Suchprozeß geschaffen. Aus den in Kapitel III dargestellten Sponsoring-Klassifikationen werden hiernach konkrete Sponsorships kreiert, die die gewünschten Transfer-Images aufweisen.

Rückwärts betrachtet läßt sich beschreiben, daß Rezipienten ein Sponsorship ggf. wahrnehmen und durch das zugrundeliegende Imageprofil auf das Kompetenz-Image und von dort auf das Unternehmens-Image des Sponsors schließen. Ein Betrachter erkennt bspw. ein Unternehmen als Sponsor einer Kunstausstellung. Je nach Ausstellungsart und Erläuterung wird er z.B. auf die Gesellschaftliche oder die Technologische Kompetenz

---

34) Hierauf wird in Abschnitt V.3.1 ausführlicher eingegangen.

schließen, wenn etwa die Künstler einen Einfluß auf das Produkt-Design haben. Diese Kompetenz-Image-Faktoren werden vom Betrachter modellhaft auf das Image des Sponsors übertragen.

Die verschiedenen Modellstufen werden dabei von den bereits benannten Faktoren beeinflußt, und zwar den

- sponsorshipbezogenen
- servicebezogenen
- situationsbezogenen sowie
- betrachterbezogenen Faktoren.

Weiterhin üben das Sponsorship-Affinitäts-Maß sowie das Betrachter-Prädispositions-Maß einen Einfluß auf den gewünschten Imagetransfer vom Sponsorship auf den Sponsor aus. Befindet sich der Betrachter im Sponsorship-Wirkungs-Kanal, bestehen gute Chancen für einen Transfer, befindet er sich außerhalb, sinkt die Wahrscheinlichkeit. Ist eine hohe Sponsorship-Affinität gegeben, kann ebenfalls von größeren Transferchancen ausgegangen werden als bei niedrigen Werten.

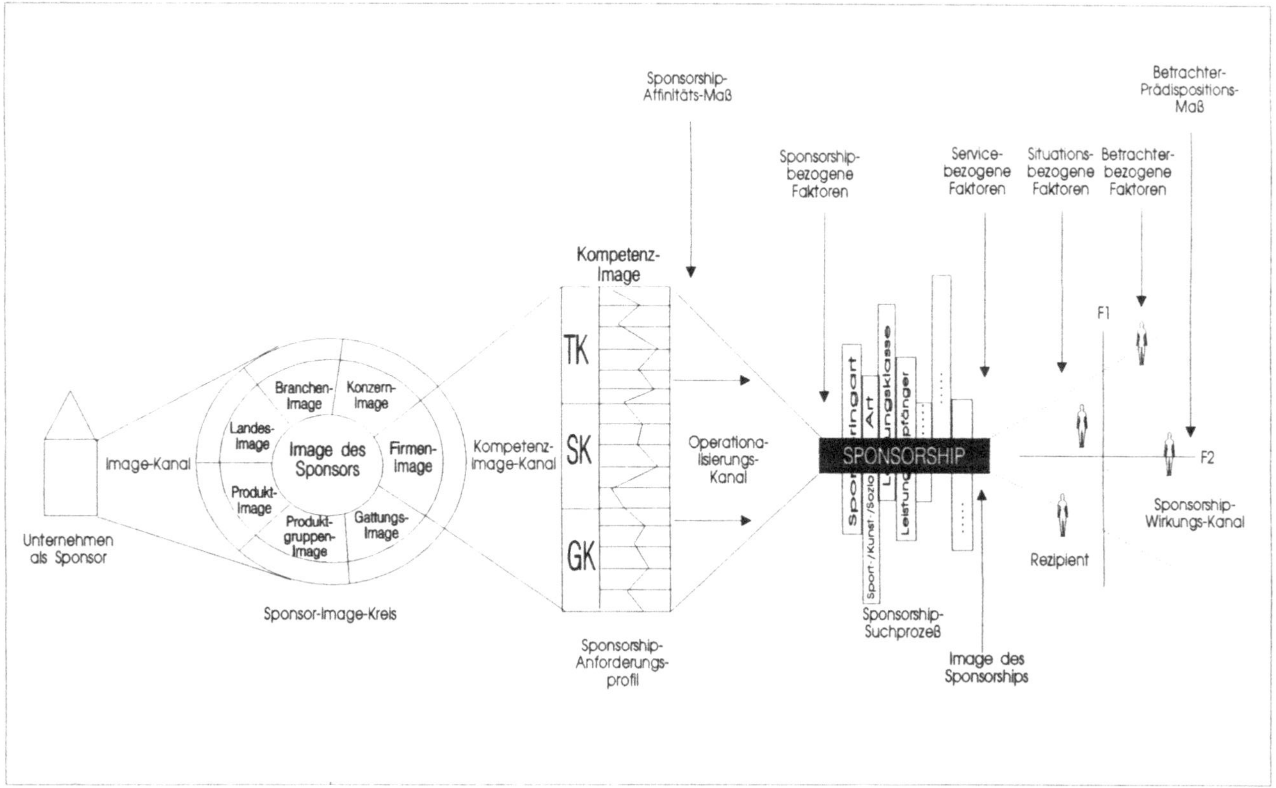

Abb. 24: Das sponsoringinduzierte Imagetransfer-Modell

V. Sponsoringplanung unter Berücksichtigung eines speziellen Sponsoring-Mix

Wie dargestellt, kann Sponsoring als multifunktionales Instrument der Imagepolitik verstanden werden. Diesem Verständnis wird im folgenden durch ein eigenständiges Sponsoring-Mix Rechnung getragen, das Analyse- und Steuerungsfunktion mit Blick auf die erfolgreiche Planung, Auswahl und Umsetzung von konkreten Sponsoring-Engagements hat. Es handelt sich dabei insofern um einen neuen Ansatz, als die Mehrzahl anderer Autoren Sponsoring als zusätzliches Element dem bestehenden Kommunikations-Mix zuordnet.[1]

Um die nachfolgend beschriebenen Instrumentarbereiche des Sponsoring-Mix zielorientiert nutzen zu können, bedarf es einer systematischen Sponsoring-Planung. In Abschnitt V.3 wird daher der Sponsoring-Prozeß erläutert, wobei zugleich aufgezeigt wird, wie Sponsoring aktiv zur Imagegestaltung ausgewählt und eingesetzt werden kann. In welcher Verbindung die Instrumente des Sponsoring-Mix zum Sponsoring-Prozeß stehen, wird in Abschnitt V.4 durch Abb. 50 verdeutlicht.

1. Sponsoring-Mix

Das neuentwickelte Sponsoring-Mix umfaßt drei Instrumentarbereiche, und zwar die

- Sponsorship-Politik
- Relations-/Informations-Politik sowie
- Plausibilitäts-Politik.

Ähnlich wie bei der Produkt-Politik des Marketing-Mix für Investitionsgüter stellen die Instrumente der <u>Sponsorship-Politik</u> Handlungsparameter dar, durch welche Sponsoren die Gestaltung eines einzelnen Sponsorships,

---

1) Siehe Abschnitt V.1.2.1.

aber auch das Zusammenwirken aller Sponsoring-Aktivitäten eines Unternehmens beeinflussen können.

Um eine Beziehungspflege sowie einen Informationsaustausch über das Sponsoring mit den anvisierten Zielgruppen betreiben zu können, werden innerhalb der Relations- und Informations-Politik Instrumente offeriert, die teilweise aus den Bereichen Kommunikations-Politik, Public Relations sowie Sponsoring-Beschaffungs-Marketing stammen. Weiterhin wird durch die Plausibilitäts-Politik ein Instrumentarium bereitgestellt, aus dem sich Maßnahmen sowohl zur Vor- und Nachbereitung als auch zur Begleitung von Sponsorships ableiten lassen

Obwohl jedes einzelne Instrument dieser drei Instrumentarbereiche eine wichtige Funktion übernehmen kann, müssen alle Instrumente, wie im Marketing-Mix, optimal aufeinander abgestimmt werden. Werden nur kommunikative Maßnahmen ergriffen, z.B. durch die Anbringung von Werbeschildern an Stadienbanden bei einer Sport-Veranstaltung, kann nach dem hier definierten Verständnis von Sportwerbung[2] ausgegangen werden, jedoch nicht von einem klassischen Sponsorship. Erst die Sponsorship-Politik macht eine Aktion zum Sponsoring und hebt sie von der reinen Werbung durch sportliche Elemente ab. Zum umfassenden Image-Instrument wird Sponsoring daher erst durch die Plausibilitäts-Politik. Die folgende Abbildung gibt einen Überblick über das Sponsoring-Mix, welches im folgenden ausführlich erläutert wird.

---

2) Hermanns geht davon aus, daß durch Sport-Werbung zwar Bekanntheits- und Imageziele zu erreichen seien, jedoch im Gegensatz zum Sponsoring keine Informationsfunktion erfüllt wird, was besonders bei neuartigen bzw. erklärungsbedürftigen Produkten wichtig sei. Vgl. Hermanns, A.: Werbewirkung und Werbewirkungskontrollen im Sportsponsoring, in: planung und analyse, Nr. 8/1987, S. 288.

SPONSORING-MIX		
Sponsorship-Politik	Relations-/Informations-Politik	Plausibilitäts-Politik
Makro-/Kern-Instrumente	Kommunikations-Politik	Possibilitäts-Politik
		Realisierungs-Politik
Mikro-/Gestaltungs-Instrumente	Public Relations	
Sponsorship-Set-Politik	Sponsoring-Beschaffungs-Marketing	

Abb. 25: Sponsoring-Mix

1.1 Sponsorship-Politik

Der Instrumentarbereich Sponsorship-Politik beinhaltet alle Instrumente, die zur Entwicklung eines Sponsoring-Engagements erforderlich sind. Diese Instrumente lassen sich einem Makro- und einem Mikrobereich zuordnen. Als Makroinstrumente werden die Sponsoringarten definiert, d.h. Sport-, Kunst- sowie Sozio-Sponsoring. Diese Makro- bzw. Kerninstrumente der Sponsorship-Politik lassen sich durch Mikro- bzw. Gestaltungsinstrumente konkretisieren.

Wenn im Bereich der Makroinstrumente die Entscheidung für Sport-Sponsoring, genauer z.B. für Tennis-Sponsoring, gefallen ist, muß durch die Gestaltungsinstrumente festgelegt werden, welche Art von Sportlern gesponsert werden sollen, was als Gegenleistung zu erbringen ist, wie lange das Sponsorship dauern soll, etc. Die umseitige Abbildung gibt einen Überblick über die Instrumente der Sponsorship-Politik sowie die zu ihrer Realisierung notwendigen Subinstrumente[3].

Bei der Planung von Sponsoring-Engagements ist zu berücksichtigen, daß es nicht nur klar zuordenbare Sponsorships gibt. Wird bspw. Behin-

3) Vgl. zur Hierarchie dieser theoretischen Ebenen ähnlich Strothmann, K.-H.: Investitionsgütermarketing, a.a.O., S. 113 f.

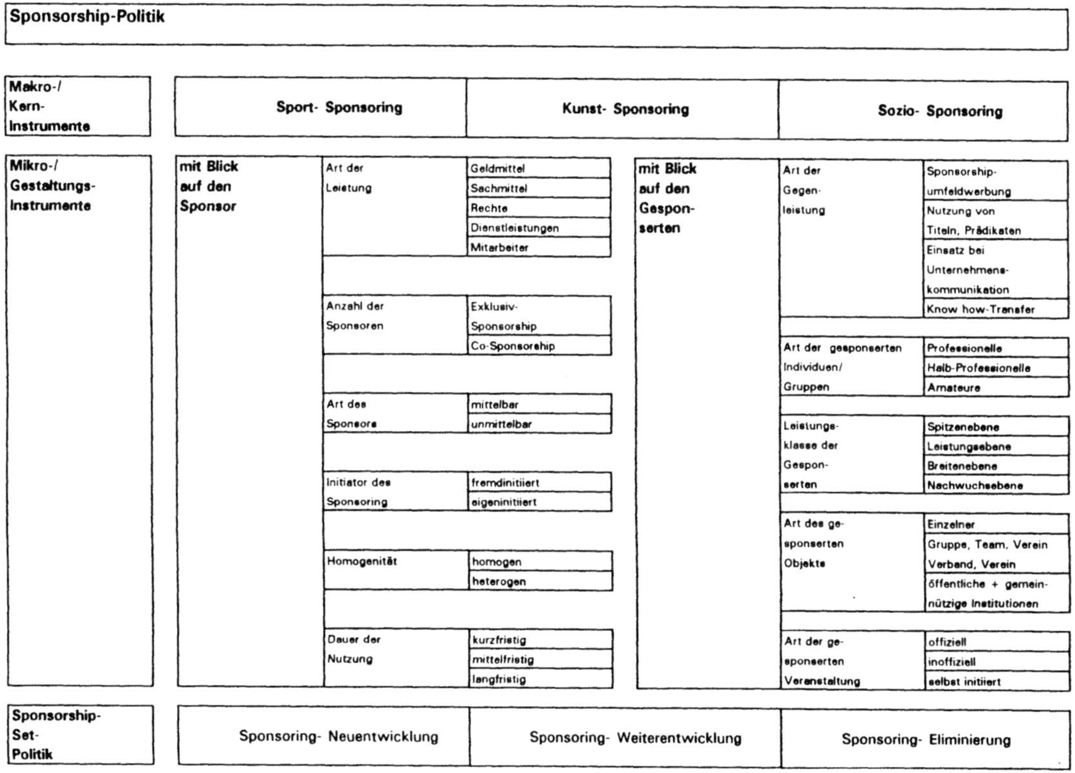

Abb. 26: Sponsorship-Politik

derten-Sport gefördert, handelt es sich um Elemente des Sport- als auch des Sozio-Sponsoring bzw. konkret des Human-Sponsoring. Werden hingegen Künstler unterstützt, die sich mit dem Thema Ökologie auseinandersetzen, fließen in den Bereich des Kunst-Sponsoring auch Elemente des Öko-Sponsoring ein. Für jede Kombinationsmöglichkeit ließe sich innerhalb eines dreidimensionalen Raumes mit den Richtungen Sport, Kunst und Soziales eine konkrete Position benennen. Durch die weitere Unterteilung des Sozio-Sponsoring-Bereiches in Human-, Öko- und Science-Sponsoring können diese Kombinationsmöglichkeiten jedoch besser durch ein Flächendiagramm verdeutlicht werden. Es wird davon ausgegangen, daß jedes klar zuordenbare Sponsorship 100 % der jeweiligen Sponsoringart aufweist. Bei einem ausschließlichen Sport-Sponsoring würden diese 100 % bei Sport abgetragen werden. Liegt eine Misch-Form vor, entfallen bspw. 30 % auf den Sport-Bereich und 70 % auf den Ökologie-Bereich.

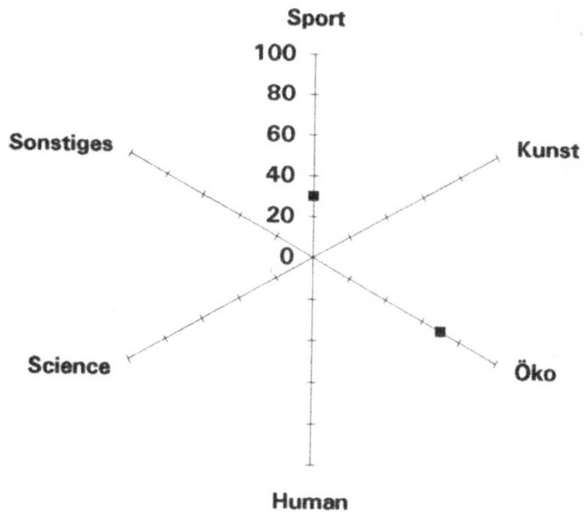

Abb. 27: Sponsoring-Mischformen

Einzelne Sponsoring-Engagements lassen sich auf diese Weise nach ihren unterschiedlichen Sponsoringartanteilen positionieren, so daß deutlich wird, von welchem Teilgebiet ein Engagement dominiert wird. Vielfach wird es dabei nicht ganz einfach sein, die Verhältnisse genau wiederzugeben, doch bietet diese Darstellung eine grobe Einordnungs- und Visualisierungsmöglichkeit.

Derartige Mischformen können sinnvoll sein, weil sich durch sie interessante Wirkungen ergeben können. Mittels eines Engagements im Sozio-/Sport-Bereich lassen sich durchaus andere Effekte erzielen, als durch ein 100 %iges Sport- bzw. 100 %iges Sozio-Sponsorship. Diese Verbundwirkungen sind bei der Sponsorship-Auswahl zu berücksichtigen.

In Anlehnung an die Sortiments-Politik im Marketing-Mix wird weiterhin eine Sponsorship-Set-Politik vorgeschlagen, worunter die gezielte Auswahl und Weiterentwicklung unterschiedlicher Sponsoring-Engagements verstanden wird. Zwar sollte jedes einzelne Sponsorship mit Blick auf die gewünschten Imagekorrekturen ausgewählt werden, doch letztlich muß neben den Einzelwirkungen auch die Gesamtwirkung der Einzelsponsorships auf das Unternehmensimage berücksichtigt werden. Während positive Synergien gefördert werden sollten, sind negative Auswirkungen natürlich zu vermeiden.[4] Relevant ist deshalb bei der Sponsorship-Set-Politik neben der Sponsorship-Neu- und -Weiterentwicklung auch die -Eliminierung, wenn durch veränderte Rahmenbedingungen der ursprünglich gewünschte positive Imagetransfer nicht mehr realisiert werden kann. Durch eine solche Sponsorship-Politik wird dem Anspruch, Sponsoring als Ersatzprodukt im Sinne der Imagepolitik zu definieren, Rechnung getragen.

---

4) So muß die Gefahr bei zu vielen unterschiedlichen Sponsorships berücksichtigt werden, daß das Unternehmensimage unscharf werden kann, d.h. Image- und Identifikationsprobleme auftauchen könnten. Vgl. Wirz, J.: Sponsoring - Eine skeptische Einstellung kann durchaus hilfreich sein, in: Marketing Journal, Nr. 4/1988, S. 395.

1.2 Relations- und Informations-Politik

Wie dargestellt, sollen durch imagepolitische Maßnahmen nicht nur Marketing- sondern auch ausgewählte PR-Zielgruppen angesprochen werden, wie z.B. Medien, Anwohner, Vertreter der öffentlichen Verwaltungen, Kapitalgeber etc. Um imagebeeinflussende Sponsoring-Maßnahmen optimal zu kommunizieren, würde die Kommunikations-Politik des Marketing-Mix daher zu kurz greifen, so daß zumindest Instrumente der Public Relations hinzukommen müssen.

Durch die angebotenen, meist kommunikativen Gegenleistungen der Gesponserten ergibt sich letztlich ein dritter Bereich, und zwar der des Sponsoring-Beschaffungs-Marketing. So erscheint die Entwicklung eines neuen kommunikativen Instrumentarbereiches angezeigt, der unterschiedliche Komponenten der drei zuvor benannten Bereiche speziell für die Sponsoring-Kommunikation in sich vereint.

Mit Relation ist in diesem Zusammenhang eine wechselseitige Beziehung gemeint, mit Information eine einseitige Auskunft bzw. Nachricht.[5] Der Relations- und Informations-Politik kommt aber mehr zu als eine reine Kommunikationsaufgabe, denn die stellt zugleich eine Verbindung zwischen den weiterhin für andere Zwecke existierenden Bereichen der Kommunikation her. Ihr obliegt damit nicht nur eine Informationsfunktion (Unternehmen X sponsert) sowie eine Erklärungsfunktion (Unternehmen X sponsert, weil ...), sondern sie übernimmt auch die kommunikative Beziehungspflege zu den unterschiedlichen Zielgruppen, d.h. Kunden, Anwohnern, Medien, etc. Gleichzeitig bietet die Relations- und Informations-Politik Service-Funktion für die Sponsorship-Politik, weil erstere die Kanäle bereitstellt, durch welche die Nachricht, daß ein Unternehmen sponsert, verbreitet wird.

---

5) Vgl. Duden Rechtschreibung, 18., neu bearbeitete und erweiterte Auflage, Mannheim 1980.

Abb. 28: Relations- und Informations-Politik

Um die Besonderheiten dieses Instrumentarbereiches zu verdeutlichen, wird im folgenden kurz auf die zu integrierenden Elemente eingegangen.

1.2.1 Instrumente der Kommunikations-Politik[6]

Der Kommunikations-Politik wird im wesentlichen die Aufgabe zugewiesen, durch ihre Instrumente das Entscheidungsverhalten von Abnehmern zu beeinflussen.[7] Über die Zusammensetzung dieses Instrumentarbereiches gibt es allerdings unterschiedliche Auffassungen, die sich teilweise durch die Forschungsansätze der Autoren erklären.

---

6) Vgl. Kotler, P./Bliemel, F.: Marketing-Management - Analyse, Planung, Umsetzung und Steuerung, 7., vollständig neu bearbeitete und für den deutschen Sprachraum erweiterte Auflage, Stuttgart 1992, S. 827 ff., S. 488; Meffert, H.: Marketing, 7., überarbeitete und erweiterte Auflage, Wiesbaden 1991, S. 443; Nieschlag, R./Dichtl, E./Hörschgen, H.: Marketing, 16., durchgesehene Auflage, Berlin 1991, S. 440 ff.; Backhaus, K.: Investitionsgütermarketing, a.a.O., S. 280 f.; Strothmann, K.-H.: Investitionsgütermarketing, a.a.O., S. 114.; Strothmann, K.-H./Kliche, M.: Innovationsmarketing, a.a.O., S. 173.

7) Vgl. Strothmann, K.-H.: Investitionsgütermarketing, a.a.O., S. 122.

Kotler	Meffert	Nieschlag Dichtl Hörschgen	Backhaus	Strothmann
Werbung	Werbung	Werbung	Werbung	Werbung
Persönl. Verkauf	Persönl. Verkauf			Techn. Verkäufer
VKF	VKF	VKF	VKF	VKF
Publicity	ÖA/PR	PR	ÖA	
			Messen/ Ausstellungen	Messen
				Referenz-unternehmen
				User Groups
				Neue Kommunikationstechniken

Abb. 29: Instrumente der Kommunikations-Politik I

Einigkeit besteht bei den meisten Autoren sowohl des Investitionsgüter- als auch des Konsumsektors darüber, daß die Instrumente Werbung und Verkaufsförderung der Kommunikations-Politik angehören. Der Persönliche Verkauf bzw. der Technische Verkäufer wird uneinheitlich zugeordnet. Messen/Ausstellungen finden ihren Einsatz im Kommunikations-Mix des Investitionsgüterbereiches, ebenso neue Instrumente, wie Referenzunternehmen oder User Groups. Interessant ist dabei, daß die Öffentlichkeitsarbeit/PR traditionell, und vor allem im Konsumgüterbereich, der Kommunikations-Politik zugeordnet wurde. Andere Autoren, die bislang eine strikte Trennung zwischen beiden Bereichen vollzogen haben, sehen in der Zwischenzeit jedoch auch Tendenzen, Public Relations stärker "als Instrument des Marketing zu verstehen"[8], da sich die sogenannte Öffentlichkeit immer stärker mit technischen Fragen und sozioökonomischen Folgewirkungen auseinandersetzt und dadurch Transaktionsprozesse

8) Strothmann, K.-H.: Zur gegenwärtigen und künftigen Situation der Investitionsgüter-Werbung, in: Rost, D./Strothmann, K.-H. (Hrsg.): Handbuch Werbung für Investitionsgüter, Wiesbaden 1983, S. 31; vgl. auch Strenski, J. B.: Marketing Public Relations Sells: Case Studies Prove It, in: Public Relations Quarterly, Frühjahr 1991, S. 25; vgl. weiter Gomez, A. B.: Not Public Relations but integrated social communication, in: International Public Relations Review, Nr. 2/1992, S. 10.

beeinflussen kann.[9] Die ökonomische Funktion von PR kann somit auch im Abbau von Widerständen in der Öffentlichkeit und der Schaffung einer vertrauensvollen Atmosphäre gesehen werden, die wiederum die Realisierung ökonomischer Ziele erleichtert,[10] sogar einen entscheidenden Beitrag zur Sicherung der weiteren Unternehmensexistenz leisten kann.[11]

Interessant ist dabei ein Vergleich zwischen Strothmann und Backhaus. Beide führen für die Systemtechnologie neue Kommunikationsinstrumente an, wie z.B. Referenzunternehmen und User Groups[12], d.h. vom Anbieter gezielt gesteuerte Anwendergruppen. Backhaus faßt diese unter dem Begriff Kompetenz-Kommunikations-Instrumente zusammen[13] und stellt sie zur Verdeutlichung der tatsächlichen Unternehmens-Kompetenz dar.

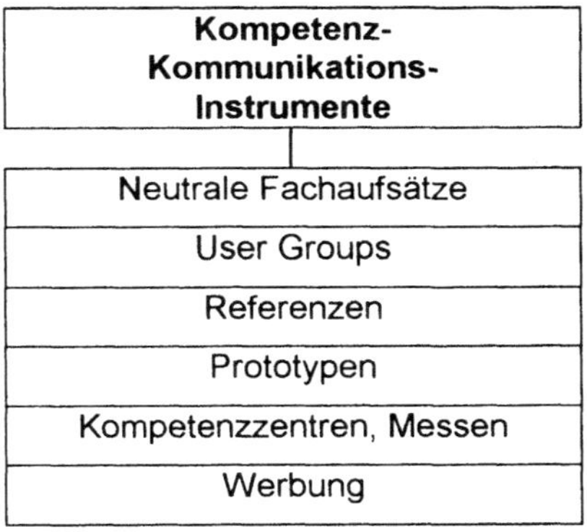

Abb. 30: Kompetenz-Kommunikations-Instrumente

9) Vgl. Strothmann, K.-H.: Zur gegenwärtigen und künftigen Situation der Investitionsgüter-Werbung, a.a.O., S. 30.
10) Vgl. Laube, G. H.: Betriebsgrößenspezifische Aspekte der Public Relations - Eine vergleichende theoretische und empirische Analyse der Public Relations in mittelständischen unternehmungen und Großunternehmungen, Frankfurt am Main 1986, S. 38.
11) Vgl. Kleinert, H.: Ökonomische Aspekte der Öffentlichkeitsarbeit, in: Haedrich, G./Barthenheiner, G./Kleinert, H. (Hrsg.): Öffentlichkeitsarbeit. Dialog zwischen Institutionen und Gesellschaft. Ein Handbuch, Berlin 1982, S. 29.
12) Vgl. Strothmann, K.-H./Kliche, M.: Innovationsmarketing, a.a.O., S. 119 ff.
13) Vgl. Backhaus, K.: Investitionsgütermarketing, a.a.O., S. 421 f.

Insofern wird zwischen diesen direkten Kompetenz-Kommunikations-Instrumenten und der für die Kommunikation des Kompetenz-Image durch Sponsoring entwickelten Relations- und Informationspolitik unterschieden.

Festzuhalten ist weiterhin, daß gerade bei neueren Publikationen immer mehr Instrumente dem Kommunikations-Mix zugeordnet werden, wie z.B. Sponsoring oder Product Placement,[14] wofür die Beispiele in Abb. 31 dienen mögen.[15]

Nach Hermanns kann Sponsoring "kommunikative Aufgaben der klassischen Kommunikations-Instrumente Werbung, Public Relations und Verkaufsförderung ausüben und in sich (..) vereinen"[16]. Sponsoring sei danach als kommunikationspolitisches Instrument übergreifend einzusetzen. Als Subinstrumente des Sponsoring, das selbst "übergreifendes, multiples Instrument der Kommunikations-Politik"[17] sei, lassen sich

---

14) Unter Product Placement versteht man "die gezielte Plazierung von Marken-Produkten als reale Requisite in der Handlung eines Spielfilms". Vgl. Wilde, C.: Product Placement - Ein vieldiskutiertes Kommunikations-Instrument stellt sich vor, in: Marketing Journal, Nr. 2/1986, S. 182; Hoffmann, J.P.: Product Placement - Das heimliche Geschäft, in: pr magazin, Nr. 9/1985, S. 28 f.; Kalweit, U.: Product Placement - Die Bedeutung des Product Placement in TV- und Kinofilmen aus der Sicht des Konsumgüterherstellers, in: Marketing ZFP Zeitschrift für Forschung & Praxis, Nr. 2/1988, S. 111 f.; vgl. Bruhn, M.: Die Entwicklung neuer Kommunikationsformen: Möglichkeiten zur Erweiterung des Werbevolumens durch Sponsoring und Product Placement?, in: Markenartikel, Nr. 5/1988, S. 224 f.; Heinrich, D.: Product Placement = Schleichwerbung, in: planung und analyse, Nr. 3/1990, S. 97 f. Wenngleich die meisten Veröffentlichungen auf die Plazierung von Konsumgütern abheben, ist auch die Darstellung von Unternehmen oder Investitionsgütern möglich.

15) Vgl. Berndt, R.: Kommunikationspolitik im Rahmen des Marketing-Mix, in: Berndt, R./Hermanns, A. (Hrsg.): Handbuch Marketing-Kommunikation, Wiesbaden 1993, S. 12; Frey, U.D.: Das Management von Sales Promotions, in: Berndt, R./Hermanns, A. (Hrsg.): Handbuch Marketing-Kommunikation, Wiesbaden 1993, S. 580; Bruhn, M.: Sponsoring, 1991, a.a.O., S. 52, der diese Aufzählung als Instrumente der Unternehmenskommunikation versteht.

16) Hermanns, A.: Sponsoring - Zukunftsorientiertes Instrument der Marktkommunikation, a.a.O., S. 8. Ähnlich gehen Witcher/Craigen/Culligan/Harvey davon aus, daß Sponsoring von Unternehmen primär entweder unter PR- oder Marketinggesichtspunkten eingesetzt wird. Sie kommen zu dem Ergebnis, daß Sport-Sponsoring primär unter Marketinggesichtspunkten sinnvoll ist, Kunst-Sponsoring hingegen unter PR-Aspekten. Vgl. Witcher, B./Craigen, J. G./Culligan, D./Harvey, A.: The Links Between Objectives and Function in Organizational Sponsorship, in: International Journal of Advertising, Nr. 10/1991, S. 18. Diese vereinfachte Einteilung kann jedoch nicht hingenommen werden, weil sie die verschiedenen Einsatzmöglichkeiten von Sponsoring bei richtigem Einsatz in keiner Weise berücksichtigt.

17) Ebenda, S. 7. Vgl. auch Hermanns, A.: Werbewirkung und Werbewirkungskontrollen im Sportsponsoring, a.a.O., S. 289, wonach Sportwerbung als Subinstrument des Sportsponsoring definiert wird.

- Sport-, Kultur- und Socialwerbung
- Sport-, Kultur- und Social-Public Relations sowie
- Sport-, Kultur- und Social-Verkaufsförderung

ableiten.

Obwohl diese Betrachtung reizvoll ist, führt sie m.E. begrifflich in die falsche Richtung. So können hierunter eher kommunikationspolitische Anstrengungen auf seiten der Gesponserten verstanden werden, für die z.B. ein Sport-Sponsoring zunächst ein Beschaffungs-Marketing ist, wenn es darum geht, geeignete Sponsoren zu finden und zu überzeugen.[18]

Berndt	Frey	Bruhn
Werbung	Klassische Werbung	Mediawerbung
	Direkt-Werbung	
Sales Promotions	VKF	VKF
	Persönlicher Verkauf	
Direct Communications		Direct Marketing
Product Placement/ Product Publicity	Product Placement	
Sponsoring	Sponsoring	Sponsoring
Public Relations	Public Relations	Öffentlichkeitsarbeit
	Mitarbeiterqualifizierung	Interne Kommunikation
	Training	

Abb. 31: Instrumente der Kommunikations-Politik II

18) Vgl. hierzu Bellmann, A.: Sport-Marketing in der Praxis, Essen 1990, S. 16 ff.; vgl. Freyer, W.: Marketing-Training für den Sport - Was Hoeneß und Tiriac können ... aber nie gelernt haben, in: absatzwirtschaft, Sondernummer Oktober 1990, S. 152 ff. Zur Frage des Spendenmarketing siehe auch Seiler, P.: Spendenmarkt und Spendenmarketing in der Bundesrepublik Deutschland - Eine kritische Analyse, Diplomarbeit an der Universität Augsburg, Augsburg 1984, S. 7.

1.2.2 Instrumente der Public Relations

Wie dargestellt, gehen die Auffassungen, ob PR der Kommunikations-Politik zuzurechnen ist oder nicht, auseinander. Während der überwiegende Teil der Autoren die Auffassung vertritt, Public Relations wären ein wichtiger Bestandteil des Kommunikations-Mix, klammern andere Verfasser diesen Bereich bewußt aus, da sich PR nicht nur an Marketing-Zielgruppen richtet und zudem absatzpolitische Überlegungen nicht primär im Mittelpunkt stehen, wie dies bei Marketingmaßnahmen der Fall ist.

Beim Versuch, den PR-Bereich näher zu erschließen, kann man feststellen, daß sich viele Verfasser darauf beschränken, Public Relations in ihren grundlegenden Funktionen zu beschreiben, wohingegen konkrete Auflistungen von Instrumenten, wie im Kommunikations-Mix, selten sind.[19] Vielmehr finden sich verschiedene Definitionen, wie z.B.:

> "Interne und externe Kommunikationsbeziehungen von Organisationen, also von erwerbswirtschaftlichen Unternehmen und von Non-Profit-Organisationen, die sich nicht unmittelbar auf die Anbahnung von Geschäften oder konkrete Handlungen richten."[20]

> "Öffentlichkeitsarbeit ist kein Marketinginstrument, gleichzusetzen bspw. mit den übrigen Kommunikationsinstrumenten des Absatzmarketing, sondern ist zentrales Kommunikationsinstrument einer marketingorientierten Unternehmenspolitik, das den Dialog mit allen relevanten externen Märkten und Interessengruppen und den internen Dialog fördert und auf diesem Wege dazu hilft, die unternehmerischen Ziele in Abstimmung mit den beteiligten Interessengruppen bestmöglich zu realisieren."[21]

---

19) Vgl. Bläse, D.: Methodischer Rahmen für Planung, Durchführung und Kontrolle von Öffentlichkeitsarbeit, in: Haedrich, G./Barthenheiner, G./Kleinert, H. (Hrsg.): Öffentlichkeitsarbeit. Dialog zwischen Institutionen und Gesellschaft. Ein Handbuch. Berlin 1982, S. 187. Eine einseitige Aufstellung von "Aktionärsmitteilung" bis "Zwischenbericht" findet sich z.B. bei Fuchs, R./Kleindiek, H.W.: Öffentlichkeitsarbeit heute, a.a.O., S. 30. Bei einer vor einigen Jahren durchgeführten Untersuchung wurde festgestellt, daß 90 % von 165 Befragten die Herstellung von Kontakten zur Presse als absoluten Schwerpunkt der PR-Arbeit sehen. Vgl. Haedrich, G./Kreilkamp, E.: Zur Situation der Öffentlichkeitsarbeit in deutschen Unternehmen, in: DBW, Nr. 3/1983, S. 439.

20) Naundorf, S.: Charakterisierung und Arten von Public Relations, in: Berndt, R./Hermanns, A. (Hrsg.): Handbuch Marketing-Kommunikation, Wiesbaden 1993, S. 597.

21) Haedrich, G.: Öffentlichkeitsarbeit und Marketing, in: Haedrich, G./Barthenheiner, G./Kleinert, H. (Hrsg.): Öffentlichkeitsarbeit. Dialog zwischen Institutionen und Gesellschaft. Ein Handbuch, Berlin 1982, S. 75; vgl. ähnlich Grafers, H. W.: Investitionsgütermarketing, Stuttgart 1980, S. 131.

"Öffentlichkeitsarbeit ist das bewußte, geplante und dauernde Bemühen, gegenseitiges Verständnis und Vertrauen in der Öffentlichkeit aufzubauen und zu pflegen.[22]

"Ziel von PR ist es, möglichst große und stabile Teilöffentlichkeiten zu schaffen oder anders gesagt: in aller Öffentlichkeit durch Auseinandersetzung mit anderen Interessen für die Interessen der eigenen Organisation möglichst umfassende und dauerhafte Zustimmung zu erreichen."[23]

Die Öffentlichkeits- und Pressearbeit wird dabei als Teil der sogenannten Corporate Communication betrachtet[24], welche das "strategische Dach für die unterschiedlichsten Kommunikationsaktivitäten nach innen und außen"[25] bildet. Bezogen auf das Sponsoring stellt die Relations- und Informations-Politik insofern das entsprechende Instrumentarium zur Umsetzung der Corporate Communication bereit.

Auch über die Aufgaben von PR gehen die Auffassungen der Autoren auseinander, wobei die Frage im Mittelpunkt steht, wie weit das gesellschaftspolitische Verständnis von PR reichen sollte. Teilweise werden Public Relations als Führungskonzeption definiert, durch welche die "Bedürfnisse einzelner Gruppen der Gesellschaft" analysiert werden, um ggf. über die Unternehmensleitung Einfluß auf die Änderung der Unternehmensstrategie zu nehmen.[26] Andere Verfasser gehen davon aus, daß zuerst die Marketingpläne vorliegen müßten, in die Public-Relations-Überlegungen anschließend einzuarbeiten seien.[27]

---

22) Oeckl, A.: Handbuch der Public Relations, München 1964, S. 43.

23) Oeckl, A.: PR-Praxis, Düsseldorf 1976, S. 7.

24) Antonoff, R.: Die Identität des Unternehmens - Ein Wegbegleiter zur Corporate Identity, Frankfurt a.M. 1987, S. 27.

25) Raffée, H./Wiedmann, K.-P.: Corporate Communications als Aktionsinstrumentarium des strategischen Marketing, in: Raffée, H./Wiedmann, K.-P.: Strategisches Marketing, Ungekürzte Sonderausgabe, Stuttgart 1989, S. 665.

26) Vgl. Haedrich, G.: Zum Verhältnis von Marketing und Public Relations, in: Marketing ZFP Zeitschrift für Forschung und Praxis, Nr. 1/1987, S. 28; vgl. ähnlich Playfair, V./Harrop, M.: Public Relations and the environment, in: International Public Relations Review, Nr. 1/1992, S. 40.

27) Vgl. Niederquell, M. O.: Integrating the Strategic Benefits of Public Relations into the Marketing Mix, in: Public Relations Quarterly, Frühjahr 1991, S. 23. Weitere Übersichten über verschiedene Public Relations-Modelle führen u.a. aus Signitzer, B.: Aspekte neuerer Public Relations Theorie und wissenschaftliche PR-Beratung, a.a.O., S. 32 f.; Birvins, T. H.: Public Relations, Professionalism, and the Public Interest, in: Journal of Business Ethics, Nr. 12/1993, S. 118.

Berücksichtigt werden muß dabei die Entwicklung der PR/ Öffentlichkeitsarbeit und ihrer Aufgaben im Verlauf der letzten Jahre. Nach einer Phase der Informationsorientierung in den 50er Jahren, in deren Mittelpunkt die produktbezogene Öffentlichkeitsarbeit stand, kam die Zeit der Imageorientierung, die primär durch eine unternehmensbezogene Öffentlichkeitsarbeit geprägt war. Diese zweite Etappe wurde inzwischen ergänzt durch eine Phase der Gesellschaftsorientierung, in der Unternehmen zunehmend auch soziale und gesellschaftsrelevante Aspekte aufgreifen.[28]

Vorschläge zur Kombination von Marketing und PR liegen in Begriffen wie Public Marketing[29] oder Marketing-Kommunikation.

> "Gegenstand der Marketing-Kommunikation ist die systematische Gestaltung sämtlicher Kommunikationsprozesse zwischen einem Unternehmen und
> - seinen Mitarbeitern und Anteilseignern,
> - tatsächlichen und potentiellen direkten und indirekten Austauschpartnern in sämtlichen Beschaffungs- und Absatzmärkten sowie
> - Angehörigen seiner globalen Umwelt,
>
> die zur Sicherung von Ressourcen sowie zur Anbahnung, Abwicklung und Nachbearbeitung von Geschäftsabschlüssen dienen."[30]

Insgesamt spricht alles dafür, einen integrierten Kommunikations- und Handlungsansatz im Bereich von Marketing und PR zu präferieren, um den permanent steigenden Anforderungen unterschiedlicher Interessensgruppen und den beschleunigten Umweltveränderungen Rechnung tragen zu können. Deutlich wird dies u.a. an den zahlreichen Veröffentlichungen

---

28) Vgl. Meffert, H./Gass, C.: Tue Gutes und rede darüber - die richtige Devise für die Öffentlichkeitsarbeit?, in: manager magazin (Hrsg.): Imageprofile '88, Düsseldorf 1988, S. 32.

29) Vgl. Schuh, A.: Vom instrumentellen zum identitätsgestützten Sponsoring, in: Thexis, Nr. 6/1988, S. 18, wonach Public Marketing "die Ausrichtung aller Marketingaktivitäten und anderer auf Markt- bzw. Gesellschaftsebene wirksam werdender Unternehmensaktivitäten (..) auf die Belange und Interessen der allgemeinen Öffentlichkeit" ist. Wilkes fordert in anderer Weise mehr "Sozial-Erfindungen", die zur Lösung verschiedener sozialer Probleme in der Gesellschaft beitragen und Unternehmen zugleich zu mehr Erfolg und Ertrag verhelfen sollen. Vgl. Wilkes, M. W.: Sozial-Erfindungen - Ein bedeutsamer Weg im "Quality of Life"-Konzept des Marketing, in: Marketing Journal, Nr. 6/1991, S. 524 ff.; vgl. auch Haedrich, G./Tomczak, T.: Strategische Markenführung, Stuttgart 1990, S. 22 f.

30) Hermanns, A./Püttmann, M.: Grundlagen, Wirkung und Management des Sponsoring, a.a.O., S. 185.

in der letzten Zeit, die insbesondere eine Gesellschafts- bzw. Umweltorientierung von Unternehmensseite propagieren bzw. auch Umweltbilanzen als PR-Instrument deklarieren.[31]

Bezogen auf die Berichterstattung über Sponsorships kommt besonders den Medien eine focussierende Wirkung zu, d.h. unterschiedliche Medien können ein Sponsorship unterschiedlich darstellen, so daß der Techniker eines Unternehmens z.B. etwas vom Engagement des Anbieters und zugleich Sponsors über die Zeitung erfährt, der Geschäftsführer durch ein Wirtschaftsmagazin und der Einkaufsleiter evtl. durch eine direkte Teilnahme an einer Veranstaltung, deren Ankündigung er in der regionalen Presse gelesen hat.

1.2.3 Instrumente des Sponsoring-Beschaffungs-Marketing

Das Marketing von Institutionen oder Einzelpersonen, die Sponsoren suchen, ist bislang nur ansatzweise untersucht bzw. beschrieben worden.[32] Obwohl Sponsoring aus Sicht der Gesponserten als Beschaffungs-Marketing angesehen werden kann, wofür sich die Grundlagen des Mar-

---

31) Vgl. hierzu u.a. Schreiner, M.: Marketing und Umwelt: Neuorientierung zum Öko-Marketing, in: Gablers Magazin, Nr. 10/1988, S. 36; Wagner-Fox, P./Kett, I.: Strategisches Umwelt-Management - Ein noch weitgehend ungenutztes Erfolgs-Potential, in: Marketing Journal, Nr. 5/1992, S. 444; Meffert, H.: Umweltbewußtes Konsumentenverhalten - Ökologieorientiertes Marketing im Spannungsfeld zwischen Individual- und Sozialnutzen, in: Marketing ZFP Zeitschrift für Forschung & Praxis, Nr. 1/1993, S. 51; Heyder, H.: Ohne Umwelt-Orientierung ohne Chance - Ein Plädoyer für ein hundertprozentiges Umwelt-Engagement ohne Wenn und Aber, in: Marketing Journal, Nr. 4/1991, S. 320; Heyder, H.: Umwelt-Bewußtsein zur Chance machen - Betonen Sie die Öko-Schiene, auf der Sie Ihre Marketing-Aktivitäten vorantreiben, in: Marketing Journal, Nr. 2/1989, S. 136; Kleiner, A.: Unternehmen werden "grün", in: Harvard Manager, Nr. 2/1992, S. 24; Schmidt, K.: Öko-Kultur entwickeln, in: w&v, Nr. 36/1992, S. 118; Schmidt, U.: Wettbewerbsvorteile durch umweltschutzorientiertes Marketing, in: Marktforschung & Management, Nr. 4/1989, S. 128; Heinrich, D.: Ökologisch orientierte Unternehmenspolitik, in: Der Betriebswirt, Nr. 1/1993, S. 13; Wachta, H.: Umweltbilanzen - Ein neues PR-Instrument, in: Werbeforschung & Praxis, Nr. 2/1990, S. 47 f.

32) Vgl. Loock, F.: Der Weg der Kultur zum Marketing, in: Loock, F. (Hrsg.): Kulturmanagement - Kein Privileg der Musen, Wiesbaden 1991, S. 357 f.; vgl. auch zum Theatermarketing Paulin, R.: Theater muß man erleben, um es zu erlernen, in: Loock, F. (Hrsg.): Kulturmanagement - Kein Privileg der Musen, Wiesbaden 1991, S. 215.

keting durchaus adaptieren lassen, sind viele Akquisitionsbemühungen um Sponsoren vielfach noch sehr unprofessionell. Dieses mangelnde Marketingverständnis auf seiten der Gesponserten führt besonders in der Rezession zu Problemen, denn Sponsoren selektieren gerade in wirtschaftlich schwierigen Zeiten besonders genau.[33]

Werden Sponsoren gesucht, sollte zunächst eine Sponsoring-Konzeption erarbeitet werden, die sowohl die eigene Philosophie als auch die strategischen Ziele des zu Sponsernden verdeutlicht. Auf dieser Basis ist eine Strategie zu entwickeln, aus der sich wiederum operative Ziele als auch konkrete Maßnahmen ableiten lassen.

Obwohl praktisch in jedem Unternehmen Sponsoring im Rahmen der Unternehmenskommunikation eingesetzt werden könnte, empfiehlt es sich für potentielle Sponsoring-Objekte, nicht alle in einer Stadt ansässigen Firmen zu kontaktieren, sondern zunächst eine Segmentierung vorzunehmen, die sich bspw. an der Branche, der Unternehmensgröße und den bisherigen Kommunikationsaktivitäten orientieren könnte.[34]

Adäquat zum Marketing-Mix von Unternehmen kann auch für Institutionen oder Einzelpersonen ein Marketing-Mix entwickelt werden, das aus verschiedenen Instrumentarbereichen besteht. Die angebotenen kommunikativen (Gegen-)Leistungen der Gesponserten sind auf der Ebene des Beschaffungs-Marketing als Angebots-Politik zu verstehen.[35] Bei professioneller Vermarktung werden meist unterschiedliche "Sponsoring-Pakete" angeboten, d.h. verschiedene Gegenleistungen des Gesponserten zu

33) Vgl. Günter, B.: Mit Marketing aus der Theaterkrise, in: absatzwirtschaft, Sondernummer Oktober 1993, S. 662.

34) Vgl. Püttmann, M.: Sponsoring - Erfolgreiche Symbiose zwischen Wirtschaft und Gesellschaft?, a.a.O., S. 263 ff.; Hermanns, A.: Sport-Sponsoring: Thesen und Entscheidungshilfen, in: absatzwirtschaft, Nr. 7/1988, S. 70; vgl. auch Mauerer, S.: So finden Sie den richtigen Sponsor, München 1992, S. 79. Grundlegend herangezogen werden können hierzu auch diverse Marketingsegmentierungsansätze. Übersichten über verschiedene Ansätze finden sich u.a. in Kliche, M.: Industrielles Innovationsmarketing, Wiesbaden 1991, S. 110 ff. sowie Langner, H.: Segmentierungsstrategien für den europäischen Markt, Wiesbaden 1991, S. 55 ff.

35) Vgl. hierzu auch Kap. III, Gegenleistungen der Gesponserten, wo einige Beispiele aufgelistet wurden.

unterschiedlichen Konditionen.[36] Die Aktivitäten zur Gewinnung von Sponsoren sind demgegenüber als Sponsoring-Kommunikations-Politik zu betrachten, also z.B. Telefonaktionen, Broschüren, Mailings etc.

1.2.4 Relations- und Informations-Politik im Rahmen der Corporate Identity

Es wird deutlich, daß es mit Blick auf die Einordnung von Sponsoring in das bestehende Theoriegebäude einer genaueren Betrachtung bedarf, als dies bisher geschehen ist. Festgehalten werden kann, daß mit der vorliegenden Arbeit ein neuer Weg beschritten wird, da Sponsoring nicht der bestehenden Kommunikations-Politik untergeordnet, sondern vielmehr als eigenständiger Instrumentaransatz im Rahmen der Imagepolitik verstanden wird.

Aufgrund der Komplexität imagepolitischer Gestaltungsmöglichkeiten kam es bislang jedoch auch zu keiner zufriedenstellenden und abschließenden Darstellung, welche konkreten imagepolitischen Instrumente zur Verfügung stehen. Vielmehr wird aufgezeigt, daß die imagebeeinflussenden Faktoren von der Wahl des Unternehmensstandortes bis zum Verhalten des Außendienstmitarbeiters, der Behandlung von Mitarbeitern oder auch der Zahlungsmoral der Firma reichen können. Allerdings werden sowohl der Kommunikations-Politik als auch der PR vorrangig imagebeeinflussende Wirkung zugesprochen. Besondere Beachtung kommt hierbei der Imagewerbung zu, "wenn im Mittelpunkt der Werbebotschaft nicht die Eigenschaften des Produkts (stehen), sondern die Schaffung einer assoziativen Verknüpfung zwischen Produkt und einem bestimmten

---

36) Beispiele für Sponsoringpakete beim Golf finden sich bei Schalk, I. van der: Sponsoringmanagement in Vereinen: eine Analyse im Golfsport, Wiesbaden 1993, S. 205 f; vgl. auch Püttmann, M.: Das Management von Sponsoring, in: Berndt, R./Hermanns, A. (Hrsg.): Handbuch Marketing-Kommunikation: Strategien - Instrumente - Perspektiven, Wiesbaden 1993, S. 659.

Image"[37] bzw. im übertragenen Sinne zwischen Unternehmen und einem angestrebtem Image.

Die Einordnung von Sponsoring als Instrument der Image-Politik ist aus den benannten Gründen nicht ganz einfach. Grundsätzlich wäre es denkbar, der Imagepolitik folgende drei "Instrumente" zuzuweisen:

- Kommunikations-Politik
- Public Relations
- Sponsoring-Mix

In der vorliegenden Arbeit wird jedoch ein anderer Ansatz gewählt, der das Sponsoring-Mix im Rahmen der Image-Politik nicht mit Kommunikations-Politik und PR auf eine Stufe stellt, sondern als integrierendes Instrument behandelt, das Elemente des Kommunikations-Mix, der PR als auch des Sponsoring-Marketing vereint, d.h. jenes Marketing, das potentielle Gesponserte für sich betreiben. Hierfür wird der in Abb. 32 dargestellte Ansatz vorgeschlagen.

37) Koschnick, W. J.: Standard-Lexikon für Marketing, Marktkommunikation, Markt- und Mediaforschung, München - London - New York - Oxford - Paris 1987, S. 372 zum Begriff Imagewerbung.

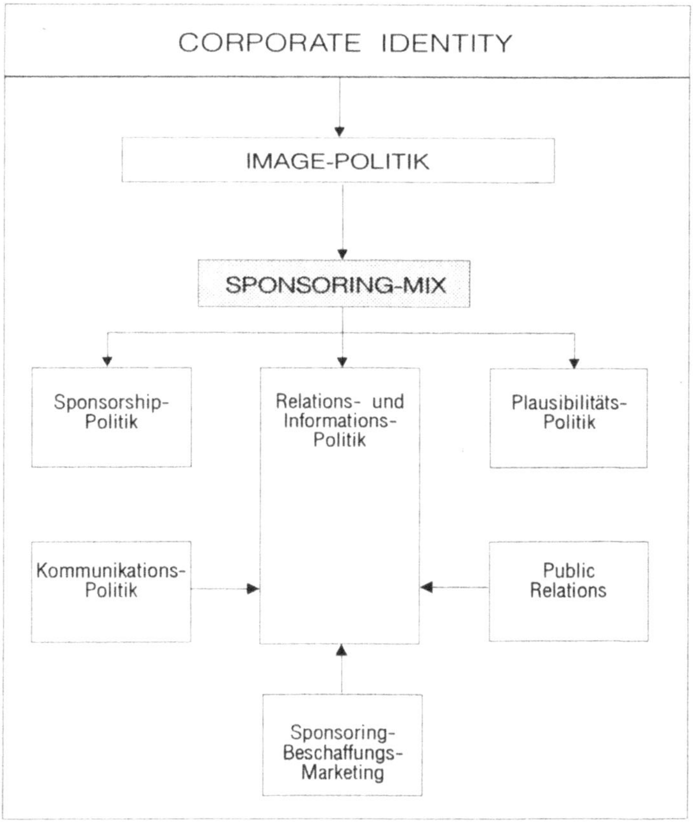

Abb. 32: Sponsoring als Instrument der Corporate Identity-geprägten Image-Politik

1.3 Plausibilitäts-Politik

Wie durch die bisherigen Ausführungen deutlich werden sollte, ist die konsequente Einbindung von Sponsoring-Maßnahmen in die Unternehmenskommunikation erforderlich, damit das Sponsoring optimalen Erfolg bringen kann. Um den Gedanken des Regelkreises umzusetzen, werden jedoch Instrumente benötigt, durch die sich nicht nur das Kompetenz-Image verbessern läßt, sondern auch eine tatsächliche Kompetenzverbesserung angestrebt werden kann. Dies ist wichtig, da sich Images auf die Dauer nicht ausschließlich durch Kommunikationsmaßnahmen verändern lassen.

> "Das Unternehmen muß sich tatsächlich in die gewünschte Richtung hin verändern und diese Tatsache bekannt machen. Manchmal wird versucht, durch geschickt angelegte, im Grunde aber betrügerische Kommunikationskampagnen ein Scheinimage aufzubauen; der Mißerfolg ist umso sicherer, je weiter die Botschaft und die Realität auseinanderklaffen."[38]

> "Es ist die Aufgabe der Öffentlichkeitsarbeit, innerhalb der Organisation darauf hinzuwirken, daß kommunikativer Arbeit Fakten folgen."[39]

Die Aufgabe, dem durch Kommunikationsmaßnahmen aufgebauten positiven Image auch in der Realität zu entsprechen, wurde zwar immer wieder formuliert, doch eine konkrete Benennung von Instrumenten zur Umsetzung dieses Anspruches ist bisher offenbar nicht erfolgt. Als Lösungsansatz wird daher ein neuer Instrumentarbereich vorgeschlagen, und zwar der der **Plausibilitäts-Politik,** worunter

> die Summe aller unternehmensintern und -extern wirkenden Maßnahmen verstanden wird, die geeignet sind, den durch die Sponsoring-Maßnahmen zu weckenden bzw. geweckten Anspruch zu erfüllen.

Erst durch die konsequente Integration eines solchen Instrumentariums in die Sponsoringplanung kann sichergestellt werden, daß Sponsoring mehr bewirkt als reine Werbemaßnahmen. Dies bedeutet aber auch, daß neben den Aufwendungen für das Sponsorship selbst (Sponsorship-Politik) und

---

38) Kotler, P.: Marketing-Management, einmalige und limitierte Sonderausgabe der 4., völlig neubearbeiteten Auflage, Stuttgart 1989, S. 493.

39) Armbrecht, W.: Innerbetriebliche Public Relations, Opladen 1992, S. 53.

den vom Sponsor lancierten kommunikativen Maßnahmen (Relations- und Informations-Politik) weitere Mittel zur Verfügung gestellt werden sollten, um u.a. auch organisatorische und personelle Schritte einleiten zu können (Plausibilitäts-Politik).

Die Plausibilität wird hierbei in zweierlei Weise verstanden. Zum einen sollte vor einem Sponsorship geklärt werden, welche Sponsoring-Maßnahmen glaubhaft durchgeführt werden können, zum anderen gilt es, sponsorshipvor- und -nachbereitend sowie -begleitend Instrumente einzusetzen, die nicht nur für das Kompetenz-Image fördernd sind, sondern auch zur Steigerung der tatsächlichen Kompetenz im jeweiligen Bereich beitragen.

Die Plausibilitäts-Politik wird deshalb in zwei Bereiche untergliedert, und zwar die

- **Possibilitäts-Politik** und die
- **Realisierungs-Politik**.

1.3.1 Possibilitäts-Politik

Bevor sinnvoll gesponsert werden kann, sollte jedes Unternehmen genau prüfen, ob und welche Möglichkeiten für ein Sponsorship bestehen. Hierzu gehören vor allem eine Analyse des Kompetenz-Images unter Berücksichtigung der bisherigen Kommunikationsmaßnahmen, und zwar sowohl im Marketing- als auch im PR-Bereich[40]. Weiterhin wird ein Sponsorship-Kreativshop auf seiten des sponsernden Unternehmens vorgeschlagen, um in einer Phase der Ideenfindung viele Informationen über mögliche konkrete Sponsorships zu erlangen, die anschließend auf ihre Verwertbarkeit hin zu analysieren sind. Dabei ist zu berücksichtigen, daß diese Vorgehensweise zwar eher einem passiven Sponsoring zuzurechnen ist, bei dem das Unternehmen lediglich einzelne angetragene Engagements auf ihre Verwertbarkeit hin überprüft. Allerdings soll das in dieser Arbeit

40) Landgrebe schlägt sogar eine jährliche durchzuführende Kommunikations-Bilanz vor, um auch immaterielle Werte zu erfassen. Vgl. Landgrebe, K. P.: Imagewerbung und Firmenstil, Hamburg 1980, S. 68.

präferierte und ausführlich dargestellte aktive Sponsoring auf analytischer Basis um praktische und aktuelle Vorhaben ergänzt werden, die z.B. für eine Region von besonderer Bedeutung sein können.

Dem Instrument Possibilitäts-Politik werden damit zwei wichtige Subinstrumente zugeordnet, und zwar die

- Status-Quo-Analyse sowie der
- Sponsorship-Kreativshop.

Die Status-Quo-Analyse ist ein mehrstufiges Verfahren, das im Vorfeld eines Sponsoring-Vorhabens Informationen über das Kompetenz-Image des Unternehmens und dessen Hintergründe liefern soll. Weiterhin werden augenblickliche Trends erfaßt und auf ihre Relevanz untersucht, woran sich eine Einbeziehung der Sponsoring-Aktivitäten einzelner Wettbewerber anschließt.

An dieser Stelle wird klar, daß das Sponsoring-Mix in seiner Funktion nicht ganz mit dem Marketing-Mix-Ansatz zu vergleichen ist. Während das Marketing-Mix Instrumente zur Verfügung stellt, die in Konsequenz auf den Abnehmer und seine Entscheidungsprozesse wirken, soll das Sponsoring-Mix für das Zustandekommen möglichst erfolgreicher Sponsorships sorgen. Erfolgreich jedoch können Sponsorships nur dann sein, wenn sie auf einer vernünftigen Analyse basieren, genau auf die Kompetenz-Image-Defizite des Sponsors zugeschnitten werden, mit einer integrierten Kommunikationskonzeption ausgestattet und schließlich in das sponsernde Unternehmen integriert werden. Die Integration der analytischen Arbeitsschritte in das Sponsoring-Mix soll insofern auch für mehr Nähe zwischen Analyse und Planung sorgen, da in der Praxis zwar Marketing weitgehend akzeptiert, jedoch Marktforschung häufig als "Luxus" betrachtet wird. Im weiteren Verlauf der Arbeit wird ausführlich auf den Sponsoring-Prozeß eingegangen, so daß die verschiedenen Stufen der Status-Quo-Analyse eingehend im Abschnitt V.3.1 Analyse-Phase dargestellt werden.

Mit Blick auf das zweite Sub-Instrument, den Sponsorship-Kreativshop, wird vorgeschlagen, vor einem geplanten Sponsoringvorhaben vor allem unternehmensintern nach Vorschlägen zu suchen, in welcher Richtung sich das Unternehmen aus Sicht von Management und Mitarbeitern engagieren sollte. Da Sponsoring-Maßnahmen auch von der Belegschaft gedanklich mitgetragen werden sollten, ist eine Einbeziehung ihrer Vorstellungen bereits im Vorfeld angezeigt. Unter Nutzung von Kreativitäts-Techniken, wie z.B. Brainstorming[41], können mit mehreren kleinen, hierarchisch nicht zu stark differierenden Arbeitsgruppen, entsprechende Vorschläge entwickelt werden.

Nicht jedes Sponsoringobjekt, für das Sponsoren gesucht werden, eignet sich dabei gleichermaßen für alle Unternehmen. Teilweise wird z.B. erwartet, daß das sponsernde Unternehmen bereits Know how bzw. Kompetenz hinsichtlich des angestebten Sponsorships aufweist. Als Messerschmitt-Bölkow-Blohm, München bspw. vor einigen Jahren das Hamburger Thalia Theater sponsern wollte, schlug dieses die angebotene Unterstützung aus.[42]

> "Das Beispiel MBB - andere wären ebenso zu nennen - macht deutlich, daß von Unternehmensseite kulturelle Kompetenz gefordert ist, die den symbolischen Gehalt kultureller Darbietungen zu dechiffrieren und in einen sinnvollen Zusammenhang mit dem Unternehmen zu bringen weiß."[43]

In der Praxis kann zur Zeit allerdings festgestellt werden, daß die Anforderungen der Öffentlichkeit an die Glaubwürdigkeit sponsernder Unternehmen abhängig sind von der Art des Sponsoring. Während Sport-Sponsoring häufig noch mit Sport-Werbung assoziiert und vom Sponsor nicht unbedingt sportliches Verhalten verlangt wird, spielt bspw. beim Öko-Sponsoring die Glaubwürdigkeit eine wichtige Rolle. Unternehmen, die Umwelt-Projekte unterstützen wollen, sollten selbst "sauber" sein.[44]

---

41) Vgl. Schlicksupp, H.: Kreativ-Workshop - Ideenfindungs-, Problemlösungs- und Innovationskonferenzen planen und veranstalten, Würzburg 1993, S. 71 ff.

42) Vgl. Flimm, J.: Ich bin kein Moralfritze vom Alstertor, in: Der Spiegel, Nr. 38/1988, S. 212; Tschechne, M.: Wes Brot ich eß..., in: art, Nr. 1/89, S. 68.

43) o.V.: Wenn Hamlet mit dem "Boss"-Jacket..., in: Blick durch die Wirtschaft, 16.12.88, Nr. 243, S. 7.

44) Vgl. o.V.: Abgesang der Amateure, in: Industriemagazin, Nr. 8/1991, S. 44; vgl. auch Oberholz, A.: Nach dem Sportsponsoring jetzt das Ökosponsoring, in: Blick durch die Wirtschaft, vom 9.11.1990, S. 1; Mussler, D.: Forderung nach Glaubwürdigkeit steht im Mittelpunkt - Umweltsponsoring als künftiges Kommunikationsinstrument, in: Horizont, Nr. 46/1990, S. 44; zu den juristischen Aspekten der Kommunikation mit Umweltbegriffen vgl. auch Seffer, A.M.: Juristische Aspekte der Umweltwerbung, in: Werbeforschung & Praxis, Nr. 1/1992, S. 16 f.; Rempen,

1.3.2 Realisierungs-Politik

Während die Possibilitäts-Politik zur Klärung beitragen soll, ob und was gesponsert werden kann, ist es die Aufgabe der Realisierungs-Politik, nach erfolgtem Entschluß für ein Sponsorship dafür zu sorgen, daß das Unternehmen die durch das Engagement ausgelösten bzw. auszulösenden Erwartungen erfüllen wird. Wie bereits dargestellt, wird ein konsequent betriebenes Sponsoring nicht als Werbemaßnahme betrachtet, sondern als Chance, das Unternehmen zugleich auch intern umzugestalten.

IBM löst das Problem der Glaubwürdigkeit durch ein "Themen-Engagement". Ein bloßes "Sich-Einkaufen in Ereignisse" und ein ständiger Themenwechsel sollen vermieden werden, um vor allem Sozio- und Umwelt-Sponsoring nicht zum reinen PR-Thema zu machen. Die Entscheidung für Öko-Sponsoring hat u.a. dazu geführt, daß unternehmensintern noch intensiver über Umweltschutz nachgedacht wurde, was zur Abkehr von Plastikgeschirr in der Kantine und zur Einführung von getrennten Papier- und Abfallkörben in allen Räumen führte.[45] Es gibt Wissenschaftsprogramme (z.B. Jugend forscht), Ausbildungsprogramme (z.B. Vermittlung von Management Know-how), Behinderten-, Umwelt-, Kultur- und Sport-Programme.[46] Die Glaubwürdigkeit wird durch aktive Einbindung der Mitarbeiter erreicht, z.B. Lehrbeauftragte an Hochschulen, Secondment-Pro-

---

Forts. T.: Öko-Werbung muß sich ehrlichere Ziele stecken, a.a.O., S. 54; Deutsche Gruppe der Internationalen Handelskammer: ICC-Verhaltensregeln für die Umweltwerbung, Publ.-Nr. 509, o.J.; vgl. Harich R. W./Drees, N.: Schweigen ist Silber - Wer über Umweltschutz redet und nichts davon versteht, riskiert seine Glaubwürdigkeit, in: manager magazin Spezial, Nr. 2/1991, S. 50 f.

45) Vgl. Ernst-Motz, A.: Öko-Sponsoring: Frisch, unverbraucht, in: Top Business, Nr. 9/92, S. 220. In Konsequenz könnte die durch das Sponsoring ausgelöste Umweltorientierung soweit gehen, auch umweltfreundlicher zu kommunizieren und einige Vertreterbesuche und Werbebriefe durch Telefonate zu ersetzen. Vgl. Leinen, J.: Die Kommunikations-Politik zur ökologischen Visitenkarte des Unternehmens machen, in: Marketing Journal, Nr. 5/1991, S. 420 f.

46) Vgl. Zorn, E.: Entwicklungen im Bereich des Sozio- und Kultur-Sponsoring, in: Meffert, H./Wagner, H. (Hrsg.): Sponsoring, Dokumentation des Workshops vom 16.11.89, S. 40 ff.; siehe entsprechend das Beispiel der Commerzbank. Vgl. hierzu Franck, C.: Umwelt-Sponsoring der Commerzbank, in: Strahlendorf, P. (Hrsg.): Jahrbuch Sponsoring 1992, Düsseldorf - Wien - New York - Moskau 1992, S. 97 f.

gramme, Volunteerism (Unterstützung der Mitarbeiter bei gemeinnützigen Aktivitäten in der Freizeit), interne Spendenkampagnen etc.[47]

In Konsequenz und unter dem Gesichtspunkt des Regelkreisgedankens kann ein attraktives Öko-Sponsoring den Sponsor durchaus zu einem Öko-Marketing[48] führen, wenngleich die Reihenfolge natürlich umgekehrt sein sollte. So kann z.B. durch ein gesponsertes Umwelt-Forschungsprojekt die Grundlage zu einem ökologisch-orientierten Marketing gelegt werden, das sich nicht mehr primär an der Weckung von Bedürfnissen orientiert, sondern an der "Begrenztheit von Rohstoffen".[49]

Mit Blick auf die Umsetzung eines geplanten Sponsoring-Vorhabens ist festzuhalten, daß praktisch für jedes Sponsorship zielgruppenadäquate vorbereitende, begleitende und nachbereitende Maßnahmen möglich sind. Um diese besser planen und entwickeln zu können, wird die dreidimensionale Darstellung eines Würfels gewählt, der folgende Dimensionen aufspannt:

- Zeit (x_1-Achse)
- Sponsoringart (x_2-Achse) und
- Zielgruppen (y-Achse).

Auf der Zeitachse wird abgetragen, ob es sich um Maßnahmen vor, während oder nach dem Sponsorship handelt. Als Sponsoringart lassen sich

47) Vgl. Zorn, E.: Entwicklungen im Bereich des Sozio- und Kultur-Sponsoring, a.a.O., S. 45 ff.; vgl. Hochstätter, D.: Manager zu verleihen, in: Wirtschaftswoche, Nr. 19/1989, S. 77.

48) Öko-Marketing kann definiert werden als "Ganzheitliche Ausrichtung der Marketingstrategien und -instrumente einer Unternehmung, um Belastungen der Umwelt zu vermindern, die natürlichen Lebensgrundlagen des Menschen, der Tiere und Pflanzen zu verbessern ...", Belz, C.: Stillstand eines ökologisch orientierten Marketings?, in: Thexis, Nr. 3/1988, S. 63; vgl. Sonderegger, R.: Ökomarketing - Ein pragmatischer Ansatz bei der Marktleistungsgestaltung in der Kunststoffbranche, in: VM International, Nr. 5/1991, S. 19; Beispiele für ein umweltorientiertes Marketing beschreibt auch Winter, G.: Das umweltbewußte Unternehmen - Ein Handbuch der Betriebsökologie mit 28 Checklisten für die Praxis, 5., vollständig neubearbeitete Auflage, München 1993, S. 128 ff.

49) Schreiber, R. L.: Ökomarketing: Die Management-Jahrhundertaufgabe, in: Marketing ZFP Zeitschrift für Forschung und Praxis, Nr. 4/1985, S. 291; vgl. ähnlich Lietsch, F.: Abstand nehmen vom schnellen Verbrauch - Echtes (Öko-)Marketing: Coup der Wirtschaft und Chance für die Umwelt, in: Horizont, Nr. 46/1990, S. 9.

Kunst-Sponsoring, Sozio-Sponsoring etc. benennen und als Zielgruppen können z.B. Abnehmer, Anwohner, etc. eingeordnet werden.

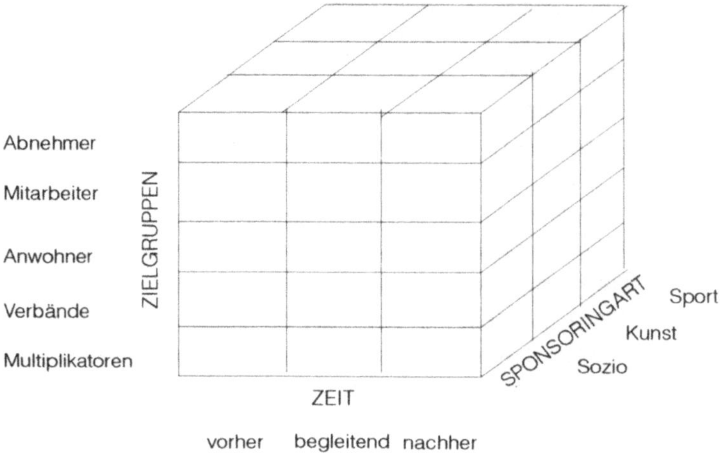

Abb. 33: Realisierungs-Politik-Würfel

Durch diese Dreidimensionalität entstehen innerhalb des Quaders kleine weitere Würfel, z.B. ein vorbereitender Sportwürfel für Händler oder ein begleitender Kunstwürfel für Mitarbeiter. Sponsert ein Unternehmen bspw. ein Konzert, gibt es mehrere Möglichkeiten, die eigenen Mitarbeiter an diesem Sponsorship teilhaben zu lassen. Denkbar ist die Ausgabe von Eintrittskarten für Vorstellungen oder Proben, die Präsentation eines Videofilms über das Konzert und seine Vorbereitung oder auch die Erläuterung des Engagements im Rahmen der Mitarbeiterzeitung.

Jedes Feld des Würfels sollte nun genauer betrachtet werden. Besetzte Felder lassen sich gedanklich herauslösen, um z.B. nur noch einen vorbereitenden Sportwürfel für Abnehmer oder einen begleitenden Kunstwürfel für Mitarbeiter zu haben. Die neuerzeugten Würfel haben etwas andere

Achsenbezeichnungen, was anhand eines vorbereitenden Kunstwürfels für Mitarbeiter verdeutlicht wird.

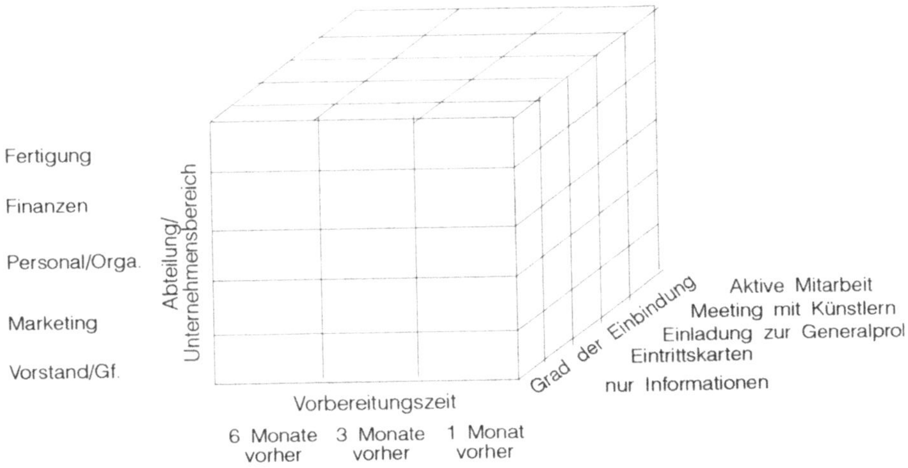

Abb. 34: Vorbereitender Kunstwürfel für Mitarbeiter

Wenn von Unternehmensseite bspw. eine Ausstellung gesponsert wird, können Mitarbeiter zur Vernissage eingeladen werden und Freikarten für ihre Familien bekommen. Um das grundsätzliche Verständnis für Kultur im Unternehmen zu fördern, wäre es darüber hinaus möglich, Kunst-Kurse anzubieten o.ä., die nicht zwangsläufig während der Arbeitszeit stattfinden müßten.

Diese Darstellung in Form von realisierungspolitischen Würfeln ist auch unter dem Gesichtspunkt der Zuordenbarkeit von Kosten interessant, da jedem Feld im Würfel entsprechende Kosten zugerechnet werden können, was zur besseren Vergleichbarkeit unterschiedlicher Maßnahmen beiträgt.

Zur konsequenten Umsetzung der vorstehenden Überlegungen werden dem Instrument Realisierungs-Politik drei Subinstrumente zugeordnet, und zwar

- Marketing-Mix-Integration
- Plausibilitäts-Netzwerk
- Sponsoring-Wirkungskontrolle

Durch die Marketing-Mix-Integration, welche anhand von Beispielen im Abschnitt V.3.3.1 Umsetzungs- und Integrations-Phase näher erläutert wird, soll dafür gesorgt werden, daß das gesamte Marketing-Mix eines Unternehmens auf seine Verknüpfungsmöglichkeiten hinsichtlich konkreter Sponsorships überprüft wird. So kann ein Kunst-Sponsorship Einfluß auf die Produktpolitik haben, indem das Design von Maschinen oder Anlagen überarbeitet wird. Die Unterstützung eines Forschungslabors kann zu neuen Forschungsergebnissen führen, die im sponsernden Unternehmen weiterentwickelt und in Produkten zur Anwendung kommen können.

Die Marketing-Mix-Integration führt zu neuen Aufgaben, die in der Organisation des Unternehmens zu berücksichtigen sind. Da Auswirkungen nicht nur auf den Kommunikations- und PR-Bereich zu erwarten sind, sondern sich z.B. auch auf die Produktgestaltung sowie die Serviceleistungen beziehen können, muß die Koordination der Abteilungen und die Kommunikation untereinander sichergestellt werden. Hierbei handelt es sich um Aufgaben des Plausibilitäts-Managers, der für den Bereich der plausibilitätspolitischen Instrumente verantwortlich ist. Ihm steht für diese koordinierende Aufgabe ein zu installierendes Plausibilitäts-Netzwerk zur Verfügung. Auf die Einbindung dieses Managers in die Organisation sowie auf den Bereich Sponsoring-Wirkungskontrolle wird an späterer Stelle eingegangen.[50]

In Erweiterung des bereits vorn skizzierten Sponsoring-Mix gibt die nachfolgende Abbildung einen detaillierteren Überblick über das Mix incl. der Subinstrumente. Die drei Instrumentarbereiche haben die Aufgabe, auf die theoretischen Bestandteile einer Einstellung einzuwirken und da

50) Vgl. hierzu die Abschnitte V.2 und V.3.3.3

durch zu einer Imageänderung beizutragen. Nach der 3-Komponenten-Theorie wird folgende Ableitung getroffen:

Sponsorship-Politik	->	affektive Komponente
Relations- und Informations-Politik	->	kognitive Komponente
Plausibilitäts-Politik	->	konative Komponente

SPONSORING-MIX		
Sponsorship-Politik	**Relations- und Informations-Politik**	**Plausibilitäts-Politik**
Makro-/Kern-Instrumente: - Sport - Kunst - Sozio **Mikro-/Gestaltungs-Instrumente** bzgl. Sponsor: - Art der Leistung - Anzahl der Sponsoren - Art des Sponsors - Initiator des Sponsoring - Homogenität d. Spons. - Dauer der Nutzung bzgl. Gesponsertem: - Art der Gegenleistung - Art der Gesponserten - Leistungsklasse - Art des gesponserten Objekts - Art der gesponserten Veranstaltung **Sponsorship-Set-Politik** - Sp.-Neuentwicklung - Sp.-Weiterentwicklung - Sp.-Eliminierung	**Kommunikations-Politik** **Public Relations** **Sponsoring-Beschaffungs-Marketing**	**Possibilitäts-Politik** - Status-Quo-Analyse - Sponsorship-Kreativshop **Realisierungs-Politik** - Marketing-Mix-Integration - Plausibilitäts-Netzwerk - Sponsoring-Wirkungskontrolle

Abb. 35: Erweitertes Sponsoring-Mix

Hiermit ist gemeint, daß Unternehmen, die ausschließlich sponsern, sich jedoch weder um eine adäquate Kommunikation, noch um die Plausibilität des Vorhabens kümmern, lediglich die affektive Ebene der Rezipienten erreichen werden. Die unkommentierte Unterstützung z.B. eines Umweltprojektes von Unternehmensseite wird der Betrachter zur Kenntnis nehmen, jedoch werden ihm die Beweggründe des Betriebes für die Unterstützung des Projektes verborgen bleiben. Zeigt das sponsernde Unternehmen jedoch im Rahmen einer geeigneten Relations- und Informations-Politik die damit verfolgten Ziele auf, wird auch die kognitive Komponente beim Empfänger erreicht werden können. Wenn letztlich noch durch Instrumente der Plausibilitäts-Politik für eine umfassende Umsetzung und Integration des gewählten Sponsoringvorhabens gesorgt wird, erkennt der Betrachter leichter die Gesamtkonzeption. So steigt die Wahrscheinlichkeit, daß er auch seine Handlungsbereitschaft ändert, womit der vom Sponsor gewünschte Imagetransfer vollzogen werden kann.

Ebenso, wie den Instrumentarbereichen des Sponsoring-Mix nach dem Attitüdenkonzept einzelne Komponenten zugeordnet wurden, soll an dieser Stelle auch eine Verbindung zu den in Kap. III.4 beschriebenen Sponsoringfunktionen hergestellt werden. Dem Sponsoring wurden die Funktionen Ersatzprodukt, Medium/Imagefilter sowie Aufwertungsmechanismus zugewiesen. Der Aufgabe, Ersatzprodukt-Funktion zu haben, wird durch die Sponsorship-Politik Rechnung getragen, die Rolle, Medium und Imagefilter zu sein, läßt sich durch die Relations- und Informations-Politik unterstützen und um den Gedanken, daß Sponsoring als Aufwertungsmechanismus wirken kann, in die Praxis umsetzen zu können, wurde die Plausibilitäts-Politik entwickelt.

2. Sponsoring-Organisation

Anhand des vorstehend benannten Sponsoring-Mix kann zugleich die Komplexität dieses imagepolitischen Instrumentes verdeutlicht werden. Bevor ausführlich auf den Sponsoring-Prozeß eingegangen wird, seien an dieser Stelle einige Ausführungen in bezug auf die Organisation von Sponsoring in Unternehmen erlaubt.

Bei der Sponsoring-Organisation geht es um das Sponsoring-Management als auch die organisatorische Einbindung von Sponsoring in bestehende Unternehmensstrukturen. Aufgrund der besonderen Bedeutung externer Berater und Agenturen im Sponsoringbereich werden diese gesondert in die Betrachtung integriert.

2.1 Sponsoring-Management

Durch das Sponsoring-Mix stehen vielfältige Instrumente zur Planung, Steuerung und Kontrolle von Sponsorships zur Verfügung. Da es zur Übernahme und Durchführung dieser Aufgaben einer Person bedarf, wird die Einsetzung eines Sponsoring-Managers vorgeschlagen. Ihm obliegen sowohl die vorbenannten Tätigkeiten, bei denen es sich weitgehend um Controllingfunktionen[51] handelt, jedoch auch die Durchführung von Sponsorships.

Der Sponsoring-Manager kann - je nach Größe des Unternehmens und dessen Sponsoringintensität - von mehreren Personen unterstützt werden, die für einzelne Instrumentarbereiche verantwortlich sind, d.h. von einem Sponsorship-Manager, einem Relations-/Informations-Manager sowie einem Plausibilitäts-Manager.

---

51) Für den Begriff Controlling gibt es in der Literatur zahlreiche Definitionen und Konzeptionen, teilweise mit sehr unterschiedlichen Inhalten. Vgl. hierzu Schildbach, T.: Begriff und Grundproblem des Controlling aus betriebswirtschaftlicher Sicht, in: Spremann, K./Zur, E. (Hrsg.): Controlling: Grundlagen - Informationssysteme - Anwendungen, Wiesbaden 1992, S. 21 sowie Schweitzer, M./Friedl, B.: Beitrag zu einer umfassenden Controlling-Konzeption, in: Spremann, K./Zur, E. (Hrsg.): Controlling, a.a.O., S. 142 ff. Im wesentlichen kann unter Controlling "die Ziel- und damit auch die verhaltensorientierte Steuerung und Gestaltung von Zweck-Mittel-Reaktionen in der Unternehmung in bezug auf Ziele in kurzer und langer Sicht verstanden" werden. Dellmann, K.: Eine Systematisierung der Grundlagen des Controlling, in: Spremann, K./Zur, E. (Hrsg.): Controlling, a.a.O., S. 116. Kürzer formuliert ist Controlling eine "Teilaufgabe der Führung, die Planung und Kontrolle (...) mit der Informationsversorgung (...) zielorientiert koordiniert". Horváth, P.: Controlling, in: Dichtl, E./Issing, O. (Hrsg.): Vahlens Großes Wirtschaftslexikon, München 1987, S. 351 f.

2.2 Organisatorische Einbindung von Sponsoring

Das Herausbilden neuer Aufgaben- und Funktionsbereiche wird unternehmensintern, insbesondere von Mitarbeitern bestehender Abteilungen, oft sehr kritisch beurteilt. Da Sponsoring - wie dies auch anhand der Relations- und Informations-Politik deutlich wird - mehrere betriebliche Ressorts tangiert, ist durch eine entsprechende Organisationsform dafür Sorge zu tragen, daß personelle Probleme weitgehend ausgeklammert werden.

Vorgeschlagen wird hierfür die Bildung eines Sponsoring-Teams[52] unter der Leitung des Sponsoring-Managers, das zumindest aus Verantwortlichen der Bereiche Public Relations, Marketing/Werbung und Marktforschung sowie selbstverständlich auch den ggf. existierenden Ressortleitern der drei Sponsoring-Instrumentarbereiche zusammengesetzt wird. Ein solches Team hat die Aufgabe, Sponsorships einerseits so gezielt einzusetzen, daß die imagepolitischen Ziele erreicht werden. Andererseits ist durch dieses Team dafür zu sorgen, daß die durch das Sponsoring geweckten bzw. zu weckenden Erwartungen an das Unternehmen erfüllt werden. Hierbei handelt es sich vor allem um Aufgaben des Plausibilitäts-Managers, der eine Schnittstellenfunktion auch zu Organisationsbereichen wie z.B. F&E oder Produktion, wahrzunehmen hat. Dabei ist nicht nur von bestehenden Abteilungen auszugehen, sondern auch von neu zu bildenden, wie bspw. einer zentralen Stelle für Umweltschutz.[53]

Im Rahmen der Arbeit des Sponsoring-Teams, welche dauerhaft angelegt sein sollte, können einzelne Sponsorship-Projekte definiert werden, für die ggf. spezielle Projekt-Teams einzurichten sind. Wird z.B. für ein Öko-Sponsorship ein Mitarbeiter des Bereiches Umweltschutz herangezogen, sollte dieser zunächst in einem Projekt-Team mitarbeiten. Im übergeordneten Sponsoring-Team hingegen sind vor allem Mitarbeiter aus solchen

---

52) Ein Team ist eine formelle Arbeitsgruppe mit gemeinsamer Zielsetzung, intensiver Zusammenarbeit mit einem ausgeprägten Gemeinschaftssinn und einem starken Zusammenhalt. Vgl. hierzu Staehle, W.: Management, a.a.O., S. 246.

53) Vgl. Meuser, T.: Umweltschutz und Unternehmensführung: ein Konzept aktiver Integration, Wiesbaden 1993, S. 190. Vgl. zu Umweltbeauftragten bei IBM u.a. Risch, S.: Zwischen allen Stühlen, in: manager magazin Spezial, Nr. 2/1991, S. 83.

Unternehmensbereichen vertreten, die für mehrere Sponsorships zuständig sind. Die Bildung einzelner Projekt-Teams ist daher nicht nur sinnvoll, um intensiv an einzelnen Vorhaben zu arbeiten, sondern auch, um das Sponsoring-Team in überschaubarer Größe zu halten. Je mehr einzelne Projekt-Teams eingerichtet werden, desto wichtiger wird die Controlling-Funktion des Sponsoring-Managers bzw. des Sponsoring-Teams, wobei einzelne Projekte im Rahmen eines Projekt-Controlling zu steuern sind.[54]

Bisher gibt es allerdings nur wenige Firmen, in denen eine nur für Sponsoring verantwortliche Person existiert.[55] Meist werden Entscheidungen über Sponsoring in Unternehmen entweder von der PR-, der Werbe- oder auch der Marketingabteilung getroffen,[56] teilweise obliegt die Bearbeitung unterschiedlicher Sponsoring-Engagements auch verschiedenen Abteilungen.[57] Bei IBM Deutschland bspw. ist Sponsoring dem Bereich Unternehmensverbindungen (Public Affairs) zugeordnet. Für Sport-Werbung ist die Werbeabteilung zuständig, wenn es in dem Zusammenhang um die Darstellung des Unternehmens oder seiner Produkte geht. Soll demonstriert werden, daß IBM gesellschaftliche Verantwortung übernimmt, indem der Behindertenbereich unterstützt wird, ist hingegen der Bereich Förderprogramme zuständig.[58]

Jeder der benannten Bereiche, also PR-Abteilung, Marketing etc., hat einen speziellen Schwerpunkt. Um aber die durch Sponsoring möglichen Synergien nutzen zu können und dem integrativen Anspruch gerecht zu werden, sollte eine Organisationsform gefunden werden, die dem Rech-

---

54) Dem Projekt-Controlling sind die Instrumente Projektplanung, Projektkalkulation, Projekttermin-/Kapazitätenverfolgung sowie Projektkontrolle zuzuordnen. Vgl. Günter, B.: Probleme der Projektleitung und des Projektteam-Einsatzes im industriellen Anlagengeschäft, Arbeitsbericht Nr. 29 des Instituts für Unternehmensführung und Unternehmensforschung der Ruhr-Universität Bochum, Juni 1983, S. 54.

55) Vgl. Kadereit, Chr. M.: Sponsoring-Agenturen, ihre Aufgaben und Leistungsdimensionen, in: Strahlendorf, P. (Hrsg.): Jahrbuch Sponsoring 1991, Düsseldorf - Wien - New York 1991, S. 157.

56) Vgl. Hermanns, A./Püttmann, M.: Sponsoring-Barometer, in: absatzwirtschaft, Nr. 9/90, S. 84.

57) Vgl. Fertsch-Röver, H.: Ein Herz für Künste - von der Wirtschaft entdeckt, in: Horizont, Nr. 19/1990, S. 36, wonach die Abteilung für Kunst-/Kultursponsoring der Lufthansa AG der Public Relations-Abteilung untergeordnet ist, das Sport-Sponsoring jedoch vom Bereich Verkaufsförderung betreut wird.

58) Vgl. Zorn, W.: Entwicklungen im Bereich des Sozio- und Kultur-Sponsoring, a.a.O., S. 39.

nung trägt, wie das hier beschriebene Sponsoring-Team. Da Sponsoring als Instrument einer Corporate Identity-geprägten Image-Politik deklariert wurde, kann jedoch folgendes festgehalten werden:

> "Die Unternehmen, die CI als eine Leitstrategie begreifen, als zentral angelegtes Profil- und Image-Management und CI planmäßig anwenden wollen, werden aber auf Dauer an organisatorischen Veränderungen und einer Neuverteilung der Kompetenzen für das Verhalten des Unternehmens, für sein Erscheinungsbild, für sein Marketing und für seine Kommunikation nicht vorbeikommen."[59]

2.3 Sponsoring-Berater und -Agenturen

Besondere Bedeutung bei der Planung und Durchführung von Sponsorships kommt speziellen Beratern und Agenturen zu, die über gute Marktkenntnisse verfügen, da der Sponsoringmarkt bisher sehr unübersichtlich ist. Es gibt unzählige Möglichkeiten, etwas zu sponsern. Zum Beispiel existieren allein in den alten Bundesländern z.Zt. etwa 68.000 Sportvereine[60]. Neben den etablierten Institutionen können jedoch auch zahlreiche andere Personen, Projekte u.a. gesponsert werden. Dabei unterliegt der Sponsoring-Markt einer großen Dynamik, da permanent neue Sponsoringobjekte auf den Markt kommen. Informationen über freie Sponsorships veralten daher sehr schnell, weil pro Gesponsertem auch nur eine begrenzte Zahl von Sponsoren in Betracht kommt, teilweise - bei einem Exclusivvertrag - auch nur ein sponserndes Unternehmen.

Bei der Zusammenarbeit mit Sponsoringagenturen müssen sich potentielle Sponsoren frühzeitig über die Ausrichtung einzelner Agenturtypen informieren. Grob unterschieden werden kann zwischen Beratungsfirmen[61] und Vermarktungsagenturen, die meist auf Provisionsbasis Werberechte akquirieren und weiterverkaufen[62]. Berater als auch Agenturen

59) Heinrich, D.: Instrument der Defensive, a.a.O., S. 36

60) Vgl. Gietz, A.: Sponsorship-Erfolg ist planbar - Rahmenbedingungen für ein Sport-Engagement, in: Strahlendorf, P. (Hrsg.): Jahrbuch Sponsoring 1991, Düsseldorf - Wien - New York 1991, S. 47.

61) Vgl. Kadereit, Chr. M.: Sponsoring-Agenturen, ihre Aufgaben und Leistungsdimensionen, a.a.O., S. 157. Vgl. zu den unterschiedlichen Formen von Sponsoring-Agenturen auch Jost, H.R./Marti, C. P.: Die Sponsoring-Agentur: Vom reinen Vermarkter und Vermittler zur Beratungsagentur, in: Thexis, Nr. 6/1988, S. 43 f.

62) Vgl. Berckenhagen, R.: Neues Arbeitsfeld für Kunstvermittler, in: Der Tagesspiegel, 9.8.89, S. 4. Zum Tätigkeitsspektrum einer großen Sport-Vermarktungsagen-

können sich auf einzelne Sponsoringbereiche spezialisiert haben (z.B. Sport, Kunst) oder auf die Betreuung entweder von Sponsoren oder Gesponserten.[63]

Mit Blick auf die Entstehungsgeschichte von im Sponsoring tätigen Agenturen läßt sich die vorstehende Untergliederung weiter differenzieren nach[64] Corporate-Collection-Agenturen, PR-Agenturen mit erweitertem Angebot, Sponsoring-Agenturen mit Sportvergangenheit, Fund-Raising-Agenturen[65] sowie Art-Sponsoring-Agenturen.

Die Problematik sowohl für Sponsoring-Manager als auch für Agenturen liegt darin, daß gute Sachkenntnisse über die Sponsoringbereiche vorliegen müssen. Um einschätzen zu können, welchen Wert eine geplante Kunstausstellung hat, müssen Kunstkenntnisse vorhanden sein. Wird dem Unternehmen nur ein Sponsorship angeboten, läßt sich dies relativ leicht anhand des Einzelfalls beurteilen. Lautet die Aufgabe jedoch, einen begabten Nachwuchskünstler zu finden, der in die internationale Kommunikation eingebunden werden soll, müssen neben den Spezialkenntnissen auch exzellente Kontakte zum Kunst-/Kulturmarkt bestehen.[66]

Neben den Kenntnissen und Kontakten sind Agenturen und Berater meist Garant dafür, daß die Abwicklung von Sponsorships professionell geschieht, d.h. die Angebots-Politik der Gesponserten in Form von Gegenleistungen klar definiert und gut organisiert ist. Zwar ergab eine Umfrage 1987 vom Kulturkreis des BDI unter den Mitgliedsunternehmen der IHK-Vollversammlungen, daß nur knapp 19 % der kulturfördernden Unterneh-

---

Forts.: tur vgl. bspw. Radmann, F. H.: Sponsoring als Dienstleistungsangebot - Leistungen einer spezialisierten Agentur, in: Dahlhoff, H. D. (Hrsg.): Sponsoring - Chancen für die Kommunikationsarbeit, Berichtsband über die BDW-Herbst-Arbeitstage 1986, S. 22 ff.; vgl. Heinrich, D.: Sportsponsoring als Wettbewerbsinstrument, in: planung und analyse, Nr. 9/1990, S. 330; vgl. Mussler, D.: Sponsoring in den 90er Jahren, in: Strahlendorf, P. (Hrsg.): Jahrbuch Sponsoring 1991, Düsseldorf 1991, S. 19.

63) Vgl. Drees, N./Hermanns, A.: Sponsoringspezialisten, in: Frankfurter Allgemeine Zeitung, 3.5.1988, Nr. 103, S. B 13.

64) Vgl. Bickmann, R.: Art-Sponsoring und Event Creation, a.a.O., S. 69 ff.

65) Vgl. weitgehend Haibach, M.: Professionelles Spendensammeln. Fundraising in USA und Deutschland, in: Leif, T./Galle, U. (Hrsg.): Social Sponsoring und Social Marketing, Köln 1993, S. 177 f.

66) Vgl. Schubert, G.: Arbeitstage Kultursponsoring, 4./5.11.88, Schloß Reichartshausen, Nachlese, S. 31.

men Beratungsbedarf sahen,[67] doch zum einen handelte es sich um vergleichsweise eher kleinere Fördersummen, zum anderen wurden Maßnahmen mit berücksichtigt, die nicht unter Sponsoringgesichtspunkten ausgesucht wurden. Es ist daher davon auszugehen, daß der Beratungsbedarf inzwischen eher gestiegen ist.

Agenturen werden letztlich nicht nur von Sponsoren eingesetzt, sondern auch von Sportlern, Künstlern, Institutionen etc. beauftragt, die einen Sponsor suchen. Je professioneller der Gesponserte sein Beschaffungs-Marketing betreibt, desto eher wird er einen Manager, einen Agenten zwischenschalten, der sich um die Akquisition von Sponsoren kümmert und die vertraglichen Angelegenheiten regelt.[68] Vielfach verhandeln daher nur noch Agenturen miteinander.

3. Der Sponsoring-Prozeß

3.1 Analyse-Phase

Auf Grundlage der bisherigen Ausführungen gilt es, die Kenntnisse über die Besonderheiten des Investitionsgüterbereiches, der Imagetheorie sowie des Sponsoring sinnvoll miteinander zu verknüpfen, um eine Handlungsempfehlung für potentielle Sponsoren geben zu können. Ein geplanter Sponsoring-Prozeß beginnt mit einer Status Quo-Analyse, da erst auf Grundlage des Ausgangsdatenmaterials eine sinnvolle Sponsoring-Entscheidung getroffen werden kann.

---

67) Kulturkreis im Bundesverband der Deutschen Industrie e.V. (Hrsg.): Die Wirtschaft als Kulturförderer, Ergebnisse einer Befragung bei den Mitgliedern der Vollversammlungen aller Industrie- und Handelskammern in der Bundesrepublik Deutschland, Köln 1987, S. 75.

68) Vgl. o.V.: Theatersponsoring: Kalkulierbare Partner, in: Horizont, Nr. 11, 17.3.89, S. 10.

3.1.1 Kompetenz-Image-Analyse

Es ist festzuhalten, daß zu wenige Unternehmen ihre Sponsoring-Engagements planen, wobei dies durch zunehmende Informationen über Möglichkeiten und Wirkungsweisen von Sponsoring inzwischen etwas besser ist als es noch vor einigen Jahren war.[69] Einige Entscheider lassen sich bei der Auswahl ihnen angetragener Sponsorship-Konzepte immer noch z.B. von gut gestalteten Veranstaltungsplänen beeindrucken, ohne im Detail zu prüfen, welchen Nutzen sie als Sponsor eines solchen Ereignisses daraus ziehen könnten, außer daß z.B. das Firmenlogo für einige Zeit im Fernsehen eingeblendet wird. Häufig werden jedoch vor Abschluß von Sponsoringverträgen noch nicht einmal Statistiken über die in der Vergangenheit realisierten Medienkontakte verlangt.[70] In Konsequenz kommt es dann häufig im Anschluß an Sponsorships, die auf die Weise zustandegekommen sind, zu der Feststellung, daß viel Geld investiert wurde, dem nur wenige Leistungen gegenüberstanden.

Eine sorgfältige Analyse kann helfen, bessere Entscheidungen zu treffen, wofür ein 5-stufiges Analysemodell vorgestellt wird, das aus folgenden Phasen besteht:

- Kompetenz-Image-Analyse
- Kompetenz-Image-Bewertungs-Analyse
- Trend-Analyse
- Trend-Relevanz-Analyse
- Wettbewerbs-Sponsorship-Analyse

Es geht im Rahmen dieser Arbeit primär um das Kompetenz-Image eines Unternehmens, welches sich aus den Elementen

- Technologische Kompetenz
- Service-Kompetenz und
- Gesellschaftliche Kompetenz

---

69) Vgl. Meenaghan, T.: Sponsorship - Legitimising the Medium, in: European Journal of Marketing, Nr. 11/1991, S. 7.

70) Vgl. Neubauer, D.: Dynamik ist Trumpf, in: Wirtschaftswoche, Nr. 22, 24.5.91, S. 107; vgl. ähnlich Grühsem, S.: Sponsoring erreicht sein Ziel nur, wenn es auch richtig gelenkt wird, in: Handelsblatt, Nr. 89, 9.5.1990, S. 29.

zusammensetzt. Um zu analysieren, wie positiv das Kompetenz-Image z.B. mit Blick auf die Technologische Kompetenz ist, bedarf es einzelner Untersuchungsmerkmale.

Zur Erhebung der für die Operationalisierung notwendigen Kriterien werden drei Stufen vorgeschlagen:

1. *Exploration in Form von Gesprächen mit unterschiedlichen Personengruppen*, wie z.B. Abnehmern, Mitarbeitern, Lieferanten etc., um für das einzelne Unternehmen zu ermitteln, durch welche Kriterien sich die drei Kompetenzbereiche präzise beschreiben lassen.
2. Schriftliche Befragung, zur Ermittlung der Merkmalsausprägungen
3. Evtl. Verfeinerung einzelner Ergebnisse durch vertiefende Befragung.

Analysiert werden sollten neben dem eigenen Kompetenz-Image auch das des stärksten Konkurrenten sowie die gewünschten Ausprägungen der verschiedenen Items aus Sicht der Befragten. Die Ergebnisse dieser schriftlichen Befragung fließen in eine Tabelle ein. Die im folgenden fiktiven Beispiel dargestellten Items der drei Kompetenz-Arten sind als Muster zu verstehen, da jedes Unternehmen im Rahmen der Exploration eigene relevante Kriterien herausfiltern sollte.

Die Tabellenergebnisse sind für verschiedene Befragungsgruppen zu analysieren. Hier benannte Makrozielgruppen können nach Bedarf nach feineren Mikrozielgruppen differenziert werden, z.B. auf Abnehmerseite nach Geschäftsführung, Einkaufsleitung, Konstruktionsleitung etc. Eine Auswertung nach Zielgruppen ist wichtig, da diese häufig in unterschiedlicher Weise von den abgefragten Kriterien tangiert werden, sich u.U. durch unterschiedliche Mediennutzung auf einem vergleichsweise anderen Informationsstand befinden.

Obwohl es verschiedene Möglichkeiten gibt, Ähnlichkeiten zwischen zwei Profilen zu errechnen,[71] soll im umseitigen Beispiel durch einfaches Addieren und Subtrahieren Item für Item berechnet werden. Es wird in dieser

71) Vgl. zum Distanzmaß D: von Rosenstiel, L./Ewald, G.: Marktpsychologie, Bd. II, Psychologie der absatzpolitischen Instrumente, Stuttgart 1979, S. 40. f.

Bewertung	Befragung der Abnehmer nach			Befragung der Mitarbeiter nach			Befragung der Anwohner nach						Differenz Ø	Differenz Ø
	U	K	G	U	K	G	U	K	G	Ø U	Ø K	Ø G	U zu K	U zu G
F&E-Aufwendungen	3,00	4,00	2,00	2,00	3,00	1,00	2,00	2,00	1,00	2,33	3,00	1,33	0,67	-1,00
Innovationsfreude	2,00	3,00	2,00	2,00	3,00	2,00	1,00	3,00	2,00	1,67	3,00	2,00	1,33	0,33
hohe Sicherheitsanforderungen	2,00	3,00	2,00	3,00	2,00	2,00	3,00	2,00	3,00	2,67	2,33	2,33	-0,33	-0,33
Ø Technologische Kompetenz	**2,33**	**3,33**	**2,00**	**2,33**	**2,67**	**1,67**	**2,00**	**2,33**	**2,00**	**2,22**	**2,78**	**1,89**	**0,56**	**-0,33**
Lieferfähigkeit	3,00	3,00	2,00	2,00	2,00	2,00	4,00	1,00	2,00	3,00	2,00	2,00	-1,00	-1,00
Entstörungsdienst	2,00	3,00	2,00	2,00	1,00	1,00	2,00	3,00	1,00	2,00	2,33	1,33	0,33	-0,67
Servicemitarbeiter	4,00	2,00	3,00	3,00	2,00	3,00	3,00	4,00	2,00	3,33	2,67	2,67	-0,67	-0,67
Ø Service Kompetenz	**3,00**	**2,67**	**2,33**	**2,33**	**1,67**	**2,00**	**3,00**	**2,67**	**1,67**	**2,78**	**2,33**	**2,00**	**-0,44**	**-0,78**
Engagement im Umweltschutz	3,00	2,00	4,00	3,00	3,00	2,00	3,00	2,00	3,00	3,00	2,33	3,00	-0,67	0,00
Engagement im sozialen Bereich	2,00	3,00	3,00	3,00	4,00	3,00	2,00	4,00	2,00	2,33	3,67	2,67	1,33	0,33
Förderung von Mitarbeitern	4,00	4,00	2,00	4,00	3,00	1,00	2,00	3,00	1,00	3,33	3,33	1,33	0,00	-2,00
Ø Gesellschaftliche Kompetenz	**3,00**	**3,00**	**3,00**	**3,33**	**3,33**	**2,00**	**2,33**	**3,00**	**2,00**	**2,89**	**3,11**	**2,33**	**0,22**	**-0,56**

Erläuterung:

U Untersuchtes Unternehmen
K Stärkster Konkurrent
G Gewünschte Ausprägung aus Sicht der Befragten

Bewertung

1 sehr gut bzw. sehr wichtig
2 gut bzw. wichtig
3 normal
4 eher schlecht bzw. eher unwichtig
5 sehr schlecht bzw. völlig unwichtig

Abb. 36: Kompetenz-Image-Analyse

Abb. 36: Kompetenz-Image-Analyse

Phase nicht angestrebt, zu einem einzigen Endergebnis zu kommen, sondern möglichst viele Informationen zu den verschiedenen Ausprägungen zu erlangen.

Aus der Mustertabelle Abb. 36 ergibt sich z.B., daß die Service-Kompetenz des Unternehmens aus Sicht der Abnehmer nicht nur schlechter als die Optimalausprägung eingeschätzt wird, sondern auch schlechter als jene des stärksten Wettbewerbers. Ein solches Ergebnis könnte Anlaß bieten, die Service-Kompetenz in einer weiteren Befragung bei den Abnehmern verfeinert zu analysieren.

Item	Ausprägung	1	2	3	4	5	Ausprägung
Lieferfähigkeit	pünktlich		X				unpünktlich
	prompt			X			lange Lieferzeiten
Entstörungsdienst	kommt schnell	X					kommt langsam
	kann sofort helfen			X			hat meist Probleme
	kulante Abwicklung		X				kleinkrämerisch
Servicemitarbeiter	freundlich				X		unfreundlich
	kompetent				X		inkompetent
	sauber/ordentlich					X	unordentlich
	ehrlich			X			unehrlich

Abb. 37: Verfeinerte Analyse des Service-Kompetenz-Images

Die Entscheidungsregel für die nähere Analyse einzelner Items könnte lauten, daß diejenigen Merkmalsausprägungen näher untersucht werden, bei denen das Unternehmen eine wesentlich schlechtere Beurteilung bekommt als der stärkste Konkurrent. Andere Heuristiken können von Unternehmensseite ggf. selbst erarbeitet werden, je nachdem, wie viele Einzelkriterien genauer untersucht werden sollen.

3.1.2 Kompetenz-Image-Bewertungs-Analyse

Die Ergebnisse der Kompetenz-Image-Analyse müssen hinterfragt werden. Unter Umständen wird festgestellt, daß das Unternehmen im Ruf steht, durch seine Produktion die Umwelt zu belasten, obwohl in den vergangenen Monaten umfangreiche Investitionen in umweltfreundliche Anlagen realisiert wurden. Evtl. wird auch festgestellt, daß einem Unternehmen keine hohe Innovationskraft zugebilligt wird, obwohl sich dessen F&E-Ausgaben deutlich erhöht haben und bereits über dem Branchendurchschnitt liegen.

In diesen Fällen ist zu analysieren, worin die Gründe für derartige Ergebnisse liegen. Teilweise mögen entsprechende negative Ursachen bereits beseitigt worden sein, doch das negative Image wirkt noch nach. Bei anderen Punkten werden evtl. Schwachstellen aufgedeckt, die einen Teil des Negativ-Images erklären, deren tatsächliche Ursachen jedoch noch gefunden werden müssen.

Natürlich kann es sich auch um positive Imageausprägungen handeln, wenn etwa dem Unternehmen großes soziales Engagement beigemessen wird. Auch in einem solchen Fall ist jedoch zu prüfen, inwieweit es sich evtl. um einen Imagebonus handelt, den es tatsächlich erst noch einzulösen gilt und der evtl. durch ganz andere Aspekte ausgelöst wurde.

Es ist also zwischen einem positiven und einem negativen Kompetenz-Image zu unterscheiden, das aus Sicht des Unternehmens entweder den tatsächlichen Gegebenheiten bzw. dem Selbstbild des Unternehmens entspricht oder auch nicht.

Bei der näheren Betrachtung der verfeinerten Analyse des Service-Kompetenz-Images in Abb. 37 ergibt sich u.U., daß von Unternehmensseite in den vergangenen Monaten intensiv an der Verbesserung des Außendienstes gearbeitet wurde, diesem jedoch noch ein negatives Image anhaftet. Andere kritische Bewertungen sind evtl. gerechtfertigt und lassen sich nicht nur durch kommunikative Maßnahmen verändern.

Zur besseren Übersicht werden die Ergebnisse in eine Analyse-Bewertungs-Matrix eingetragen. Hierbei wird zur feineren Differenzierung danach unterschieden, ob das Ergebnis aus Unternehmenssicht den Tatsachen entspricht, nicht entspricht oder teilweise entspricht. Weiterhin wird zwischen den drei Bereichen positives Kompetenz-Image, negatives Kompetenz-Image sowie neutraler Bereich unterschieden.

	Ergebnis entspricht aus Unternehmenssicht den Tatsachen	Ergebnis trifft aus Sicht des Unternehmens teilweise zu	Ergebnis entspricht aus Unternehmenssicht nicht den Tatsachen
Stärken: **Positives Kompetenz-Image**	(1) Entstörungsdienst kommt schnell (2) Entstörungsdienst wickelt kulant ab. (2) Lieferungen erfolgen eher pünktlich		
Neutraler Bereich	(3) Normal schnelle Lieferung (3) Normale Entstörungsdienstleistung (3) Servicemitarbeiter sind normal ehrlich		
Schwächen: **Negatives Kompetenz-Image**		(4) Servicemitarbeiter sind eher unfreundlich (4) Servicemitarbeiter sind eher inkompetent. (5) Servicemitarbeiter sind unordentlich.	

Abb. 38: Analyse-Bewertungs-Matrix

Zur Vorentscheidung, ob Sponsoring für eine konkrete Aufgabenstellung eingesetzt werden kann oder nicht, wird diese 9-Felder-Matrix auf eine 4-Felder-Matrix reduziert, um zu prägnanteren Aussagen über Sponsoringmöglichkeiten zu kommen.

	Ergebnis entspricht aus Unternehmenssicht den Tatsachen	Ergebnis entspricht aus Unternehmenssicht nicht den Tatsachen
positives Kompetenz-Image	**(I)** *Imagestabilisierung oder Imageforcierung* Stärke, durch Sponsoring ausbaubar.	**(II)** *Imagestabilisierung* Chance, Imagebonus muß jedoch in die Tat umgesetzt werden. Durch Sponsoring unterstützbar.
negatives Kompetenz-Image	**(IV)** *Kein Sponsoring-Einsatz* Zunächst Grund für Negativimage beheben, erst dann sponsern.	**(III)** *Imageforcierung* Imagekampagne sinnvoll, Unterstützung durch Sponsoring möglich.

Abb. 39: Analyse-Konsequenzen-Matrix

Die Ergebnisse werden mit Blick auf die späteren Betrachtungen wie folgt bewertet:

I = 30 Punkte
II = 20 Punkte
III = 10 Punkte
IV = 0 Punkte

Aus dieser Matrix läßt sich erkennen, in welchen Fällen Sponsoring sinnvoll im Rahmen der Imagepolitik eingesetzt werden kann und welche Ziele sich dadurch realisieren lassen. Dabei kann zwischen einem

- kommunikativen und einem
- unternehmensimmanenten Kompetenz-Image

unterschieden werden. Kommunikativ bedeutet, daß das Kompetenz-Image aus Unternehmenssicht nicht unbedingt der Realität entsprechen muß, produkt- bzw. unternehmensimmanent heißt demgegenüber, daß das Kompetenz-Image aus der Perspektive des potentiellen Sponsors auf zutreffenden Tatsachen beruht, somit den Bereich der tatsächlichen Kompetenz berührt.

3.1.3 Trend-Analyse

Die Image-Analyse spiegelt die Ist-Situation wider, also die Gegenwart. Über diese Ergebnisse hinaus ist es in Vorbereitung auf eine zukunftsorientierte Sponsoringplanung sinnvoll, eine Trend-Analyse[72] durchzuführen bzw. heranzuziehen. Der Trend zum Umweltbewußtsein war vor einigen Jahren noch relativ schwach ausgeprägt, so daß es bereits viel zählte, ihn als Trend zu erkennen. Aktivitäten von Unternehmensseite in dieser sehr frühen Phase wurden oft noch mit einem Imagebonus belegt.

Mittlerweile geht es auf diesem Gebiet um die Konkretisierung des Trends, wie z.B. die Wahl von neuen Energiequellen oder alternativen Fortbewegungsmitteln. Dafür gibt es andere Aspekte, die heute nur schwach wahrnehmbar sind und in einigen Jahren relevant werden könnten.

Diese Betrachtung ist mit Blick auf die Sponsoringplanung relevant, weil der Zeitaspekt beim Sponsern eine wichtige Rolle spielen kann. Je früher ein wichtiges Thema, ein Trend, aufgegriffen wird, desto größer ist die Chance, dafür Anerkennung zu bekommen. Wird dieser Trend andererseits zu früh aufgegriffen und darüber kommuniziert, verstehen die Rezipienten ein entsprechendes Sponsorship evtl. noch nicht als Problemlösung und honorieren es nicht entsprechend. Wird hingegen zu spät kommuniziert, d.h. wenn die Wettbewerber sich ebenfalls in dieser Richtung engagieren,[73] kann eine solche Initiative schnell vorausgesetzt und nicht mehr entsprechend gewürdigt werden. Es muß also der richtige Zeitpunkt zwischen der Reife der Trends und der Sättigung der Zielgruppen zu diesem Thema getroffen werden.

---

72) Weissman/Weßner sehen die Trendanalyse als Teil einer visionären Marktforschung und schlagen zur Umsetzung Recherchen in Fachzeitschriften und Datenbanken sowie Expertengespräche vor. Vgl. Weissman, A./Weßner, K.: Visionäre Marktforschung, in: absatzwirtschaft, Nr. 4/1994, S. 38 f.

73) Schreiner, M.: Umweltorientierung als Marketingperspektive, in: Umweltorientierung schafft Wettbewerbsvorteile, Protokoll vom 30. Würzburger Werbefachgespräch am 20./21.2.1992, Würzburg 1992, S. 8.

Es gibt mehrere Möglichkeiten, Prognosen über die Zukunft zu erarbeiten.[74] Meist wird dabei zwischen statistisch-mathemathischen und subjektiven Verfahren unterschieden. Zur ersten Gruppe gehört u.a. die Trendextrapolation, zur zweiten Einschätzungen unterschiedlicher Gesprächspartner. Die in der Theorie entwickelten Ansätze zur Zukunftsentwicklung sind sehr unterschiedlich. Während anfangs vor allem über Frühwarnsysteme diskutiert wurde, die Unternehmen eine vorzeitige Erkennung von potentiellen Gefährdungen ermöglichen sollten,[75] kamen im Laufe der Zeit Überlegungen hinzu, diese Verfahren im Sinne einer Frühaufklärung ebenso zur Registrierung von Chancen einzusetzen. Dafür wurde u.a. auf das von Ansoff bereits Mitte der 70er Jahre vorgeschlagene Konzept der 'Schwachen Signale' zurückgegriffen[76], durch welche sich "schlecht definierte und unscharf strukturierte Informationen, die auf strategische Diskontinuitäten (Trendveränderungen, Trendbrüche) hindeuten"[77] erkennen lassen.

Aus der Praxis herangezogen werden können im übrigen Unternehmensbefragungen[78] oder Bevölkerungsumfragen in Form von Panels[79], die teilweise auch von Unternehmen gesponsert werden, wie z.B. die B.A.T Freizeitanalysen[80] oder die SHELL-Studie über die Meinung von Jugend-

---

74) Vgl. Becker, J.: Marketing-Konzeption - Grundlagen des strategischen Managements, 3., verbesserte und ergänzte Auflage, München 1990, S. 381 ff.

75) Vgl. Hahn, D.: Frühwarnsysteme, Krisenmanagement und Unternehmensplanung, in: ZfB Ergänzungsheft, Nr. 2/1979, S. 25.

76) Vgl. Ansoff, H. I.: Managing Strategic Surprise by Response to Weak Signals, in: California Management Review, Nr. 2/1976, S. 21 ff.

77) Krystek, U.: Controlling und Frühaufklärung - Stand und Entwicklungstendenzen von Systemen der Frühaufklärung, in: Controlling, Nr. 2/1990, S. 70.

78) Vgl. z.B. zu Untersuchungen des IFO-Institutes, München Hahn, D./Oppenländer, K.H./Scholz, L.: Stand und Entwicklungstendenzen der strategischen Unternehmensplanung in der Bundesrepublik Deutschland - Erste Ergebnisse eines empirischen Forschungsprojektes, in: Hahn, D./Taylor, B. (Hrsg.): Strategische Unternehmensplanung - Strategische Unternehmensführung - Stand und Entwicklungstendenzen, 6., aktualisierte Auflage, Heidelberg 1992, S. 1001. Hier wurden die Einflüsse unterschiedliche Umfelder auf die Unternehmensentwicklung nach der Art der Beeinflussung sowie der Einflußrichtung, d.h. Chancen oder Risiko, beurteilt. Herangezogen wurden die Bereiche technologische Entwicklungen, Marktentwicklungen, politisch-gesetzliche Entwicklungen, Ökologieentwicklungen sowie sozio-kulturelle Entwicklungen.

79) Vgl. Friedrichs, J.: Methoden empirischer Sozialforschung, 13. Auflage, Opladen 1985, S. 365 ff.

80) Vgl. Stubenvoll, R.: Mehr Verständnis für die Freizeit, in: Das B.A.T Freizeit Forschungsinstitut als Beispiel für aktives Wissenschafts-Sponsoring, in: Strahlendorf, P. (Hrsg.): Jahrbuch Sponsoring 1991, Düsseldorf - Wien - New York 1991, S. 143.

lichen zu verschiedenen Themen. Auch einige Veröffentlichungen über Formen des Wertewandels[81] oder Trend-Reports[82] können durchaus die Diskussion bereichern. Trendbeobachtungen werden u.a. von großen Verlagen durchgeführt, welche die Ergebnisse teilweise regelmäßig veröffentlichen.[83]

Von Unternehmensseite können darüber hinaus eigene primärstatistische Analysen durchgeführt oder in Auftrag gegeben werden, z.B. durch eine Beteiligung an sogenannten Omnibus- oder Mehrthemenumfragen. Relevante Ergebnisse der Trend-Beobachtung sollten unternehmensseitig in einem entsprechenden Archiv gesammelt werden. Vor allem ist dies mit Blick auf die drei Kompetenz-Felder wichtig, da in den benannten Trend-Analysen darauf im allgemeinen nicht konkret Bezug genommen wird. Berücksichtigt werden sollte im konkreten Fall auch, wie sich ggf. die Bedeutung von Technologischer Kompetenz zu Service-Kompetenz, als auch Gesellschaftlicher Kompetenz verschiebt.

Durch die Trend-Analyse bekommen Unternehmen Hinweise auf aktuelle und zukünftige Themen, d.h. mögliche Kommunikationsinhalte, die von den Rezipienten aufgrund höherer Sensibilität besser aufgegriffen werden als andere. Jede Firma kann mit einfachen Mitteln ein "Trend-Analyse-Tableau" selbst anlegen, in welches die Ergebnisse von Befragungen, Beobachtungen und anderen Quellen einfließen können.

---

81) Vgl. Klages, H.: Wertewandel in Deutschland in den 90er Jahren, in: Rosenstiel von, L./Djarrahzadeh, M./Einsiedler, H. E./Streich, R. K. (Hrsg.): Wertewandel - Herausforderung für die Unternehmenspolitik in den 90er Jahren, 2. Auflage, Stuttgart 1993, S. 3 ff.

82) Vgl. Popcorn, F.: Der Popcorn Report - Trends für die Zukunft, 5. Auflage, München 1992, S. 36 ff.; vgl. Naisbitt, J./Aburdene, P.: Megatrends 2000 - Zehn Perspektiven für den Weg ins nächste Jahrtausend, Düsseldorf, Wien 1991, S. 19 ff.; vgl. Horx, M.: Trend Buch - Der erste große deutsche Trendreport, Düsseldorf 1993, S. 29 ff.

83) Vgl. Dialoge 3: Berichtsband, Die Stern-Bibliothek, Hamburg 1990; vgl. mit Blick auf den Wertewandel auch die "Wertewandel-Briefe", siehe hierzu o.V.: Wertewandel-Briefe, in: Marketing Journal, Nr. 1/1991, S. 85.

Umwelten	**Indikatoren**	*Unternehmen*	*Mitarbeiter*	*Kunden*	*Anwohner*	*Gewerkschaften*
technologische Umwelt	neue Technologien					
politisch-rechtliche Umwelt	neue Gesetze politische Stabilität					
sozio-kulturelle Umwelt	Verantwortung der Unternehmen					
ökologische Umwelt	Recycling					

Abb. 40: Trend-Analyse-Tableau

Interessant sind die Aussagen verschiedener Gruppen zu Veränderungen in der Zukunft, z.B. hinsichtlich technologischer, politisch-rechtlicher, ökologischer Faktoren o.ä.[84] Dabei sollten subjektive Schätzungen nach Möglichkeit durch statistisch-mathematische Verfahren ergänzt werden.

3.1.4 Trend-Relevanz-Analyse

Die Ergebnisse der Trend-Analyse müssen anschließend im Rahmen einer Relevanz-Analyse daraufhin überprüft werden, ob sie für einzelne Kompetenz-Felder des Unternehmens von Bedeutung sind und in welcher Phase sie sich jeweils befinden. Berücksichtigt werden muß, daß seitens der Öffentlichkeit dabei ohnehin von einigen Branchen Stellungnahmen zu verschiedenen Themen verlangt werden. Umweltgefährdende Wirtschaftsbereiche, wie z.B. die chemische Industrie oder Kraftwerksanlagenbetreiber, stehen naturgemäß unter einem vergleichsweise größeren Erklärungsdruck als andere Industriezweige.

Es wird vorgeschlagen, die im Trend-Analyse-Tableau gesammelten Informationen nach den zwei Aspekten Relevanz und Reife[85] zu bewerten, wobei folgende Punktzahlen vergeben werden:

Trend-Relevanz für das Unternehmen:

0 Punkte = Betroffenheit ist nicht zu erkennen

1 Punkt = Betroffenheit ist unsicher oder nur schwache Betroffenheit

2 Punkte = Betroffenheit liegt vor

3 Punkte = Unternehmen ist stark betroffen

84) Vgl. mit Blick auf verschiedene Szenarien Becker, J.: Marketing-Konzeption - Grundlagen des strategischen Marketing-Managements, a.a.O., S. 383 + S. 392. Siehe ähnlich Wiedmann, K.-P.: Konzeptionelle und methodische Grundlagen der Früherkennung, a.a.O., S. 319.

85) Vgl. hierzu ähnlich Liebl, F.: Issue Management - Bestandsaufnahme und Perspektiven, in: ZfB, Nr. 3/1994, S. 361, der das Konstrukt Issue mit dem deutschen Begriff Thema übersetzt und ausführt, daß Issues in gewisser Weise einem Lebenszyklus unterliegen.

Reife des Trends:

3 Punkte = sehr frühe Phase, nur schwach wahrnehmbar

2 Punkte = Trend ist stark wahrnehmbar

1 Punkt = Trend ist im Abklingen

Die Relevanz des Trends bzw. - in der Abb. 41 - des Indikators bezieht sich auf die Ausprägungen einzelner Items der Kompetenz-Image-Bereiche, also z.B. wird analysiert, welche Auswirkungen eine neue Technologie, wie z.B. die Gentechnologie, auf die F&E-Aufwendungen des Unternehmens hat bzw. haben wird.

Eine solche Relevanz-Analyse sollte durchgeführt werden, weil sie Aufschluß über Stärken und Schwächen als auch Chancen und Risiken für das Unternehmen gibt. Die Aussagen der verschiedenen Befragtengruppen werden - wie in Abb. 40 dargestellt - zusammengefaßt und mit den verschiedenen Kompetenz-Images in Zusammenhang gebracht, um eine Bewertungsmöglichkeit zu schaffen. Die Bewertungen Reife und Relevanz wurden multiplikativ verknüpft, um für den Fall, daß überhaupt keine Relevanz festzustellen ist, den Trend nicht weiter berücksichtigen zu müssen.

Erst auf diesen Ergebnissen kann eine sinnvolle Maßnahmenplanung aufbauen.[86] Dabei stellt sich die Frage nach den Konsequenzen der Bewertung. Ein Trend, von dem das Unternehmen zwar stark tangiert wird, der jedoch bereits wieder abklingt, eignet sich nicht so gut für ein längerfristiges Sponsorship, wie ein anderer, der sich noch in einer sehr frühen Phase befindet. Trends mit hoher Summenzahl, die das Unternehmen stark tangieren werden, sich jedoch noch in einer frühen Phase befinden, sollten in die Sponsoringplanung einbezogen werden.

---

86) Vgl. zu der Einbeziehung von Trends Raffée, H./Wiedmann, K.P.: Das gesellschaftliche Bewußtsein in der Bundesrepublik und seine Bedeutung für das Marketing, a.a.O., S. 24 f. Abb. 41 ist ein fiktives Beispiel in Form eines Ausfüllmusters. Sowohl die Indikatoren als auch die Kompetenz-Image-Ausprägungen sind von den Unternehmen selbst auszufüllen.

Umwelt	Indikator	Technologische Kompetenz	Relevanz	Reife	Ergebnis	Service Kompetenz	Relevanz	Reife	Ergebnis	Gesellschaftliche Kompetenz	Relevanz	Reife	Ergebnis
Technologische Umwelt	neue Technolgien (z.B. Gentechn.)	F&E Aufwendungen	2	1	2	Lieferfähigkeit				Engagement im Umweltschutz			
		Innovationsfreude	3	2	6	Entstörungsdienst				Engagement im soz. Bereich			
		Sicherheitsanforderungen	1	3	3	Servicemitarbeiter				Förderung von Mitarbeitern			
	...	F&E Aufwendungen	2	2	4	Lieferfähigkeit				Engagement im Umweltschutz			
		Innovationsfreude	0	3	0	Entstörungsdienst				Engagement im soz. Bereich			
		Sicherheitsanforderungen	1	2	2	Servicemitarbeiter				Förderung von Mitarbeitern			
Politisch-rechtliche Umwelt	neue Gesetze	F&E Aufwendungen	3	2	6	Lieferfähigkeit				Engagement im Umweltschutz			
		Innovationsfreude	0	1	0	Entstörungsdienst				Engagement im soz. Bereich			
		Sicherheitsanforderungen	2	3	6	Servicemitarbeiter				Förderung von Mitarbeitern			
	politische Stabilität	F&E Aufwendungen				Lieferfähigkeit				Engagement im Umweltschutz			
		Innovationsfreude				Entstörungsdienst				Engagement im soz. Bereich			
		Sicherheitsanforderungen				Servicemitarbeiter				Förderung von Mitarbeitern			
Sozio-kulturelle Umwelt	Verantwortung der Unternehmen	F&E Aufwendungen				Lieferfähigkeit				Engagement im Umweltschutz			
		Innovationsfreude				Entstörungsdienst				Engagement im soz. Bereich			
		Sicherheitsanforderungen				Servicemitarbeiter				Förderung von Mitarbeitern			
	...	F&E Aufwendungen				Lieferfähigkeit				Engagement im Umweltschutz			
		Innovationsfreude				Entstörungsdienst				Engagement im soz. Bereich			
		Sicherheitsanforderungen				Servicemitarbeiter				Förderung von Mitarbeitern			
Ökologische Umwelt	Recycling	F&E Aufwendungen				Lieferfähigkeit				Engagement im Umweltschutz			
		Innovationsfreude				Entstörungsdienst				Engagement im soz. Bereich			
		Sicherheitsanforderungen				Servicemitarbeiter				Förderung von Mitarbeitern			
	...	F&E Aufwendungen				Lieferfähigkeit				Engagement im Umweltschutz			
		Innovationsfreude				Entstörungsdienst				Engagement im soz. Bereich			
		Sicherheitsanforderungen				Servicemitarbeiter				Förderung von Mitarbeitern			
.....													

Abb. 41: Trend-Relevanz-Analyse

Wird von Unternehmensseite ein längerfristiges Sponsorship geplant, läßt sich auf diese Weise die komplette Trendwelle nutzen. Zugleich besteht durch die frühe Ausnutzung des Trends die Möglichkeit, einen Image-Bonus zu erzielen, indem das Unternehmen "Trendführerschaft" durch ein Sponsorship übernimmt. Auf diese Weise läßt sich eine kommunikative Alleinstellung als Sponsor für eine gewisse Zeit erreichen.

Werden von Unternehmensseite hingegen Sponsoring-Entscheidungen nicht auf der Grundlage eines Trend-Analyse-Tableaus, sondern ganz pragmatisch anhand eines "Sponsoring-Trends" getroffen, kann auch eine Abwendung von diesem Trend-Thema die Konsequenz sein, z.B. wenn einzelne Sponsoringarten schon von vielen Sponsoren genutzt werden. Es sind jedoch nicht nur andere Sponsoren zu beobachten, sondern vielmehr konkret die Sponsoring-Aktivitäten der Wettbewerber zu registrieren.

3.1.5 Wettbewerbs-Sponsorship-Analyse

Um die Erfolgschancen von Sponsoring-Engagements besser einschätzen zu können, sollte jedes Unternehmen die Kommunikations-Aktivitäten seiner Konkurrenten genau beobachten. Unter Marketinggesichtspunkten gehören hierzu selbstverständlich Werbung, Messen, Verkaufsförderung etc. Dabei sollten jedoch nicht nur die einzelnen Medien, Messen etc. beurteilt werden, durch die das Unternehmen kommuniziert, sondern auch die Gestaltung und die gemachten Aussagen.

Eine Einbeziehung der Wettbewerber in die Betrachtung, und zwar nicht nur unter dem Sponsoring-Gesichtspunkt, sondern auch mit Blick auf die zuvor beschriebene Kompetenz-Image-Analyse ist auch deshalb sinnvoll, weil selbst bei gleichbleibendem eigenen Leistungsverhalten des Unternehmens Imageverschiebungen auftreten können, wenn Konkurrenten ihr

Verhalten wesentlich verändern, z.B. ein neues Produkt, eine neuartige Dienstleistung o.ä. anbieten.[87]

Über die Betrachtung der konventionellen Kommunikationsinstrumente hinaus sollten jedoch insbesondere die Sponsoring-Aktivitäten der Wettbewerber registriert und ausgewertet werden. Obwohl die Medien nicht über alle Aktionen berichten, dürfte es doch für die meisten Firmen kein Problem sein, entsprechende Hinweise zu bekommen. Diese Informationen über Sponsoring-Aktivitäten können in einer Tabelle wie der nachfolgenden festgehalten werden.

Mitbewerber Firma Mustermann

Zeitraum	Beschreibung	Sport	Kunst	Hum.	Öko	Science	Sonst.	Summe	Quelle
Sommer 94	Berichtsband über Analyse des XY-Sees				X			15.000	Zeitschrift X, Ausgabe Y, Seite Z
Herbst 94	Theateraufführung		X					10.000	Zeitung X, Ausgabe vom ... Seite Z

Abb. 42: Wettbewerbs-Sponsorship-Analyse

Über die Wettbewerbsanalyse hinaus ist es möglich, durch Benchmarking nicht nur mehr Informationen über andere Sponsoren zu bekommen, sondern mittels Orientierung an sehr erfolgreichen Unternehmen schneller Erfolge als Sponsor zu erreichen.

> "Benchmarking ist ein kontinuierlicher Prozeß, bei dem Produkte, Dienstleistungen und insbesondere Prozesse und Methoden betrieblicher Funktionen über mehrere Unternehmen hinweg verglichen werden."[88]

87) Vgl. Bergler, R.: Unternehmensimage und Corporate Communications: Profilierung am Markt und in der Öffentlichkeitsarbeit, a.a.O., S. 12.

88) Herter, R. N.: Weltklasse mit Benchmarking - ein Werkzeug zur Verbesserung der Leistungsfähigkeit aller Unternehmensbereiche, in: Fortschriftliche Betriebsführung und Industrial Engineering, Nr. 5/1992, S. 254.

Die Zielsetzung besteht darin, "sich bei allen Aktivitäten an Weltklassestandards zu orientieren"[89] bzw. zum 'Besten der Besten' zu avancieren."[90] Dabei lassen sich vier Benchmarking-Stufen unterscheiden, die der historischen Entwicklung zugleich Rechnung tragen, und zwar Produkt Benchmarking, Funktions- oder Prozeß-Benchmarking, Best-Practices-Benchmarking sowie strategisches Benchmarking.[91] Für die Verbesserung von Geschäftsprozessen wird nach Unternehmen gesucht, in denen voraussichtlich "Best Practice" hinsichtlich des Prozesses vorliegt.[92]

Für den Sponsoringbereich bedeutet dies, daß sich potentielle Sponsoren bzw. Unternehmen, die ihr Sponsoring erfolgreicher betreiben möchten, z.B. an erfahrenen Sponsoren orientieren können. Möglich wäre dies im Sinne eines Sponsorship-Benchmarking, indem Sponsoring-Engagements anderer Unternehmen analysiert werden, und zwar nicht nur anhand von unternehmensextern zu erlangenden Daten, sondern durchaus in Zusammenarbeit mit dem sponsernden Unternehmen.[93]

Diese Form des Benchmarking kann erste Anhaltspunkte über erfolgreiche oder weniger erfolgreiche Sponsorships geben. Allerdings lassen sich die Ergebnisse nicht unbedingt übertragen, denn was für ein Unternehmen den gewünschten positiven Imagetransfer bewirkt hat, kann für ein anderes Unternehmen evtl. sogar negative Auswirkungen haben.

---

89) Herter, R.N.: Weltklasse mit Benchmarking, a.a.O., S. 254.

90) Horváth, P./Herter, R. N.: Benchmarking - Vergleich mit den Besten der Besten, in: Controlling, Nr. 1/1992, S. 5.

91) Vgl. Miller, G. J./Meyer, A. D./Nakane, J.: Benchmarking Global Manufacturing - Understanding international suppliers, customers, and competitors, Illinois 1992, S. 19 f.

92) Vgl. Kleinfeld, K.: Benchmarking für Prozesse, Produkte und Kaufteile - Ein Weg zu permanenter Verbesserung im Unternehmen, in: M&M Marktforschung und Management, Nr. 1/1994, S. 21.

93) Die ABB AG weist z.B. auch erste Versuche hin, Benchmarking im Bereich der Unternehmenskommunikation einzusetzen, und zwar zur Verbesserung ihrer Mitarbeiterzeitschrift. Vgl. Bunk, B.: Unternehmenskommunikation - Abschied von der Nabelschau, in: absatzwirtschaft Nr. 4/1994, S. 54.

Interessanter erscheint die Suche nach Benchmarking-Partnern, die für ein Sponsoring-Prozeß-Benchmarking geeignet erscheinen.[94] Hierbei würde es nicht um die Analyse von einzelnen Sponsorships gehen, sondern z.B. um die Verbesserung des Sponsoring-Entscheidungsprozesses. Unternehmen, die langjährige Sponsoringerfahrung haben, können hierfür wertvolle Partner sein, wobei z.B. auch bei Großunternehmen eine optimale Sponsoringplanung nicht immer erwartet werden darf.

Wenn im Benchmarking von Geschäftsprozessen normalerweise branchenfremde Unternehmen herangezogen werden, so kann dies auch auf Sponsoring-Benchmarking zutreffen. Konkret kann sich das auf Sponsoring erstrecken, so daß z.B. ein Unternehmen, welches Golfsport sponsern möchte, sich nicht unbedingt den größten Golfsponsor heraussuchen sollte, da auch hier ein gewisses Konkurrenzdenken - selbst zwischen branchenfremden Sponsoren - möglich ist.

Durch das konsequente Betreiben von Benchmarking entsteht "eine lernende Organisation, in der die permanente Verbesserung fest verankert ist[95], so daß Benchmarking entscheidend zur Qualitätsverbesserung,[96] auch im Sponsoring, beitragen kann. Zur Erreichung der Benchmarking-Ziele, d.h. durch Orientierung an Bestleistungen selbst besser zu werden, gibt es unterschiedliche Vergleichsmaßstäbe. In Unternehmen können bspw. unterschiedliche Abteilungen ihre Leistungen oder Arbeitsprozesse miteinander vergleichen. Normalerweise jedoch geht es darum, die Unternehmensleistungen mit denen anderer Firmen zu vergleichen.

---

94) Dies wäre eine Aufgabe des Sponsoring-Managers, denn "Die Aufgabe des Controllers besteht in der Einführung des Benchmarking und der dafür notwendigen Techniken." Horváth, P./Herter, R.N.: Benchmarking - Vergleich mit den Besten der Besten, a.a.O., S. 7. Benchmarking als Aufgabe des Sponsoring-Managers unterstützt zugleich den Regelkreis-Gedanken, denn es kann ein Instrument zur Förderung des Wandels sein. Auch im Sinne eines Qualitätsmanagements für Sponsoring ist Benchmarking sinnvoll, indem von Anfang an analysiert wird, welches die besten Sponsoringmöglichkeiten für das Unternehmen sind. Vgl. Walleck, A. S./O'Halloran, J. D./Leader, C. A.: Benchmarking world-class performance, in: The McKinsey Quarterly, Nr. 1/1991, S. 10.

95) Kleinfeld, K.: Benchmarking für Prozesse, Produkte und Kaufteile - Ein Weg zu permanenter Verbesserung im Unternehmen, in: M&M Marktforschung und Management, Nr. 1/1994, S. 19.

96) Vgl. Leibfried, K. H. J./McNair, C. J.: Benchmarking - Von der Konkurrenz lernen, die Konkurrenz überholen, Freiburg i.Br. 1993, S. 43.

Hierfür werden oft Benchmarking-Partner gesucht, die nicht aus der gleichen Branche stammen, um eine Zusammenarbeit möglich zu machen. Denkbar wäre es daher, eine Interessengemeinschaft Sponsoring, einen Sponsoring-Verband oder einen Sponsoring-Circle zu eröffnen, um gegenseitige Erfahrungen auszutauschen.

3.1.6 Analyse-Ergebnis

Die dargestellten fünf Analysestufen lassen sich auf drei Zwischenergebnisse verdichten. Die Bewertung der Kompetenz-Image-Analyse erfolgt in der Kompetenz-Image-Bewertungs-Analyse und die Bewertung der Trend-Analyse wird in der Trend-Relevanz-Analyse realisiert. Beide Ergebnisse werden in einer weiteren Matrix zusammengefaßt, während die Ergebnisse der Sponsorship-Wettbewerbs-Analyse an späterer Stelle herangezogen werden.

		Ergebnisse der Kompetenz-Image-Bewertungs-Analyse		
		I = 30 Pkt.	II = 20 Pkt.	III = 10 Pkt.
Ergebnisse der Trend-Relevanz-Anayse	0	30+0=30	20+0=20	10+0=10
	1	30+1=31	20+1=21	10+1=11
	2	30+2=32	20+2=22	10+2=12
	3	30+3=33	20+3=23	10+3=13
	4	30+4=34	20+4=24	10+4=14
	6	30+6=36	20+6=26	10+6=16
	9	30+9=39	20+9=29	10+9=19

Abb. 43: Zusammenfassende Analyse-Ergebnis-Matrix[97]

Die Punkte werden in die Matrix eingetragen und addiert, wobei nur Ergebniskategorien der Kompetenz-Image-Bewertungs-Analyse berücksich-

97) Erläuterung: Spaltenweise = Ergebnisse der Kompetenz-Image-Bewertungs-Analyse: I = 30 Pkt., II = 20 Pkt., III = 10 Pkt.; Zeilenweise = Ergebnisse der Trend-Relevanz-Analyse.

tigt werden, nach denen ein Sponsorship nicht von vornherein ausgeschlossen wird, wie in Feld IV. Die besten Aussichten für ein Sponsorship bestehen hiernach, wenn das Unternehmen ein positives Kompetenz-Image hat, das aus Sicht des Betriebes den Tatsachen entspricht (Feld I der Kompetenz-Image-Bewertungs-Analyse) und ein Trend aufgegriffen wird, der sich noch in einer frühen Phase befindet, einen oder mehrere Kompetenzbereiche des Unternehmens jedoch bereits stark tangiert. (Bei der zusammenfassenden Analyse ergibt sich dann ein Ergebnis von 9 Punkten.) I = 30 Pkt. + 9 Pkt. = 39 Pkt.

Unter Vorbehalt sollte Sponsoring hingegen betrieben werden, wenn sich in der zusammenfassenden Matrix z.B. nur ein Ergebnis von 10 Punkten einstellt. Das wäre der Fall, wenn das Unternehmen ein negatives Kompetenz-Image hat, welches zwar aus Sicht des Unternehmens nicht den Tatsachen entspricht, und mit einem Sponsorship einen abklingenden Trend aufgreifen würde, von welchem es nicht betroffen ist. III = 10 Pkt. + 0 Pkt. = 10 Pkt. Bei dieser Auswertung wird den Ergebnissen der Kompetenz-Image-Bewertungs-Analyse Priorität beigemessen, so daß in der zusammenfassenden Analyse-Ergebnis-Matrix keine kompensatorische Verknüpfung sondern eine nicht-kompensatorische durch eine Addition gewählt wurde.

In Konsequenz wird folgende Entscheidungsregel angeboten:

39 - 33 Punkte =	sehr gute bis gute Erfolgschancen für ein Sponsorship
32 - 23 Punkte =	gute bis mittlere Chancen
22 - 13 Punkte =	mittlere bis eher schlechte Chancen
12 - 10 Punkte =	eher schlechte bis keine Chancen

Mit den nach diesen Analyseschritten vorliegenden Ergebnissen kann in die Planungs-Phase eingetreten werden. Die Ergebnisse der Wettbewerbs-Sponsorship-Analyse werden in Abschnitt V.3.2.4 herangezogen.

3.2 Planungs-Phase

Nachdem im Rahmen der Analyse-Phase die Imagedefizite hinsichtlich des Kompetenz-Image festgestellt wurden, dient die Planungs-Phase dazu, die Auswahldeterminanten für ein konkretes Sponsorship festzulegen. Folgende Schritte sind hierbei angezeigt:

- Definition der (Sponsoring-) Ziele und -Zielgruppen
- Operationalisierung

Im folgenden wird primär das aktive Sponsoring betrachtet, das von einem systematischen Planungs- und Entscheidungsprozeß seitens des Unternehmens ausgeht. Als passives Sponsoring wird demgegenüber ein Engagement verstanden, das ein zu Sponsernder selbst an einen potentiellen Sponsor heranträgt, welcher sich wiederum ohne eine systematische Sponsoringplanung für oder gegen dieses Sponsorship entscheidet. Bevor jedoch auf die einzelnen Planungs-Phasen eingegangen wird, soll anhand des folgenden Exkurses die augenblickliche Situation verdeutlicht werden.

3.2.1 Exkurs "SponsoPolis"

Vorgestellt wird SponsoPolis, eine Modellstadt mit verschiedenen Vierteln, unterschiedlichen Bauwerken, einem Haupteingang und einer Stadtmauer. Folgende Elemente sind hierbei relevant:

Der Eingang

Der Eingang zu SponsoPolis stellt sich als eine kompliziert angelegte Schleuse dar, welche den Sponsoring-Entscheidungsprozeß verdeutlicht. Der innere Aufbau dieser Schleuse wird im folgenden noch ausführlich in seinen Etappen dargestellt. Es handelt sich dabei um eine Black-box, die von außen nicht einzusehen ist, was dem Tatbestand Rechnung trägt, daß Betrachtern meist verborgen bleibt, wie es zu Sponsoring-Entscheidungen kommt. Sichtbar hingegen ist das Ergebnis, d.h. wer oder was letztlich gesponsert wird. Sinnbildlich müssen in der Schleuse mehrere Beratungsetappen passiert werden, um zu ermitteln, in welchen Stadtvierteln "Sponsoringgebäude" errichtet werden dürfen. Am Ende des Ganges erhält das Unternehmen seine "Baugenehmigung".

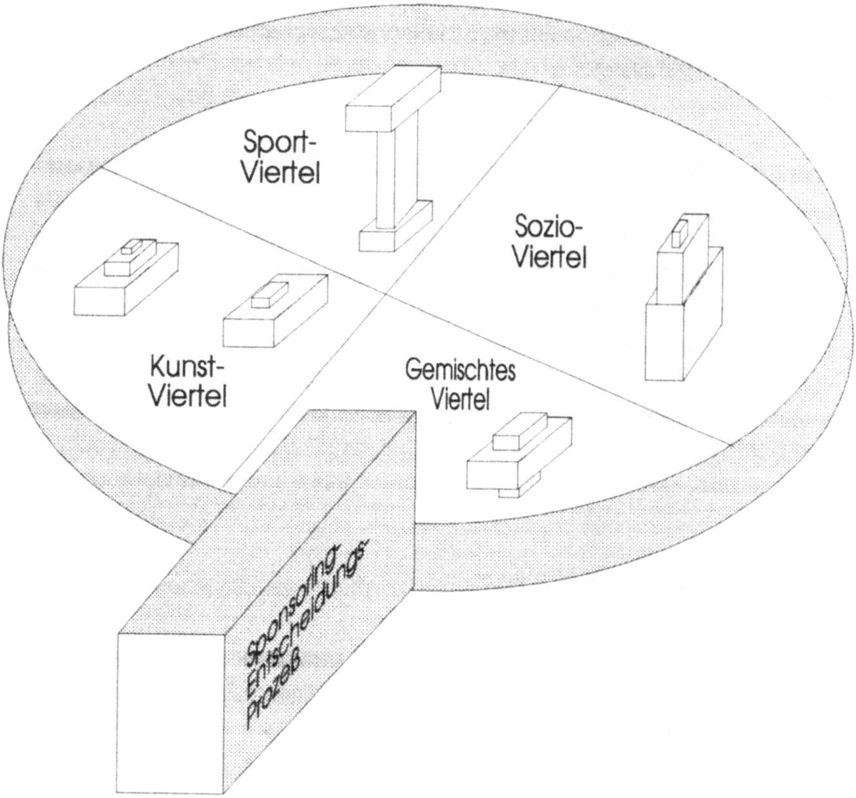

Abb. 44: SponsoPolis

Die Innenstadt

Die Stadt besteht aus verschiedenen Vierteln, die mit unterschiedlichen Bauwerken bebaut sind. Es gibt z.B. das Sport-Viertel, das Kunstviertel, das soziale Viertel und das gemischte Viertel. Die Bauwerke haben zum einen unterschiedliche Bodenflächen, zum anderen unterschiedliche Höhen. Die meisten weisen mehrere Etagen auf, die für die Engagements in verschiedenen Zielgruppen stehen.

Als Standard kann von drei Etagen ausgegangen werden. Die oberste Ebene (I) hat im Marketingbereich die Zielgruppe Top-Kunden (A-Kunden), im PR-Bereich Multiplikatoren aus Wirtschaft, Politik und Verbänden sowie Kapitalgeber im Visier. Die mittlere Etage (II) zielt auf der Marketingseite auf die B-Kunden, auf der PR-Seite auf Anwohner, Mitarbeiter und die dritte, d.h. untereste Etage (III) letztlich richtet sich aus Marketing-Sicht an die C-Kunden, aus PR-Sicht an die allgemeine Öffentlichkeit.

Die Grundfläche jeder Ebene steht für die geplante prozentuale Abdeckung der Zielgruppe durch eine Sponsoring-Maßnahme eines Unternehmens, d.h. es wird verdeutlicht, wieviel Prozent der Zielgruppenmitglieder von einem Sponsorship erreicht werden sollen. Wird bei einer 100 %-Abdeckung von 100 cm^2 ausgegangen, würde bei 10 % die Basisfläche bspw. 10 cm^2 groß sein, bei 70 % Abdeckung 70 cm^2. Der zweite wichtige Beurteilungsfaktor ist die Höhe der Sponsoringaufwendungen. Ein sehr kostengünstiges Engagement wird durch einen flachen Block dargestellt, ein kostenintensives durch einen hohen Quader. Eine Höhe von 1 cm könnte 10 TDM bedeuten, so daß ein Sponsorship mit 100 TDM entsprechend 10 cm hoch wäre. Je nach der Größe des finanziellen Engagements muß vom Unternehmen ein geeigneter Maßstab gewählt werden. Wichtig ist aber, daß die Budgets im richtigen Verhältnis zueinander dargestellt werden.

In den Stadtvierteln gibt es unterschiedliche Gebäude bzw. Pyramiden. Im Sportviertel Sport-Pyramiden, im Kunstviertel Kunst-Pyramiden usw. Die gemischten Gebäude kennzeichnen, daß es sich um unterschiedliche Sponsoring-Engagements handelt, z.B. das Sponsern einer Fußballmannschaft mit Blick auf die Allgemeinheit und die Unterstützung einer Museumsausstellung für gute Kunden. Ein Unternehmen kann auch mehrere Gebäude in unterschiedlichen Vierteln errichten. Der Zweck einer derartigen Darstellung ist, die verschiedenen Sponsoring-Engagements jedes einzelnen Unternehmens aussagekräftig zu visualisieren.

Die Stadtmauer

Die Mauer dient der Orientierung, daß es noch einen offiziellen Eingang geben muß. Damit ist zugleich die momentane Situation in der Praxis dargestellt. Viele Unternehmen sponsern, ohne einen Sponsoring-Entscheidungsprozeß durchlaufen zu haben. Sie haben die Möglichkeiten des Sponsoring vor Augen - sinnbildlich SponsoPolis - laufen darauf zu, überwinden die niedrige Mauer und machen ihre ersten Erfahrungen. So wird häufig erst nach einem realisierten Sponsorship überlegt, ob das Engagement sinnvoll war oder nicht.

Welche Phasen ein Sponsoring-Entscheidungsprozeß haben sollte und wie vor der Durchführung eines Engagements zu klären ist, welche Form des Sponsoring für ein Unternehmen sinnvoll sein kann, wird durch die nachfolgenden Ausführungen verdeutlicht.

3.2.2 Ziele und Zielgruppen

Wie weiter vorn ausgeführt wurde, werden Imagestabilisierung und Imageforcierung als wichtige Imageziele im Rahmen dieser Arbeit gesehen. Im Mittelpunkt steht dabei die Frage, wie Unternehmen durch Sponsoring insbesondere ihr Kompetenz-Image positiv beeinflussen können. Als Zielgruppen wurden neben den unmittelbaren Abnehmern Personen und Gruppen aus dem weiteren Umfeld des potentiellen Sponsors benannt, die mittelbar oder unmittelbar Transaktionsprozesse beeinflussen können. In der vorangegangenen Analyse-Phase wurde schließlich aufgezeigt, wie sich Kompetenz-Image-Defizite des Unternehmens aus Sicht verschiedener Zielgruppen erkennen lassen.

Bei der Formulierung von Zielen sind diese und andere Erwartungen möglichst genau zu fixieren, um ein optimales Sponsorship entwickeln zu können. Als Hilfestellung wird ein mehrstufiges Zieltableau vorgeschlagen, das den Sponsorship-Planer bei der Zielformulierung unterstützt.

Stufe 1:

Zielgruppen	**Abnehmer**	Lieferanten	Mitarbeiter	Kapitalgeber
Ziel	**Imageforcierung**		Imagestabilisierung	
Fristigkeit	kurzfristig	**mittelfristig**	langfristig	
...	...	...	...	

Stufe 2:

Abnehmer	A-Kunden	**B-Kunden**	C-Kunden	
Imageforcierung	**Der Außendienst soll ein dynamischeres Image bekommen.**			
mittelfristig	**Innerhalb von zwei Jahren**			
...	...	...	...	

Abb. 45: Imageziel-Tableau

Die Zielformulierung im angegebenen Beispiel könnte lauten: "Innerhalb von 2 Jahren soll bei B-Kunden das Image eines dynamischen Außendienstes aufgebaut werden. Es handelt sich im konkreten Fall um 250 Unternehmen im gesamten Bundesgebiet."

Die Anzahl der Konkretisierungsstufen sowie die der abzufragenden Kriterien als auch der möglichen Antwortalternativen kann von Unternehmensseite beliebig erweitert und modifiziert werden. Wichtig jedoch ist, daß letztlich eine klare Zielformulierung vorliegt. Handelt es sich um verschiedene Ziele für unterschiedliche Zielgruppen, ist es sinnvoll, dies durch eine Ziele-/Zielgruppen-Matrix zu verdeutlichen. So können Synergiechancen schneller erkannt und Aktionen miteinander verbunden werden.

Ziele / Zielgruppe	Zielgruppe I	Zielgruppe II	Zielgruppe III
Außendienst muß dynamischer werden.			
Service muß schneller beim Kunden sein.			
Fertigung muß umweltfreundlicher werden.			

Abb. 46: Ziele-/Zielgruppen-Matrix

3.2.3 Operationalisierung

Bislang weitgehend ungelöst in der Literatur ist die Frage, wie ein adäquates Sponsoring-Mix für unterschiedliche Sponsoringziele aussehen kann. Wird bspw. grob als Ziel formuliert, daß das Service-Kompetenz-Image bei der Zielgruppe Abnehmer verbessert werden muß, konkret z.B. der Service schneller wirken soll, würde die erste Entscheidung u.U. auf eine schnelle Sportart fallen. Möglicherweise handelt es sich aber um ein Unternehmen, das darüber hinaus einen sehr guten Service durch ein enges Mitarbeiternetz bieten kann, was bisher jedoch nicht hinreichend publiziert wurde. Dann könnte neben der Schnelligkeit auch der Aspekt des Teamgeistes wichtig sein.

Die Operationalisierungs-Phase ist daher entscheidend für die Auswahl eines entsprechenden Sponsoring. Dazu muß z.B. das Ziel "Service soll schneller werden" zunächst auf eine sponsoring-adäquate Sprache übertragen werden.

Service	->	Dienstleistung, Kundenorientierung
schneller	->	schnell

Es eignen sich sowohl Adjektive als auch Substantive, um das Ziel zu beschreiben, wobei es für einen Transfer aber erforderlich ist, eine Brücke zwischen Unternehmensimage und Sponsoring zu bauen, da Ergebnisse von Imageuntersuchungen möglicher Sponsoringarten häufig als Semantische Differentiale mittels Adjektiven dargestellt werden. Hierzu folgendes Beispiel mit Blick auf die Technologische Kompetenz:

Substantive		Adjektive
(hohe) F&E-Aufwendungen	->	fortschrittlich, zukunftsorientiert
(große) Innovationsfreude	->	innovativ, dynamisch
(strenge) Sicherheitsnormen	->	präzise

Um z.B. zu unterstreichen, daß das Unternehmen hohe F&E-Aufwendungen betreibt und dadurch einen technologischen Wettbewerbsvorteil bietet, könnte ein Adjektiv wie "fortschrittlich" gewählt werden. So ließe sich im Rahmen des nachfolgend dargestellten Sponsoring-Auswahl-Prozesses feststellen, auf welche Sponsoringobjekte dieses Adjektiv ebenfalls zutrifft.

3.2.4 Sponsoring-Auswahl-Prozeß

Beim Thema Auswahl von Sponsorships werden nur wenig Autoren konkret. Das mag an der Vielfältigkeit der Kombinationsmöglichkeiten oder auch an der mangelnden empirischen Absicherung von konkreten Auswahlverfahren liegen. Einige Verfasser stützen sich auf einfache Punktbewertungsverfahren[98], die die möglichen Engagements in ihrer Gesamtheit bewerten.

Diese Verfahren lassen sich in aller Regel gut verwenden, wenn es sich um eine überschaubare Zahl von Sponsorships handelt, wie dies in der Praxis häufig der Fall ist, wenn potentiell Gesponserte nach Sponsoren suchen und den Unternehmen konkrete Sponsorships anbieten. Im Gegensatz zu diesem eher passiven Auswahlverfahren soll jedoch eine Möglichkeit gefunden werden, die es den Sponsoren auch bei aktiver Suche ermöglicht, eine befriedigende Auswahl aus einer sehr großen Zahl von Sponsorship-Möglichkeiten zu treffen. Benötigt wird hierfür ein Auswahlverfahren, mit dem ideale Sponsorships "konstruiert" werden können.

Zunächst ist zu prüfen, aus welchen relevanten Bestandteilen ein Sponsorship besteht. Dies sind vor allem jene Elemente, die bereits in der Sponsorship-Politik dargestellt wurden, d.h. die Makro- bzw. Kernelemente sowie die Mikro- bzw. Gestaltungsinstrumente. Folgende Ebenen sind dabei zu berücksichtigen:

1. Ebene	SPORT	KUNST	SOZIO		
2. Ebene	Wassersport	Bildende Kunst	Öko	Science	...
3. Ebene	Schwimmen	Architektur	Natur	Forschung	...
4. Ebene	Spitzenebene	Leistungsebene	Breitenebene	Nachwuchsebene	
5. Ebene	Einzelne	Teams	Organisationen	Veranstaltungen	...

Abb. 47: Sponsorship-Imageebenen

Grundsätzlich ist es denkbar, bei der Auswahl konkreter Sponsorships Ebene für Ebene nach der möglichen Zielerfüllung zu analysieren. So

98) Vgl. Bruhn, M.: Sponsoring - Unternehmen als Mäzene und Sponsoren, 1991, a.a.O., S. 353; Drees, N.: Sportsponsoring, a.a.O., S. 172.

würde der Soziobereich bei dem Ziel, ein Sponsorship für die Attribute "schneller" und "dynamischer" zu finden, voraussichtlich relativ schnell ausselektiert werden. Es gibt zu dieser 1. Stufe Untersuchungen, bei denen bspw. das Sample-Institut im Rahmen einer repräsentativen Umfrage 1991 feststellen konnte, daß vor allem Sport-Sponsoren häufig unterstellt wird, sie seien "nur am Geld interessiert", was besonders auf Sportarten mit ausgeprägtem Werbeumfeld zutrifft. Kultur-Sponsoren wird dagegen Exklusivität zugesprochen und lediglich den Sozio- und Umweltsponsoren wird die "Eigenschaft 'ehrlich' zugeordnet."[99]

Ein weiteres Ergebnis bei der Befragung westdeutscher Probanden ergab, daß die Attribute "führendes Unternehmen" und "Leistungsstärke" je nach Engagement der Sponsoren variierten.[100]

	führendes Unternehmen	leistungsstark
Sport-Sponsor:	55 %	41 %
Kultur-Sponsor:	42 %	24 %
Umwelt-Sponsor:	42 %	25 %
Sozial-Sponsor:	40 %	23 %

Untersucht wurden auch die Unterschiede zwischen west- und ostdeutschen Befragten. So unterscheidet sich z.B. das Interesse beider Gruppen besonders in den Bereichen Musik und Soziales. Befragt wurden 2.000 Westdeutsche und 1.000 Ostdeutsche nach ihren Interessen an verschiedenen Bereichen mit folgenden Ergebnissen:[101]

---

99) Angenendt, C.: Imagetransfer und Akzeptanz beim Sponsoring, in: planung und analyse, Nr. 2/1993, S. 5 f.

100) Vgl. Witt, G./Angenendt, C.: Wege der Wirkungskontrolle beim Sponsoring, in: planung und analyse, Nr. 3/1992, S. 12. Andere Befragungskriterien legte z.B. das Kölner Marktforschungsinstitut Sport+Markt an. Vgl. zu verschiedenen Imagefaktoren im Sponsoring Wünsch, B.: Umwelt steht vor Rock und Pop - Studie über Kultur-, Sozio- und Ökosponsoring: Hohe Akzeptanzwerte, in: Horizont, Nr. 2/1991, S. 9. Zum Versuch, verschiedenen Sportarten verschiedene Imagedimensionen beizumessen vgl. Hanrieder, M.: Die Planungssystematik der Sportwerbung, a.a.O., S. 118 ff.

101) Vgl. Witt, G./Angenendt, C.: Wege der Wirkungskontrolle beim Sponsoring, a.a.O., S. 11.

	Westdeutsche	Ostdeutsche
Natur/Umwelt	43 %	45 %
Musik	39 %	50 %
Sport	36 %	36 %
Soziales	26 %	45 %
Forschung/Technik	21 %	23 %
Kultur	14 %	18 %
Theater	13 %	16 %
Kunst	11 %	14 %

Danach bestehen z.B. für Öko-Sponsoring gute Erfolgschancen, zumal dieser Bereich bisher nur von wenigen Sponsoren "belegt" ist und mit diesen assoziiert wird. Befragt nach den Bereichen, in denen die Auskunftspersonen schon von Sponsoring gehört haben, antworteten:

	Westdeutsche	Ostdeutsche
Sport	81 %	80 %
Forschung/Technik	29 %	28 %
Kunst	26 %	27 %
Musik	22 %	22 %
Umwelt	19 %	27 %
Kultur	18 %	23 %
Soziales	12 %	20 %

Dabei zeigten sich innerhalb der einzelnen Sponsoringarten weitere Unterschiede. So erinnerten sich z.B. 67 % der befragten Westdeutschen an bestimmte Sponsoren im Fußball, jedoch nur zu 30 % bei der Leichtathletik, oder nur zu 14 % beim Golf und zu 12 % beim Eishockey.[102]

Festzuhalten ist, daß es Untersuchungen zu Images und Einstellungen für die oberste Selektionsebene gibt, die lediglich zwischen Sport, Kunst und Soziales unterscheidet, sowie Befragungen, die konkret auf einzelne Sport-[103] oder Kunstarten eingehen. Auch erste Versuche, entsprechende Imageergebnisse als Datenbank anzubieten, existieren bereits.[104]

Ein Problem aber kann darin gesehen werden, daß bislang keine verläßlichen Studien darüber vorliegen, wie sich das Image von Sponsorships

---

102) Vgl. Witt, G./Angenendt, C.: Wege der Wirkungskontrolle beim Sponsoring, a.a.O., S. 14. Ergebnisse zu einer Untersuchung nach bekannten Sponsoren in der Schweiz veröffentlichte Schoch, R. B.: Sponsoren und Sponsoring: Wissen, Einstellungen und Meinungen in der Öffentlichkeit, in: Thexis, Nr. 6/1988, S. 30 f.

103) Vgl. Kap. III dieser Arbeit.

104) Vgl. auch Bruhn, M.: Sponsoring, 1991, a.a.O., S. 174 f.

tatsächlich zusammensetzt. Wirkt es in seiner Gesamtheit oder wird jede Stufe einzeln wahrgenommen und bewertet, d.h. z.B. SPORT -> Ballsport -> Handball -> Leistungsklasse -> Leistungsempfänger. Nach Püttmann gibt es mehrere Möglichkeiten, wie Sponsoringobjekte imagebeeinflussend wirken können, und zwar

- "durch Imagetransfer vom Sponsoringfeld (z.B. der Kunst),
- durch Imagetransfer vom Sponsoring-Sektor (z.B. der Pop-Musik),
- durch Imagetransfer vom Gesponserten bzw. Event auf den Sponsor bzw. seine Marke."[105]

Eine Analogie für dieses Problem scheint sich im Verhältnis von Branchen-, Unternehmens- und Produktimage anzubieten. Zwar bedingen die einzelnen Imagestufen einander, über die konkrete Abhängigkeit voneinander gibt es jedoch keine verläßlichen Daten, weil dies von zahlreichen beeinflussenden Faktoren abhängig ist.[106] So kann ein Unternehmen ein gutes Image haben, obwohl das Image der Branche sehr negativ beurteilt wird, als auch umgekehrt.[107]

Auch die Modelle zur Einstellungsmessung von Fishbein und Trommsdorff[108] helfen an dieser Stelle kaum weiter. Zwar untersuchen sie Meinungsgegenstände nach einzelnen Beurteilungskriterien, doch handelt es sich letztlich um beschreibbare vorliegende Produkte. Bei der Auswahl von noch nicht feststehenden Sponsorships geht es hingegen um die Frage, ob und wie potentielle Sponsoren geeignete Engagements bereits während der Planungs-Phase unter Imagegesichtspunkten optimal auswählen können. Wissenschaftlich befriedigend ließe sich dieses Problem

---

105) Püttmann, M.: Sponsoring - Erfolgreiche Symbiose zwischen Wirtschaft und Gesellschaft?, a.a.O., S. 263. Belz spricht im Zusammenhang von Sport-Sponsoring auch von Ereignis-Marketing, bei dem gesellschaftlich wichtige Ereignisse im Sport oder in anderen Bereichen genutzt werden, um diese mit der Unternehmensleistung zu verbinden. Vgl. Belz, C.: Sport als Ereignis für das Marketing, in: Thexis, Nr. 6/1988, S. 6.

106) Vgl. Kap. II dieser Arbeit.

107) Verwiesen sei auch auf Gröne, der sich mit der selektiven Wahrnehmung einzelner Produktteile bei Investitionsgütern auseinandersetzt und feststellt, daß sehr wohl einzelne Komponenten wahrgenommen werden, die auf andere abstrahlen. Auch ein gutes Anbieterimage kann sich positiv auf die Produkte auswirken. Vgl. Gröne, A.: Marktsegmentierung bei Investitionsgütern - Analyse und Typologie des industriellen Einkaufsverhaltens als Grundlage der Marketingplanung, Wiesbaden 1977, S. 147.

108) Vgl. Hätty, H.: Der Markentransfer, a.a.O., S. 76.

dann lösen, wenn ein empirischer Nachweis über die Image-Anteilsverhältnisse einzelner Sponsorship-Komponenten am gesamten Sponsorship-Image über alle möglichen Sponsorshiparten und -ausprägungen geführt werden würde. Dies jedoch muß weitergehenden Arbeiten vorbehalten bleiben.

Unter Berücksichtigung der vorliegenden Erkenntnisse wird im folgenden jedoch eine Vorgehensweise vorgestellt, die dennoch zur Auswahl zieladäquater Sponsorships beitragen kann und mit überschaubarem Aufwand realisierbar ist. Ausgehend von der Ursprungsfrage, wie ein Imagetransfer vom Sponsoringobjekt auf den Sponsor zu realisieren ist, muß zunächst nach dem Image des Sponsoring-Objektes gefragt werden, wobei zwischen mehreren Stufen zu unterscheiden ist. Je tiefer die Stufe, desto differenzierter die Aussagemöglichkeiten bzgl. der einzelnen Images, z.B. hinsichtlich unterschiedlicher Sportarten.

Obwohl bereits - wie dargestellt -, auf der 1. Stufe mit den Sponsoringbereichen Sport, Kunst und Sozio bestimmte Annahmen von seiten der Betrachter verbunden werden, erscheint es nicht angezeigt, die drei Oberbegriffe als Entscheidungskriterium zu nehmen, da für eine Sponsoringplanung kaum verwertbare Aussagen möglich sind. Auch die Berücksichtigung der zweiten Stufe, die z.B. nach Ballsport, Skisport, darstellender oder bildender Kunst untergliedert, ist noch nicht empfehlenswert, weil auch sie noch zu unkonkret ist. Die dritte Stufe schließlich bietet einen befriedigenden Konkretisierungsgrad und ist zugleich unter forschungsökonomischen Gesichtspunkten noch vertretbar, so daß Sponsoren empfohlen wird, auf dieser Ebene nach geeigneten Imageprofilen zu suchen.

Aus den sich auf dieser Stufe ergebenden Sponsoringarten sollten interessierte Sponsoren eine Vorauswahl treffen. Will das Unternehmen bspw. ein Sponsorship aktiv während des gesamten Jahres nutzen und dies auch konsequent in der Werbung darstellen, könnten jahreszeitabhängige Sponsoringarten ausselektiert werden, wie z.B. Fußball, Golf oder Skilauf. Der Kunst- als auch der Sozio-Sponsoringbereich sind demgegenüber etwas unabhängiger von der Jahreszeit. Durch die eigene Relations- und

Informations-Politik des Sponsors kann dieser allerdings auch bei jahreszeitabhängigen Engagements die ruhigen Pausen nutzen, um bspw. die Trainingszeiten als auch die Hintergründe des Sponsorships darzustellen.

Neben der Jahreszeit können regionale Gegebenheiten ein weiteres Auswahlkriterium darstellen. Für einen norddeutschen Regionalanbieter mögen alpine Wintersportarten nur bedingt erstrebenswert sein, ebenso wie für ein kleines süddeutsches Unternehmen die Unterstützung einer Hochseeregatta. Dabei sollte allerdings auch in der Vorauswahl für unkonventionelle Lösungen Platz gelassen, d.h. diese sollten nicht ausselektiert werden, weil - bei passendem Imageprofil - durch ungewöhnliche Leistungen ein höherer Aufmerksamkeitsgrad erreicht werden kann.

Die danach selektierten Sponsoringarten sollten vor weiteren Analysen daraufhin untersucht werden, ob einerseits die unmittelbare Konkurrenz des Unternehmens bereits in ähnlichen Bereichen sponsert. Andererseits sollte die Reife des Sponsoringbereiches bewertet werden, d.h. handelt es sich z.B. um eine Sportart, in der schon zahlreiche Unternehmen seit vielen Jahren als Sponsoren aufgetreten sind oder wird generell "Sponsoring-Neuland" beschritten.

Da durch Sponsoring nicht nur der gewünschte Imagetransfer für das Unternehmen erreicht werden soll, sondern nach Möglichkeit auch ein langfristiges Alleinstellungsmerkmal, hilft folgende Bewertung bei der Suche möglicher Sponsoring-Nischen weiter. Bei den Wettbewerbsaktivitäten wird von 'keine Wettbewerber' bis 'viele Wettbewerber' unterschieden.[109] Mit Sponsoring-Reife ist hingegen gemeint, inwieweit dieser Sponsoringbereich generell von anderen Unternehmen als Sponsoringbetätigungsfeld genutzt wird.[110] Es wird zwischen unterschiedlichen Phasen[111] und nicht nach der Anzahl der Sponsoren unterschieden, weil hier-

---

109) Keine Wettbewerber = 3 Pkt.; ein Wettbewerber = 2 Pkt.; einige Wettbewerber = 1 Pkt., viele Wettbewerber = 0 Pkt.

110) Wenn sich konkurrierende Unternehmen im gleichen Sponsoringbereich engagieren, handelt es sich um "me-too"-Aktivitäten, was häufig dazu führt, daß die Honorare erheblich ansteigen, während der kommunikative Nutzen für den Sponsor immer zweifelhafter wird. Vgl. Groß, M.: Sport-Sponsoring-Praxis - nicht jedes Gold glänzt, in: Strahlendorf, P. (Hrsg.): Jahrbuch Sponsoring 1991, Düsseldorf, Wien, New York 1991, S. 99.

111) Frühe Phase = 3 Pkt.; mittlere Phase = 2 Pkt.; späte Phase = 1 Pkt.

bei auch der Aspekt berücksichtigt wird, inwieweit das konkrete Sponsoringbetätigungsfeld unter dem Sponsoringgesichtspunkt in den Medien dargestellt wird und bekannt ist. So wäre es denkbar, daß einige Sponsoren bereits seit vielen Jahren Kunstprojekte in einem bestimmten Bereich sponsern, dies bisher jedoch kaum bekannt wurde. Gelingt es einem Sponsor nun, z.B. durch ein größeres Sponsorship, breitere Aufmerksamkeit auf diese Sponsoringart zu lenken, kann er immer noch von dem hier beschriebenen Vorteil der "frühen Phase" profitieren, da die "kleineren" Sponsorships den Rezipienten ggf. nicht bekannt sind. Diese Betrachtungen können jedoch nur für vergleichbare Zielgruppen angestellt werden, denn es ist durchaus möglich, daß die vorbenannten "kleineren" Sponsorships sehr zielgruppenorientiert geplant und durchgeführt wurden, z.B. für die Abnehmer eines Herstellers spezieller Chemikalien für den industriellen Bereich. In diesen Kreisen könnte das Sponsorship bekannt sein, im Maschinenbau hingegen - durch einen anderen Einsatz des relations- und informations-politischen Instrumentariums - hingegen nicht.

So wäre es denkbar, daß z.B. in einem Maschinenbauunternehmen die Entscheidung für eine bestimmte Kunstart getroffen wird, bei der es bisher keinen anderen Maschinenbauer als Sponsor gibt (3 Pkt., keine Wettbewerber), jedoch ein paar Unternehmen anderer Branchen, über deren Aktivitäten bisher jedoch wenig bekannt wurde. (2 Pkt.)

Vorauswahl Sponsoringart	**Wettbewerbs-aktivitäten**		**Sponsoring-Reife**		**Bewertungs-ergebnis**
Klassische Oper	3	x	2	=	6
Baskettball	1	x	2	=	2
...		x		=	

Abb. 48: Sponsoring-Wettbewerbs-/Reife-Matrix

Die Ergebnisse der Sponsoring-Wettbewerbs-/Reife-Matrix reichen bei dieser Matrix von 0 bis 9 Punkten. Je höher die Punktzahl, desto eher sollte das Unternehmen die vorausgewählte Sponsoringart weiter untersuchen. Eine genaue Entscheidungsregel wird an dieser Stelle jedoch nicht angeboten, da es u.a. von der Anzahl der noch zur Verfügung stehenden Sponsoringarten abhängt, wieviele ausselektiert werden können und sollen.

Nach einer solchen mehrstufigen Vorauswahl sollten die verbliebenen Sponsorships auf ihre Tauglichkeit bzgl. ihrer Imageprofile untersucht werden. Zwar können grundsätzlich vorhandene Sponsoring-Image-Analysen herangezogen werden, doch dies häufig nur unter Vorbehalt, da genau geprüft werden muß, welche Strukturmerkmale die befragten Gruppen haben. Dies ist wichtig, weil signifikante Unterschiede bei der Bewertung von Befragten verschiedener soziodemografischer Gruppen bei einigen Befragungen über die Sponsoring-Wirkung festgestellt werden konnten.[112]

Auch die Sponsorship-Imageebenen 4. und 5. sollten bei derartigen Befragungen berücksichtigt werden. Danach könnte - noch bevor konkrete Sponsorships vorliegen - ein grober Anforderungs-/Such-Katalog entwickelt werden. So ließe sich definieren, daß ein Sponsoring-Engagement im Handballsport auf der Spitzenebene gefördert werden sollte und eine Mannschaft Leistungsempfänger wäre.

Auf Grundlage dieses Anforderungs-/Such-Kataloges könnten konkrete Sponsorships generiert werden, zu deren Feinabstimmung die Gestaltungselemente der Sponsorship-Politik eingesetzt werden. Bei der Suche nach einer zu sponsernden Person sind die bisherigen Leistungen und Erfolge, der Bekanntheitsgrad, die Persönlichkeit und die Kosten z.B. relevant. Soll es sich hingegen um ein Projekt handeln, das zu sponsern ist, wie z.B. ein Wettbewerb, eine Ausstellung o.ä., können die Erfahrungen des Ausrichters ebenso eine Rolle spielen wie die erwartete Medienprä-

112) Vgl. Schneider, W./Müller, S./Mai, T.: Kommunikationswirkung von Sozio-Sponsoring - Erfolgskontrolle mit Hilfe eines experimentellen Designs, in: Marktforschung & Management, Nr. 3/1991, S. 133 f., wonach der Hinweis eines Mineralwasserherstellers auf sein Sozio-Sponsoring in der Anzeigenwerbung besonders bei jüngeren Befragten und Interviewten mit höherem Einkommen zu positiven Imageverschiebungen führte. Die Ergebnisse der meist im Rahmen von normalen Bevölkerungsumfragen ermittelten Ergebnisse von Sponsoring-Image-Analysen müßten entsprechend für den Investitionsgüterbereich empirisch überprüft werden.

senz, die Vergabe von Lizenzen, die Werbemöglichkeiten im Umfeld des Ereignisses als auch die Teilnahme wichtiger Persönlichkeiten.[113]

Kommen danach mehrere konkrete Sponsorships in Betracht, z.B. weil es einige Handballmannschaften gibt, die unter gleichen Gesichtspunkten unterstützt werden könnten, empfiehlt sich eine endgültige Entscheidung auf Grundlage eines Punktbewertungsverfahrens.[114]

3.3 Umsetzungs- und Integrations-Phase

Nachdem in der Analyse-Phase die grundsätzliche Möglichkeit für Sponsoringaktivitäten eines Unternehmens geklärt und in der Planungs-Phase konkrete Sponsorships ausgewählt wurden, gilt es nun, für eine erfolgreiche Umsetzung sowie eine konsequente Integration des Engagements im Unternehmen zu sorgen. Wie bei der Plausibilitäts-Politik dargestellt, empfiehlt sich eine Anbindung an das Marketing-Mix, der Aufbau eines Plausibilitäts-Netzwerkes sowie die Einführung einer Sponsoring-Wirkungskontrolle, worauf im folgenden eingegangen wird.

3.3.1 Schnittstellen des Sponsoring-Mix zum Marketing-Mix

Während die Sponsorship-Politik bereits in der Planungs-Phase zum Tragen kam, setzen nach der Entscheidung für ein oder mehrere Sponsorships vor allem die Instrumente der Relations- und Informationspolitik sowie der Plausibilitäts-Politik ein.

---

113) Vgl. Bruhn, M.: Sponsoring als Instrument der Markenartikelwerbung, in: Markenartikel, Nr. 5/1987, S. 195.

114) Vgl. z.B. Brunner, W. L./Seitz, E.: Image in Noten, in: absatzwirtschaft, Nr. 1/85, S. 86, die dies anhand von Beispielen unterschiedlicher Imageobjekte darstellen.

	SPORT-Sponsoring	KUNST-Sponsoring	SOZIO-Sponsoring
Produkt-/Entwicklungs-Politik	* Test von Materialien und Motoren * Sportlich klingende Produktbezeichnungen * Sportliches Produktdesign	* Mitarbeit eines Künstlers/Designerteams * Spezielle Design-Richtlinien * Teilnahme an Wettbewerben (Industriedesign)	* Einfach austauschbare Komponenten * Einsatz von Öko-Materialien * Rohstoffsubstitution * Mitarbeit von Öko-Instituten/Umweltschützern bei Produktentwicklungen
Kommunitions-Politik	* Integration des Sponsorships in kommunikationspolitische Instrumente, z.B. Werbung, Messestandgestaltung, Unternehmensvideo	* Gestaltung von Werbeunterlagen durch Künstler * Design des Gebäudes * Einfluß auf Corporate Design * Hausausstellungen/Vernissagen * Messestandgestaltung durch Künstler * Entwicklung eines künstlerischen Videos * Verpackungsgestaltung	* Einsatz von sauerstoffgebleichtem Papier * Ausschließliche Nennung ökologisch unbedenklicher Referenzunternehmen * Öko-Workshops * Diskussion von Öko-/Sozioproblemen in Usergroups * Schulung technischer Verkäufer zu Öko-Verkäufern * Infos über ökologische Wirkungen der Produkte
Integrations-/Funktions-Politik	* Mitarbeitermotivation durch Sportsequenzen bei Schulungen	* Kunstkurs am Computer zur Mitarbeitermotivation beim Abnehmer * Animationsvideos * Gestaltung von Kleidung für Service-Mitarbeiter	* Öko-Ersatzteilnachrüstung * Integrationspolitische Unterstützung durch Universitätsinstitute (Organisationskonzepte, Finanzierungsmodelle)
Distributions-Politik	* Ausstattung des Außendienstes mit Fahrrädern * "Umwelttickets" statt Fuhrpark	* Gestaltung von Firmenwagen durch Künstler * Gestaltung von Kleidung für Vertriebsmitarbeiter	* Redistribution * Recycling * Umstellung des Fuhrparks auf umweltfreundliche Fahrzeuge
Konditionen-Politik	* Differenzierte Preispolitik durch Produkt-Sondermodelle als "Sportlinie"	* Differenzierte Preispolitik durch Zusatznutzen Kunst/Design	* Günstigere Konditionen für Öko-Produkte * Öko-Mark für den Umweltschutz

Abb.49: Zusammenspiel von Plausibilitäts-Politik und Marketing-Mix anhand von Beispielen

3.3.1.1 Schnittstellen zur Produkt- und Entwicklungs-Politik

Die Aufgaben der Produkt-Politik liegen in der Produktneu- und -weiterentwicklung sowie der Entwicklung von Systemkomponenten und -konzeptionen.[115] Dabei sind vor allem Verbindungen zum Sozio- und Kunst-Sponsoring denkbar, indem bspw. Wissenschaftler unterstützt oder Praktikantenplätze bereitgestellt werden können, um eine Produktneu-/-weiterentwicklung voranzutreiben. Im kulturellen Bereich können demgegenüber Gelder vergeben werden, um eine Designerschule zu sponsern, in der Produktdesign im Mittelpunkt steht.[116]

Weiterhin ist eine logische Verbindung zwischen Öko-Sponsoring und umweltfreundlichen Produkten möglich.[117] So können entweder Forschungsergebnisse des Unternehmens im Rahmen von gesponserten Umwelt-Projekten Einsatz finden oder umgekehrt wäre es denkbar, Forschungsergebnisse aus Umwelt-Sponsorships in die Produktentwicklung zu integrieren. Mit Blick auf die aktuelle Verpackungsdiskussion wäre es bspw. auch denkbar, Lösungsansätze für dieses Problem durch ein kombiniertes Öko-/Science-Sponsoring anzuregen.[118]

Unter Einbeziehung der Imagetransfertheorie kann davon ausgegangen werden, daß ein Imagetransfer bei derartigen engen gedanklichen Verknüpfungen noch wahrscheinlicher wird, da nicht nur emotionale Inhalte vom Sponsorship auf das Unternehmen transferiert werden können, also Konnotationen, sondern auch Denotationen, d.h. Sachinhalte.[119]

---

115) Vgl. Strothmann, K.-H./Kliche, M.: Innovationsmarketing, a.a.O., S. 173.

116) Zur Bedeutung von Produkt-Design im Investitionsgüterbereich vgl. o.V.: Investitionsgüter: Maschinen, Farbe, Philosophie, in: absatzwirtschaft, Nr. 7/1986, S. 44; vgl. Geipel, P.: Industrie-Design als Marktfaktor bei Investitionsgütern: eine absatzwirtschaftliche Analyse, a.a.O., S. 28; Erlhoff, M.: Die kulturelle und ökonomische Kraft der Form - Das Verhältnis von Corporate Identity und Produkt-Design, in: Blick durch die Wirtschaft, Nr. 10 vom 13.1.1989, S. 7.

117) Zu Möglichkeiten umweltfreundlicher Produktion vgl. Günther, K.: Öko-Bilanzen als Grundlage eines Umwelt-Auditings, in: Steger, U. (Hrsg.): Umwelt-Audition - Ein neues Instrument der Risikovorsorge, Frankfurt a.M. 1991, S. 67.

118) Zu Fragen umweltfreundlicher Verpackung vgl. u.a. Meffert, H.: Quantensprünge durch Öko-Marketing - Der Einzug ökologischer Ideen in der Werbebranche, in: Innovatio, Nr. 5/6-1988, S. 33; vgl. Hänggi, G.: Der Wertewandel beeinflußt auch Design und Verpackung, in: VM International, Nr. 1/1991, S. 4 f.

119) Vgl. Meffert, H./Heinemann, G.: Operationalisierung des Imagetransfers - Begrenzung des Transferrisikos durch Ähnlichkeitsmessungen, a.a.O., S. 5.

3.3.1.2 Schnittstellen zur Kommunikations-Politik

Wie bereits dargestellt, besteht zwischen der Kommunikations-Politik sowie der Relations- und Informations-Politik ein enger Zusammenhang. Die Kommunikations-Politik stellt der Relations- und Informations-Politik Instrumente bereit und kann vom Sponsoring wiederum durch Inhalte für andere Kommunikationsaufgaben profitieren.[120] Anhand von Beispielen einzelner kommunikationspolitischer Instrumente sollen mögliche Schnittstellen aufgezeigt werden.

Eine ideale Verbindung gibt es zum **Technischen Verkäufer**, der dafür prädestiniert ist, wichtigen Kunden interessante Sponsoring-Engagements persönlich zu erläutern und sie ggf. zu Veranstaltungen einzuladen. Neben dem rein geschäftlichen Kontakt bietet sich dadurch ein Gesprächsstoff, der den Kunden je nach Interessenlage auch privat tangiert. Diese Möglichkeiten zur persönlichen Kundenbetreuung sind von großer Bedeutung, doch ihnen wird häufig zu wenig Aufmerksamkeit geschenkt.[121] Sponsoring aber kann den kundenbetreuenden Mitarbeitern die Pflege langfristiger Geschäftsbeziehungen erleichtern, da sich aus einem Sponsorship attraktive Kommunikationsinhalte ableiten lassen. So ist es dem Verkäufer bspw. auch während einer Investitionspause möglich, sich mit einer Einladung zu einer interessanten gesponserten Veranstaltung in Erinnerung zu bringen, ohne über neue Geschäfte verhandeln zu müssen.

Es kann davon ausgegangen werden, daß sich Sponsoring damit auch zur Steigerung der Kundenzufriedenheit einsetzen läßt, da diese nicht nur durch kontrollierbare Größen, wie dem Marketing-Mix entsteht, sondern auch durch unkontrollierbare Faktoren, wie z.B. "Einstellungs- und Verhaltensänderungen des Käufers"[122]. Ähnliche Vorteile lassen sich jedoch

120) Vgl. Weidner, L. E.: Sponsoring - Ein Beispiel für den neuen Dialog: Innovatives Programm wird ausgefüllt, in: Marketing Journal, Nr. 6/96, S. 555. Lt. Bürki könne Sponsoring auch als "interdisziplinäre Herausforderung" verstanden werden. Siehe Bürki, C.: Sponsoring im Kommunikationsmix: Die interdisziplinäre Herausforderung, in: VM Verkauf und Marketing International, Nr. 7-8/89, S. 38.

121) Vgl. Strothmann, K.-H./Böttger, C./Erichsson, S./Prüser, S./Ginter, T.: Kundenzufriedenheit nach Kaufentscheid, Fachreihe Dialog der Marktpartner, Nr. 12, Würzburg 1991, S. 43.

122) Plinke, W.: Fallgruben der Kundenorientierung überspringen, in: absatzwirtschaft, Nr. 3/1992, S. 98.

nicht bei einem einzelnen Geschäftspartner erzielen, sondern auch mit Blick auf **User Groups**, deren Mitgliedern bspw. die Hintergründe eines Engagements erläutert werden können.

Auch das Instrument **Werbung** bietet gute Verknüpfungsmöglichkeiten, weil u.a. bei der Gestaltung von Anzeigenmotiven ein Hinweis auf ein Sponsorship berücksichtigt werden kann.[123] Verkauft das Unternehmen bspw. Zeitmeßgeräte und sponsert eine wichtige Sport-Veranstaltung, kann dies mit dem Hinweis darauf zusätzlich als Kompetenznachweis und Referenz Verwendung finden. Möglich ist auch eine Verknüpfung zum Musik-Sponsoring, z.B. als Hintergrundeinspielung für Unternehmensvideos oder ggf. Hörfunk- oder Fernsehspots,[124] wenngleich letztere traditionell im Investitionsgüterbereich von untergeordneter Bedeutung sind.

Kunden- und Hauszeitschriften bieten neben der Möglichkeit zur Ankündigung von Ereignissen den Vorteil, als Medium zur Darstellung von Zielen und Hintergründen der Sponsoring-Engagements zu fungieren. Für die Mitarbeiter ergeben sich hierdurch gleichzeitig Motivationseffekte und Identifikationsmöglichkeiten.[125] Sie können stolz auf das Unternehmen sein, in dem sie arbeiten, und Kunden gegenüber läßt sich aufzeigen,wie innovativ und gesellschaftlich engagiert die Firma ist.[126]

Der Industriefilm schließlich, der häufig zur Unternehmensdarstellung unter PR-Gesichtspunkten eingesetzt wird, kann durch die Integration entsprechender Sequenzen über ein Sponsorship ebenfalls an Qualität ge-

---

123) Vgl. Hensel, R.: Sponsoring - Chancen für die Kommunikationsarbeit, Bericht über die BDW Herbst-Arbeitstage im September 1986, in: Marketing Journal, Nr. 5/1986, S. 462.

124) Zu den positiven Auswirkungen von Musik im Rahmen der Werbung vgl. u.a. Ernst-Motz, A.: Schöne Grüsse aus dem Bauch - Musik in der Werbung, in: Top-Business, Juli 1992, S. 60 ff.; Neu, M.: Musik als Schlüsselreiz zur Erhöhung der Werbeeffizienz, in: Wirtschaftsstudium, Nr. 3/1993, S. 186 f.

125) Vgl. Hermanns, A.: Sponsoring - 15 Merkpunkte zu einem noch jungen Thema, in: Marketing Journal, Nr. 6/86, S. 556; Berndt, R.: Einführung in das Sponsoring, in: Werbeforschung & Praxis, Nr. 1/1991, S. 13.

126) Vgl. Wiegandt, W./Eisenbarth, T.: Selbstläufer - Umweltmanagement hat keine Chance, wenn die Mitarbeiter nicht mitziehen, in: manager magazin Spezial 2/1991, S. 78.

winnen. Er bietet gute Chancen, die Bereicherung der Unternehmensphilosophie durch Sponsoring darzustellen.

Letztlich ergeben sich auch zu **Messen** Verknüpfungsmöglichkeiten. Sollen von Unternehmensseite die Umweltorientierung als auch ein entsprechendes Umwelt-Sponsoring verdeutlicht werden, läßt sich der Messestand konsequent in die Überlegungen einbeziehen. Statt Einmalmobiliar und -ausstattung sind vielmehr wiederverwertbare Elemente gefordert, die nicht nur umweltfreundlicher sind und dem Unternehmensimage zugute kommen, sondern auch das Messebudget bei mehrfachen Messebesuchen entlasten können.[127]

3.3.1.3 Schnittstellen zur Integrations- und Funktions-Politik

Die Integrations- und Funktions-Politik haben - je nach Art des Investitionsobjektes - für eine reibungslose Integration der Produkte bzw. Systeme im Abnehmer-Unternehmen zu sorgen. Investitionsvor- und nachbereitende Maßnahmen kommen hierbei zum Tragen.[128] Dabei sind mehrere Instrumente denkbar, die durch Sponsoring unterstützt werden könnten. Bspw. wäre die Entwicklung von Qualifizierungsprogrammen oder die Planung betrieblicher Reorganisation in Zusammenarbeit mit einem entsprechenden Universitätsinstitut denkbar. Möglich wäre es unter ökologischen Gesichtspunkten auch, vor allem umweltfreundliche Ersatzteile und eine Umrüstung von Produkten und Systemen unter umweltbezogenen Zielen anzubieten. Mit Blick auf Systemanbieter wäre es weiterhin denkbar, Hochschulen bzw. Institute zu unterstützen, die sich mit speziellen Software-Entwicklungen und der Lösung schwieriger Schnittstellenprobleme beschäftigen.

---

127) Vgl. von Lersner, H.: Messen + Ausstellungen - Umwelt-Schutz ist machbar, in: Marketing Journal, Nr. 4/1992, S. 354 f. Vgl. auch Strothmann, K. H.: Zeigen Sie auch auf der Messe Ihr sozio-ökologisches Engagement, in: Marketing Journal, Nr. 5/1989, S. 490.

128) Vgl. Strothmann, K.-H./Kliche, M.: Innovationsmarketing, a.a.O., S. 173 und Strothmann, K.-H.: Investitionsgütermarketing, a.a.O., S. 114.

3.3.1.4 Schnittstellen zu weiteren Instrumentarbereichen

Je nach Art des sponsernden Unternehmens können sogar Instrumente der **Konditionen-Politik** als auch der **Distributions-Politik** relevant werden, wenngleich diesen Instrumentarbereichen im Investitionsgüter-Marketing-Mix oft nur eine nachgeordnete Bedeutung beigemessen wird. Ein Öko-Sponsorship könnte gedanklich dadurch gestützt werden, daß Öko-Produkte günstiger abgegeben werden, z.B. recycelte Verbrauchsmaterialien. Umgekehrt sind auch etwas höhere Preise denkbar, die einen besonderen Anteil zur Unterstützung der Umwelt enthalten.

Im Rahmen der Distributions-Politik ist vor allem die Redistribution[129] anzusprechen, d.h. die Rücknahme von Altprodukten zur Entsorgung bzw. Aufarbeitung. In einigen Branchen werden bereits seit langem Altmaschinen wieder zurückgenommen, aufgearbeitet und einem Sekundärmarkt zugeführt, ohne daß zunächst Umweltaspekte im Mittelpunkt standen. Möglich wäre es jedoch auch, z.B. den Fuhrpark entsprechend mit umweltfreundlichen Fahrzeugen auszustatten und die Gestaltung der Wagen durch einen gesponserten Künstler vornehmen zu lassen.

Versucht man letztlich, den Kompetenzarten bzw. Kompetenz-Imagearten besondere Schnittstellenaffinitäten zuzuweisen, so führt das zu folgendem Ergebnis:

- Technologische Kompetenz -> Produkt-u. Entwicklungspolitik
- Service-Kompetenz -> Integrations-/Funktionspolitik
- Gesellschaftliche Kompetenz -> Kommunikations-Politik/PR

Sollen also z.B. Attribute der Technologischen Kompetenz verbessert und mittels eines Sponsorships unterstützt werden, dann ist im Bereich der Plausibilitäts-Politik vor allem nach Schnittstellen zur Produkt- und Entwicklungs-Politik zu suchen. Gilt es hingegen, die Service-Kompetenz zu verdeutlichen, bietet sich vor allem eine Verknüpfung mit den Instrumen-

---

129) Vgl. Hansen, U./Jeschke, K.: Nachkaufmarketing - Ein neuer Trend im Konsumgütermarketing, in: Marketing ZFP, Nr. 2/1992, S. 94, wobei die Autoren den im Investitionsgütermarketing seit langem praktizierten engen Kundenkontakt auf das Konsumgütermarketing übertragen und zu einem Nachkauf-Marketing-Mix weiterentwickeln, das u.a. einen separaten Instrumentarbereich Redistribution umfaßt.

ten der Integrations- und Funktions-Politik an. Die Gesellschaftliche Kompetenz hat demgegenüber eine gewisse Affinität zur Kommunikations-Politik/PR, wenngleich diese Zuweisungen nur eine grobe Orientierung geben sollen und nicht ganz überschneidungsfrei sind.

3.3.2 Plausibilitäts-Netzwerk

Durch die bisherigen Darstellungen sollte deutlich werden, daß mittels Sponsoring wesentlich mehr Wirkungen möglich sind, als z.B. durch reine Werbemaßnahmen, etwa in Form von Sportwerbung. Soll ein Sponsorship jedoch auch unter Plausibilitätsgesichtspunkten erfolgreich sein, ist neben der Analyse und Planung ebenso für eine organisatorische Integration im sponsernden Unternehmen zu sorgen. Diese Aufgabe wurde weiter vorn dem Sponsoring-Manager zugewiesen,[130] in dessen Aufgabenbereich zugleich die Bildung eines Sponsoring-Teams fällt.

Um insbesondere die Aufgabe, die Plausibilität von Sponsorships zu gewährleisten, erfüllen zu können, wird der Aufbau eines Plausibilitäts-Netzwerkes vorgeschlagen. Diesem Netzwerk liegt die Theorie der Kybernetik zugrunde, worüber bspw. Vester schreibt

> "Unter Kybernetik (vom griechischen kybernetes, der Steuermann) verstehen wir hier die Erkennung, Steuerung und selbständige Regelung ineinandergreifender, vernetzter Abläufe bei minimalem Energieaufwand."[131]

In einem Plaubilitäts-Netzwerk werden unternehmensinterne und -externe Personen bzw. Institutionen zusammengeführt, die für unterschiedliche Abläufe verantwortlich und die Plausibilität von Sponsorships relevant sind.[132] Unternehmensintern soll ein solches Netzwerk im Sinne des dar-

---

130) Vgl. Abschnitte V.1.3.2 Realisierungs-Politik.

131) Vester, F.: Neuland des Denkens - Vom technokratischen zum kybernetischen Zeitalter, 7. Auflage, Stuttgart 1984, S. 53.

132) Der Gedanke, kybernetisches Denken im Marketingbereich anzuwenden, hat bereits in verschiedenen Netzwerkansätzen seinen Niederschlag gefunden, wobei insbesondere die Beziehungen zwischen Anbietern und Abnehmern beleuchtet wurden. Einen Überblick über verschiedene Netzwerkansätze gibt Kliche, M.: Industrielles Innovationsmarketing, a.a.O., S. 106 ff.

gestellten regelkreisartigen Aufwertungsmechanismus[133] dafür sorgen, daß z.B. bei einem positiven Kompetenz-Image, das aus Sicht des Unternehmens nicht den Tatsachen entspricht, Schritte eingeleitet werden, um die tatsächliche Kompetenz des Unternehmens zu verbessern. Unternehmensextern ist bspw. durch die Einbindung von Abnehmern und verschiedenen PR-Zielgruppen schnell zu erkennen, wie sich Einstellungen zu verschiedenen Sponsoringarten verändern. Sollte sich u.U. nach einer Serie von schweren Unfällen die Einstellung zum Motorsport drastisch verschlechtern, würde über das Netzwerk die Information an das zuständige Projekt-Team als auch den Sponsoring-Manager geleitet werden, die im Falle eines entsprechenden Sponsorships in diesem Bereich entweder die Kommunikationsaktivitäten stoppen oder entsprechende kommunikative Offensivmaßnahmen lancieren. Aufgrund ihrer Marktkenntnis empfiehlt sich auch die Einbeziehung von Sponsoring-Beratern und -Agenturen.

Durch ein solches Netzwerk soll sichergestellt werden, daß unternehmensseitig nicht nur verschiedene Teammitglieder zusammenarbeiten und sich im Extremfall starr der verschiedenen Instrumente des Sponsoring-Mix bedienen, sondern daß die notwendige Flexibilität gefördert wird, auch auf kurzfristige Veränderungen schnell reagieren zu können. So lassen sich einerseits Chancen schneller nutzen, als auch Risiken frühzeitiger erkennen und in Handlungen umsetzen.

3.3.3 Sponsoring-Wirkungskontrolle

Im Rahmen dieser Arbeit wurde bisher großer Wert darauf gelegt, Sponsorships auf Grundlage verschiedener Analyseschritte sowie unter Einsatz des Sponsoring-Mix sorgfältig zu planen und durchzuführen. Die Verantwortung für diese Prozesse wurden dem Sponsoring-Manager zugewiesen. Wie beschrieben, bilden Controllingaufgaben einen Teil seiner Arbeit, worin die traditionelle Aufgabe der Kontrolle enthalten ist.[134] Nach-

---

133) Vgl. Abschnitt III.4.3.
134) Vgl. Abschnitt V.2.2.

dem ihm insbesondere durch die Possibilitäts- und Sponsorship-Politik Instrumente zur Planung zur Verfügung stehen, und sowohl das Sponsoring-Team als auch das Plausibilitäts-Netzwerk die Steuerung der Sponsorships unterstützen sollen, bedarf es letztlich des Instrumentes der Sponsoring-Wirkungskontrolle, um seine Arbeit abzurunden.

Wirkungen von Sponsorships können nur dann kontrolliert werden, wenn zuvor klare Ziele formuliert wurden.[135] Wie dargestellt, handelt es sich im Rahmen dieser Arbeit vor allem um die Ziele Imagestabilisierung bzw. Imageforcierung, die durch einen Imagetransfer realisiert werden sollen, wobei das Kompetenz-Image der zentrale Gegenstand der Betrachtung ist. Diese Feststellung ist wichtig, da im Zusammenhang mit Sponsoring-Wirkungskontrollen oft nur ermittelt wird, wie sich bspw. der Bekanntheitsgrad des Sponsors verändert hat,[136] d.h. hier liegt eine völlig andere Zielsetzung zugrunde.

Soll jedoch - wie in dieser Arbeit angenommen - das bestehende Kompetenz-Image gestärkt bzw. verändert werden, bietet sich grundsätzlich die Durchführung einer Image-Analyse an, wie dies bereits in der ersten Stufe der Status-Quo-Analyse dargestellt wurde. Dabei sind allerdings einige Probleme zu berücksichtigen. Zum einen wirken nicht nur verschiedene Sponsoring-Botschaften auf den Betrachter ein, sondern zugleich weitere Kommunikationsmaßnahmen. Zum anderen ist es bei der Durchführung

---

135) Vgl. ähnlich Amstad, P.: Die Messung der Sponsoring-Wirkung - Zum Beispiel die Segelyacht Merit, in: Thexis, Nr. 6/1988, S. 25.

136) Hierfür werden bspw. Methoden der Werbewirkungskontrolle auf die Wirkung von kommunikativen Leistungen des Sponsors bzw. auf Werbung im Zusammenhang mit Sponsoring übertragen. Vgl. mit Blick auf die Wirkungskontrolle von Sportwerbung z.B. Renner, J./Tischler, S.: Sportfans gegen Bandenwerber 6:4, in: absatzwirtschaft, Nr. 2/1977, S. 34 f.; Vgl. Müller, F.: Banden- und Sportwerbung - Eine Untersuchung zur Wirkung von Bandenwerbung und zur Einstellung gegenüber Werbung im Sport, in: Interview und Analyse, Nr. 4/1983, S. 152 ff. und Nr. 5/1983, S. 211 ff.; vgl. o.V.: Effizienz in der Sportwerbung: Wie Ihre Marke gewinnt, in: absatzwirtschaft, Nr. 7/1981, S. 28 ff.; Troll, K. F.: Wirkung von Bandenwerbung - Bericht über ein Pilotprojekt, in: GfK-Nürnberg (Hrsg.): Jahrbuch der Absatz- und Verbrauchsforschung, Nr. 3/1983, S. 201 ff.; vgl. Reiter, G./Serr, T.: Sportwerbung an der Bande - Wirkungsmessung anläßlich der Fußball-Weltmeisterschaft 1990 in Italien, in: planung und analyse, Nr. 4/1991, S. 143 ff.; Deimel, K.: Wirkungen der Sportwerbung - Eine verhaltenswissenschaftliche Analyse. Frankfurt a.M. 1992, S. 185 ff. Würzberg, H.G.: Sport-Sponsoring - Ergebniskontrolle, in: Strahlendorf, P. (Hrsg.): Jahrbuch Sponsoring 1991, Düsseldorf, Wien, New York 1991. S. 28.

unterschiedlicher Sponsorships nur schwer möglich, deren Einzelwirkungen zu ermitteln.

Eine isolierte Wirkungsmessung einzelner Sponsorships ist entweder nur unter Laborbedingungen möglich, oder wenn es sich z.B. um eine separat gesponserte Veranstaltung handelt und die Besucher unmittelbar vorher und nachher befragt werden.[137] Auch dabei jedoch werden zumeist lediglich Veränderungen des Bekanntheitsgrades abgefragt, d.h. es geht evtl. um die Wirkung von Banden- oder Trikotwerbung, Plakaten, Lautsprecherdurchsagen o.ä.

Diese Schwierigkeiten mögen ursächlich dafür sein, daß fundierte Wirkungskontrollen nur von relativ wenigen Sponsoren durchgeführt werden. So wurde im Rahmen einer Studie zwar empirisch festgestellt, daß 70 % aller Sponsoren Wirkungskontrollen durchführen,[138] doch die Art der Kontrollen ist dabei sehr unterschiedlich. Von den Befragten, die angegeben haben, eine Kontrolle durchzuführen, verließen sich bspw. 34 % auf Experteneinschätzungen oder Informationen ihrer Kunden, 43 % beobachteten Medien und nur 31 % sagten aus, empirische Wirkungskontrollen durchzuführen. Im Rahmen der gleichen Umfrage konnte im übrigen festgestellt werden, daß nur 45 % aller Sponsoring-Engagements auf einem schriftlichen Konzept beruhen, wobei diese Sponsoren mit den Ergebnissen der Zielerreichung wesentlich zufriedener waren, als jene, die vorher keine Sponsoring-Konzeption entwickelt hatten.[139]

---

137) Vgl. Hermanns, A.: Zur Problematik der Sponsoring-Kontrolle, in: Werbeforschung & Praxis, Nr. 1/1991, S. 30 f. Auch Meyer weist auf die Problematik hin, konkrete Imageveränderungen durch ein einzelnes Sponsorship nachzuweisen, da das Unternehmen immer in seiner Gesamtheit betrachtet wird und das Unternehmensimage verschiedene Facetten umfaßt. Vgl. Meyer, C.F.J.: Erfolgskontrolle ist doch möglich, in: w&v, Nr. 19/1992, S. 96.

138) Vgl. Drees, N.: Das Sponsoring-Barometer - Ergebnisse einer Unternehmensbefragung, a.a.O., S. 18; vgl. auch Wegerhoff, S.: Sponsoring im Kunst- und Kulturbereich, in: Strahlendorf, P. (Hrsg.): Jahrbuch Sponsoring 1992, Düsseldorf - Wien - New York - Moskau 1992, S. 53.

139) Vgl. Drees, N.: Das Sponsoring-Barometer - Ergebnisse einer Unternehmensbefragung, a.a.O., S. 17 f. Es ist zu berücksichtigen, daß diese Umfrage bei Sponsoren unterschiedlicher Branchen durchgeführt wurde, also keine Spezialisierung auf den Investitionsgüterbereich gegeben ist. Dennoch läßt sich vermuten, daß die Aussagen von Sponsoren des Investitionsgüterbereiches nicht wesentlich positiver ausfallen würden, da diese Firmen meist noch weniger Erfahrung mit dem Instrument Sponsoring haben, als viele Sponsoren im Konsumgüterbereich inzwischen.

Doch auch wenn die erneute Durchführung von Image-Analysen im Verlauf eines Sponsorships bzw. einige Zeit nach dessen Durchführung aufwendig scheinen mag, sollte versucht werden, sie in einem für den Sponsor vertretbaren finanziellen Rahmen durchzuführen. Dabei spielt natürlich die Höhe des Sponsoring-Budgets eine wichtige Rolle, denn wenn bspw. nur ein sehr kleiner Etat zur Verfügung steht, können keine aufwendigen quantitativen Untersuchungen durchgeführt werden. Nicht verzichtet werden sollte hingegen auf qualitative Analysen, z.B. in Form von Einzelbefragungen, die durchaus auch kostengünstig realisierbar sind.

4. Einwirkungen der sponsoringpolitischen Instrumente auf den Sponsoring-Prozeß

Die bisherigen Ausführungen sollten verdeutlichen, daß auch Sponsoringentscheidungen Prozeßcharakter haben, so daß von einem Sponsoring-Prozeß gesprochen werden kann, der eine Analyse-, eine Planungs- sowie eine Umsetzungs- und Integrations-Phase aufweist. Dies wurde ausführlich in Abschnitt V.3 dargestellt.

Während andere Autoren Sponsoring als zusätzliches Instrument der Kommunikations-Politik im Marketing-Mix auffassen, wurde ein eigenständiges Sponsoring-Mix mit den drei Instrumentarbereichen Sponsorship-Politik, Relations- und Informations-Politik sowie Plausibilitäts-Politik entwickelt. Auch dies fand in Abschnitt V.1 seinen Niederschlag.

Der Einsatz des sponsoringpolitischen Instrumentariums sollte jedoch nicht willkürlich verlaufen, sondern es ist vielmehr anzustreben, eine möglichst ideale Verknüpfung zwischen Sponsoring-Prozeß und Sponsoring-Mix zu schaffen, um einen optimalen Einsatz der Instrumente zu gewährleisten. Ausgehend von den drei Prozeßphasen läßt sich folgendes festhalten.

Grundlage des Sponsoring-Prozesses ist eine sorgfältige Analyse der Ausgangssituation des Unternehmens, der Wettbewerber etc. Hierfür wird durch die Possibilitäts-Politik, genauer das Subinstrument Status-Quo-Analyse ein umfassendes Instrumentarium bereitgestellt, das in der Analyse-Phase zur Anwendung kommt. Ergibt sich aus den Analyse-Ergebnissen, daß ein Sponsorship sinnvoll durchgeführt werden kann, schließt sich die nächste Phase an.

Die Planungs-Phase sollte unternehmensintern mit einer Ideensammlung im Mitarbeiterkreis begonnen werden, wofür das zweite Subinstrument der Possibilitäts-Politik, nämlich der Sponsorship-Kreativshop zur Verfügung steht. Diese Ideen werden im späteren Verlauf der Planungs-Phase berücksichtigt, wenn mittels des Instrumentariums der Sponsorship-Politik geeignete Sponsorships entwickelt worden sind.

Nachdem festgelegt wurde, welche Sponsorships realisiert werden sollen, ist es die Aufgabe der realisierungs-politischen Instrumente, für eine reibungslose Umsetzung und Integration der Sponsoring-Engagements zu sorgen. Dabei wird durch die Installation eines Plausibilitäts-Netzwerkes eine wichtige Arbeit geleistet, denn die Plausibilität der Sponsorships ist kontinuierlich zu gewährleisten, wofür die Einbindung unterschiedlicher Personen innerhalb- und außerhalb des Unternehmens empfohlen wird. Zur Integration der Sponsorships im Unternehmen im Sinne des hier beschriebenen Sponsoring-Verständnisses wird durch das Subinstrument Marketing-Mix-Integration der Realisierungs-Politik beigetragen. Um letztlich feststellen zu können, ob und wie die Sponsoring-Ziele erreicht wurden, bieten sich durch die Sponsoring-Wirkungskontrolle entsprechende Möglichkeiten.

Die phasenspezifischen Zusammenhänge zwischen Sponsoring-Mix und Sponsoring-Prozeß wurden vorstehend relativ idealtypisch beschrieben, wobei auf die beiden gestrichelten Verbindungslinien in Abb. 50 hingewiesen wird. So kommen die Instrumente der Relations- und Informations-Politik zwar überwiegend in der Umsetzungs- und Integrations-Phase zum Einsatz, doch die vorbereitenden Arbeiten können bereits parallel zur Planungs-Phase begonnen werden. Möglich wäre es z.B. auch, im Rahmen einer Presseveröffentlichung bekanntzugeben, daß sich das Unternehmen grundsätzlich im Umweltbereich durch ein Sponsorship engagieren möchte, und zwar noch bevor ein konkretes Projekt feststeht.

Ebenfalls aus organisatorischen und zeitlichen Gründen könnte einerseits bereits in der Planungs-Phase über Möglichkeiten zur Marketing-Mix-Integration einzelner Sponsorships nachgedacht werden. Andererseits würde es sich in Vorbereitung auf ein zu installierendes Plausibilitäts-Netzwerk empfehlen, frühzeitig nach geeigneten Netzwerk-Partnern zu suchen und entsprechende erste Kontakte aufzubauen.

Diese beschriebenen Zusammenhänge werden durch die nachstehende Abbildung verdeutlicht.

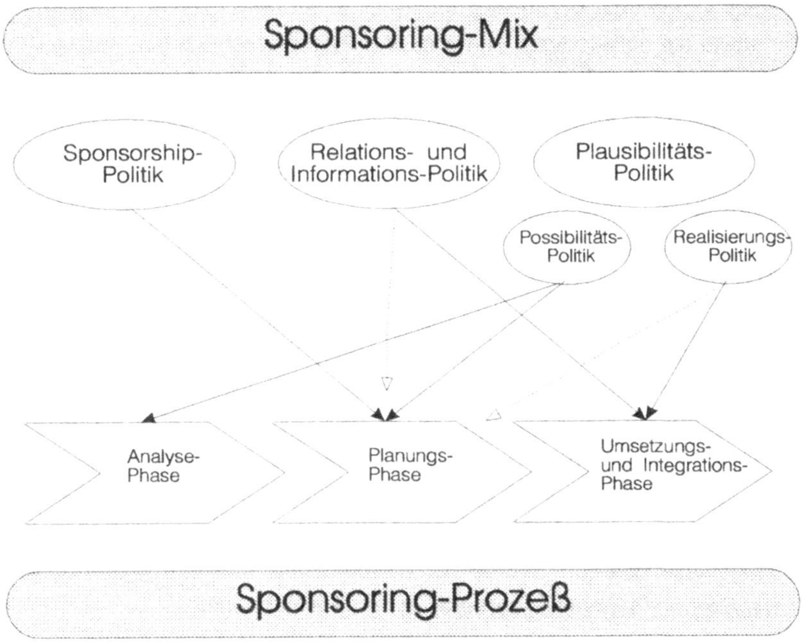

Abb. 50: Einwirkung des Sponsoring-Mix auf den Sponsoring-Prozeß

VI. Schlußbetrachtung und Ausblick

Obwohl in den vergangenen Jahren eine lebhafte Diskussion über Sponsoring geführt wurde, fehlte bislang eine Darstellung, wie sich Sponsorships sinnvoll in die Imagepolitik eines Investitionsgüterunternehmens integrieren lassen. Diese Lücke sollte mit der vorliegenden Arbeit verkleinert werden.

Dafür galt es, die Bedeutung der Image-Politik für Unternehmen des Investitionsgüterbereiches herauszuarbeiten und die dadurch gewonnenen Erkenntnisse um den Begriff des Kompetenz-Image zu erweitern. In Anlehnung an Produktkategorien wurden Empfehlungen ausgesprochen, welche Kompetenzarten in unterschiedlichen abnehmerseitigen Entscheidungsprozeß-Phasen von besonderer Relevanz sind. Speziell berücksichtigt wurden die Voraussetzungen für einen gewünschten Imagetransfer sowie die notwendigen Analyse- und Planungsschritte bis hin zur Umsetzung konkreter Sponsorships.

In Konsequenz wurde ein Sponsoring-Mix erarbeitet, dessen Instrumente in den verschiedenen Phasen des Sponsoring-Prozesses gezielt zum Einsatz kommen. Das neuentwickelte Sponsoring-Mix vereint in seiner Relations- und Informations-Politik bestehende kommunikative Instrumentarien, wie die Kommunikations-Politik und die Public Relations, aber auch die kommunikativen Bestandteile des Sponsoring-Beschaffungs-Marketing von Sponsoring-Objekten. Im Sinne des Integrationsgedankens wurde durch die Marketing-Mix-Integration gleichzeitig dafür gesorgt, daß Sponsoring nicht nur kommunikative Vorteile für den Sponsor bietet, sondern z.B. auch Nutzen für die Produkt- und Entwicklungs-Politik oder andere Instrumentarbereiche des Marketing-Mix bringt. Doch trotz der umfangreichen Darstellung des komplexen Sponsoring-Mix darf nicht außer acht gelassen werden, daß es sich hierbei selbst "nur" um <u>ein</u> Instrument einer Corporate Identity-geprägten Image-Politik handelt.

Der vielzitierte Satz "Tue Gutes und rede darüber"[1] ist gerade in der heutigen Zeit aktueller denn je, denn durch die angespannte Situation der öffentlichen Haushalte werden immer mehr Mittel für sportliche, kulturelle und soziale Einrichtungen gekürzt. Auf der anderen Seite ist im Marketingbereich festzustellen, daß die Informationsüberlastung von potentiellen Käufern durch steigende Kommunikationseinflüsse zunimmt und Botschaften teilweise kaum noch Wirkung erzielen. Sponsoring bietet die Chance, beide Probleme sinnvoll zu lösen,[2] wenngleich die Unterstützung öffentlicher Einrichtungen durch private Sponsoren nicht automatisch zur weiteren Kürzung der vom Staat zur Verfügung gestellten Mittel führen darf,[3] sondern eher als zusätzliches Budget verstanden werden sollte.[4]

Es deutet vieles darauf hin, daß Sponsoring auch in Zukunft eine wachsende Bedeutung haben wird. Unterstützt wird diese Aussage u.a. durch ein verstärktes Sponsoring seitens der Investitionsgüterunternehmen als auch der international tätigen Unternehmen, die ihren deutschen Marktauftritt dadurch unterstützen wollen.[5] Darüber hinaus gibt es verschiedene Sponsoringbereiche, denen in Deutschland bislang kaum Bedeutung beigemessen wurde, die jedoch interessante Nutzungspotentiale für Sponsoring bieten, wie z.B. das Wissenschafts-[6] bzw. Science-Sponsoring.

Berücksichtigt werden muß dabei, daß kurzfristig durch Auswirkungen der Rezession Sponsoring eher als "Luxus-Instrument" bezeichnet wird, das ähnlich wie PR indirekt wirkt und dessen Wirkung sich nur schwer kontrollieren läßt.[7] Mittel- und langfristig jedoch werden Erfordernisse einer

---

1) Zedtwitz-Arnim, G.-V. Graf von: Tue Gutes und rede darüber, Public Relations für die Wirtschaft, Berlin/FfM/Wien 1961.
2) Vgl. Bearchell, C.A.: Future Trends and Possibilities, a.a.O., S. 24.
3) Vgl. Trappschuh, E.: Sponsoring-Euphorie, in: Handelsblatt, vom 1.3.1988, S. 27; vgl. Daweke, Klaus/Schneider, Michael: Die Mission des Mäzens - Zur öffentlichen und privaten Förderung der Künste, Opladen 1986, S. 73 f.; vgl. Heuer, C.-H.: Die Besteuerung der Kunst, Köln 1983, S. 3.
4) Vgl. Hüchtermann, M./Spiegel, R.: Unternehmen als Mäzene, Köln 1986, S. 13; Glaser, H.: Stadtrat, Schul- und Kulturreferat Stadt Nürnberg, 26.4.1988, zitiert nach Roth, P. (Hrsg.): Kultur-Sponsoring, a.a.O., S. 24.
5) Vgl. Hermanns, A.: Sponsoring: Kommunikationsinstrument mit Zukunft, in: Werbeforschung & Praxis, Nr. 4/1990, S. 111.
6) Vgl. Hermanns, A./Püttmann, M.: Wissenschafts-Sponsoring - Grundlagen, Besonderheiten und Beispiele, in: ZfB Zeitschrift für Betriebswirtschaft, Nr. 11/1992, S. 1183.
7) Vgl. Tomczak, T./Belz, C.: Marketingbudgets in der Rezession, in: Thexis, Nr. 5/6/1993, S. 18.

neuen Unternehmensethik und einer gesellschafts- und umweltorientierten Unternehmensführung zu einem konsequenten Umdenken führen. So wird sich in einigen Jahren nicht mehr die Frage stellen, ob gesponsert wird, sondern was am sinnvollsten unterstützt werden sollte.

Auch auf seiten der Gesponserten wird die Professionalität zunehmen. Es ist abzusehen, daß neue Berufsfelder entstehen werden. Marketing-Manager werden zunehmend in Organisationen Einsatz finden, die bislang Künstlern, Sportlern, Soziologen, Pädagogen etc. vorbehalten waren. Je mehr das professionelle Betreiben auch von sozialen und kulturellen Einrichtungen unter betriebswirtschaftlichen Gesichtspunkten zur Normalität wird, desto stärker wird sich auch das Sponsoring verändern. Was heute noch als rein kommunikative Gegenleistung von Gesponserten an den Sponsor verstanden wird, könnte bereits in einigen Jahren zur selbstverständlichen Bilanzposition werden. Und auch unter steuerlichen Gesichtspunkten ist eine veränderte Gesetzgebung denkbar, die derartige private Initiativen als gesellschaftlichen Beitrag des Unternehmens besonders fördert.

Sponsoring kann damit nicht nur die imagepolitischen Ambitionen von Unternehmen sinnvoll unterstützen, sondern bietet zugleich Perspektiven, wie betriebswirtschaftliche und gesellschaftliche Aspekte zum Nutzen aller Beteiligten sinnvoll miteinander verbunden werden können.

Literaturverzeichnis

Abels, H.: Gesellschaftsorientierte Unternehmensstrategien - Societal strategies sind notwendiges Element zukunftsorientierter Unternehmensführung, in: Harvard Manager, Nr. II/1985, S. 96-101.

Achterholdt, G.: Corporate Identity: in 10 Arbeitsschritten die eigene Identität finden und umsetzen, Wiesbaden 1988.

Amstad, P.: Die Messung der Sponsoring-Wirkung - Zum Beispiel die Segelyacht Merit, in: Thexis, Nr. 6/1988, S. 25-27.

Amstad, P.: Sportsponsoring und Marketing - Eine Umfrage bei 37 Marketingfachleuten, in: Thexis, Nr. 4/1987, S. 60-65.

Angenendt, C.: Imagetransfer und Akzeptanz beim Sponsoring, in: planung und analyse, Nr. 2/93, S. 5-9.

Ansoff, H. I.: Managing Strategic Surprise by Response to Weak Signals, in: California Management Review, Nr. 2/1976, S. 21 ff.

Antonoff, R.: Die Identität des Unternehmens - Ein Wegbegleiter zur Corporate Identity, Frankfurt a.M. 1987.

Antonoff, R.: Methoden der Image-Gestaltung von Unternehmen und Organisationen, Essen 1975.

Antrecht, R.: Weißmacher. Die mißglückte Umweltschutz-Werbung der Industrie, in: Capital, Nr. 1/1986, S. 169-173.

Apitz, K.: Konflikte - Krisen - Katastrophen: Präventivmaßnahmen gegen Imageverlust, Frankfurt a.M./Wiesbaden 1987.

Arbeitskreis Marketing in der Investitionsgüterindustrie" der Schmalenbach-Gesellschaft: Systems Selling, in: Zeitschrift für betriebswirtschaftliche Forschung, 1975, S. 757-773.

Armbrecht, W.: Innerbetriebliche Public Relations, Opladen 1992.

Armbrecht, W.: Innerbetriebliche Public Relations: Grundlagen eines situativen Gestaltungskonzepts, Salzburg 1990.

Auer, M./Kalweit, U./Nüßler, P.: Product Placement - Die neue Kunst der geheimen Verführung, Düsseldorf 1991.

Baaken, T./Simon, D. (Hrsg.): Abnehmerqualifizierung als Instrument des Technologie-Marketing, Berlin 1987.

Baaken, T.: Besonderheiten des Technologiemarketing - Veränderungen im Marketing durch technologische Entwicklungen, in: Baaken, T./Simon, D.: (Hrsg.): Abnehmerqualifizierung als Instrument des Technologie-Marketing, Berlin 1987, S. 1 - 13.

Baaken, T.: Technologie-Marketing, in: Kliche, M. (Hrsg.): Investitionsgütermarketing, Wiesbaden 1990, S. 289-309.

Bachinger, R.: Die große Illusion vom großen Geld für die Kultur - Sponsoring kommt ohne planvolles Vorgehen nicht aus; in: Blick durch die Wirtschaft, vom 9.1.1991, S. 7.

Bachleitner, R.: Spitzensportler sind nicht Werbespitze, in: w&v, Nr. 23/1987, S. 74-75.

Backhaus, K./Weiss, P.A.: Kompetenz - die entscheidende Dimension im Marketing, in: Harvard Manager, Nr. III/1989, S. 107-114.

Backhaus, K.: Investitionsgütermarketing, 3., überarbeitete Auflage, München 1992.

Backhaus, K.: Investitionsgütermarketing: Antworten auf neue Marktanforderungen, in: absatzwirtschaft, Nr. 2/1993, S. 80-89.

Baum, A./Stalzer, H. E.: Event-Marketing liegt im Trend - Kommunikation zum Anfassen macht Information zum Ereignis, in: Marktforschung & Management, Nr. 3/1991, S. 113-116.

Bausch, H. H.: Produktimage-Management für technische Gebrauchsgüter, in: Schöttle, K. M. (Hrsg.): Jahrbuch Marketing, 4. Ausgabe, Essen 1987.

Bearchell, C. A.: Future Trends and Possibilities, in: Marketing Journal, Nr. 1/1988, S. 24.

Becker, J.: Marketing-Konzeption - Grundlagen des strategischen Managements, 3., verbesserte und ergänzte Auflage, München 1990.

Beger, R./Gärtner, H.-D./Mathes, R.: Unternehmenskommunikation - Grundlagen - Strategien - Instrumente, Frankfurt a.M. 1989.

Beilke, H.-J.: Imagewirkung beim Kaufentscheid - Ein Beispiel aus dem Maschinenbau, in: Marktforschung & Management, Nr. 4/89, S. 110-114.

Bellmann, A.: Sport-Marketing in der Praxis, Essen 1990.

Belz, C./Kopp, K. M.: Markenführung für Investitionsgüter: Kompetenz- und Vertrauensmarketing, Berichte und Materialien Nr. 2/1993, Forschungsinstitut für Absatz und Handel an der Hochschule St. Gallen für Wirtschafts-, Rechts- und Sozialwissenschaften.

Belz, C.: Sport als Ereignis für das Marketing, in: Thexis, Nr. 6/1988, S. 5-8.

Belz, C.: Stillstand eines ökologisch orientierten Marketings?, in: Thexis, Nr. 3/1988, S. 63.

Berckenhagen, R.: Kunstförderung als Instrument der Unternehmenskommunikation, in: Zeitschrift für das gesamte Kreditwesen, Nr. 20/88, S. 952-958.

Berckenhagen, R.: Neues Arbeitsfeld für Kunstvermittler, in: Der Tagesspiegel, 9.8.89, S. 4.

Bergler, R.: Psychologie des Marken- und Firmenbildes, Göttingen 1963.

Bergler, R.: Unternehmensimage und Corporate Communications: Profilierung am Markt und in der Öffentlichkeitsarbeit, in: Meffert, H./Wagner, H. (Hrsg.): Unternehmensbild und Strategie, Dokumentation des 10. Münsteraner Führungsgesprächs, 1986, Arbeitspapier Nr. 30, S. 3-21.

Bergmann, H./Rohde, H.: CIM-Marketing: Mit Systemdenken zum Erfolg, in: absatzwirtschaft, Nr. 3/1993, S. 90-95.

Berndt, R.: Einführung in das Sponsoring, in: Werbeforschung & Praxis, Nr. 1/1991, S. 13-15.

Berndt, R.: Kommunikationspolitik im Rahmen des Marketing-Mix, in: Berndt, R./Hermanns, A. (Hrsg.): Handbuch Marketing-Kommunikation, Wiesbaden 1993.

Berth, R.: Marktforschung zwischen Zahl und Psyche - Eine Analyse der befragenden Marktbeobachtung in Westdeutschland, in: Kamp, M.E. (Hrsg.): Beiträge zur Erforschung der wirtschaftlichen Entwicklung, Heft 3, Stuttgart 1959.

Bertram, R.: Informations- und Kommunikationsmanagement im Marketing mittelständischer Unternehmen der Investitionsgüterindustrie, Frankfurt a.M. 1993.

Bezold, E.: Marketing in der Mäzenatenrolle - Kulturförderung, ein taugliches PR-Instrument, in: absatzwirtschaft, Sonderausgabe, Nr. 10/1986, S. 248-252.

Bickmann, R.: Art-Sponsoring und Event Creation, in: Strahlendorf, P. (Hrsg.): Jahrbuch Sponsoring 1991, Düsseldorf - Wien - New York 1991, S. 57-72.

Bidlingmaier, J.: Marketing 2, 9. Aufl., Opladen 1982.

Birkholz, M.: Nutzen für alle, in: pr magazin, Nr. 12/1985, S. 12.

Birkigt, K./Stadler, M. (Hrsg.): Corporate Identity: Grundlagen, Funktionen, Fallbeispiele, 6. Auflage, Landsberg 1993.

Birvins, T.H.: Public Relations, Professionalism, and the Public Interest, in: Journal of Business Ethics, Nr. 12/1993, S. 117-126.

Blackwell, S. H./Crihfield, T. S.: Controlling the communication impact, in: Public Relations Journal, Ausgabe Juni 1991, S. 34-35.

Bläse, D.: Methodischer Rahmen für Planung, Durchführung und Kontrolle von Öffentlichkeitsarbeit, in: Haedrich, G./Barthenheiner, G./Kleinert, H. (Hrsg.): Öffentlichkeitsarbeit. Dialog zwischen Institutionen und Gesellschaft. Ein Handbuch. Berlin 1982, S. 187-199.

Bocklitz, P.: Vom Mäzenatentum zum Sponsoring, in: Strahlendorf, P. (Hrsg.): Jahrbuch Sponsoring 1991, Düsseldorf - Wien - New York 1991, S. 148-156.

Böhme-Köst, P.: Ein Event ist ein Event ist ein Event ... Ein Beitrag zur Verständigung, in: Marketing Journal, Nr. 4/1992, S. 340 - 342.

Boulding, K.: Die neuen Leitbilder, Düsseldorf 1958.

Braak, I.: Poetik in Stichworten, 5., durchgesehene Auflage, Kiel 1974.

Braun, H.: Corporate Identity, in: Rost, D./Strothmann, K.-H. (Hrsg.): Handbuch Werbung für Investitionsgüter, Mannheim 1983, S. 183-194.

Braun, H.: Formen der Kunst. Eine Einführung in die Kunstgeschichte mit Beiträgen zur Kunst des Mittelalters von Wilhelm Drexilius, München 1974, entnommen aus Loock, F.: Kunstsponsoring, Diss., Wiesbaden 1988.

Bruhn, M./Mehlinger, R.: Rechtliche Gestaltung des Sponsoring, München 1992.

Bruhn, M./Wieland, T.: Sponsoring in der Bundesrepublik, Ergebnisse einer Unternehmensbefragung, Arbeitspapiere des Institut für Marketing an der European Business School, Nr. 10, Schloß Reichartshausen 1988.

Bruhn, M.: Beurteilung des Sozio- und Umwelt-Sponsoring in der Bundesrepublik, Ergebnisse einer Unternehmensbefragung, Arbeitspapier des Instituts für Marketing an der European Business School Nr. 11, Schloß Reichartshausen 1990.

Bruhn, M.: Die Entwicklung neuer Kommunikationsformen: Möglichkeiten zur Erweiterung des Werbevolumens durch Sponsoring und Product Placement?, in: Markenartikel, Nr. 5/1988, S. 224-227.

Bruhn, M.: Kulturförderung und Kultursponsoring - neue Instrumente der Unternehmenskommunikation?, in: Bruhn, M./Dahlhoff, H.D. (Hrsg.): Kulturförderung/Kultursponsoring, Frankfurt a.M. 1989, S. 37-84.

Bruhn, M.: Sozio- und Umweltsponsoring, München 1990.

Bruhn, M.: Sponsoring - Mäzenatentum oder Schleichwerbung, in: Harvard Manager, Nr. III/87, S. 46-52.

Bruhn, M.: Sponsoring - Unternehmen als Mäzene und Sponsoren, 2. Auflage, Frankfurt a.M. 1991.

Bruhn, M.: Sponsoring als Instrument der Marketingartikel-Werbung, in: Markenartikel, Nr. 5/1987, S. 190-198.

Bruhn, M.: Sponsoring als Instrument der Unternehmenskommunikation - Erscheinungsformen, Planungskonzepte und Integratiomsaspekte, Zusammenfassung eines Vortrages im Rahmen eines Workshops, Sponsoring, in: Meffert, H./Wagner, H. (Hrsg.): Dokumentationen, Dokumentation des Workshops vom 16. Nov. 1989, Arbeitspapier Nr. 55 der Wissenschaftlichen Gesellschaft für Marketing und Unternehmensführung e.V.

Bruhn, M.: Sponsoring, 1. Auflage, Frankfurt a.M./Wiesbaden 1987.

Brunner, W.L./Seitz, E.: Image in Noten, in: absatzwirtschaft, Nr. 1/1985, S. 82-93.

Buderath, B.: Vom Mäzenatentum zum Sponsoring, in: Lippert, W. (Hrsg.): Corporate Collecting: Manager, die neuen Medici?, Düsseldorf 1990, S. 164-167.

Bunk, B.: Unternehmenskommunikation - Abschied von der Nabelschau, in: absatzwirtschaft, Nr. 4/1994, S. 53-57.

Burens, P.-C.: Stifter als Anstifter - Vom Nutzen privater Initiativen, Zürich 1987.

Bürger, J. H.: Public Promotions, Essen 1986.

Bürki, C.: Sponsoring im Kommunikationsmix: Die interdisziplinäre Herausforderung, in: VM Verkauf und Marketing International, Nr. 7-8/89, S. 35-40.

Buß, E.: Das Unternehmensimage - der neue Produktionsfaktor, in: Manager Magazin (Hrsg.): Imageprofile '88, Das Deutsche Image-Jahrbuch, 1. Jg., Düsseldorf 1988, S. 8 - 13.

Capune, T.: Feind macht mit - Umweltschützer sagen Managern, was zu tun ist, in: manager magazin Spezial, Nr. 2/1991, S. 14-17.

Crompton, J.L./Lamb, C. W.: Marketing Government and Social Services, New York 1986,

Crowley, M. G.: Prioritising the Sponsorship Audience, in: European Journal of Marketing, Nr. 11/1991, S. 22-30.

Dahlhoff, H.D.: Entwicklungen im Bereich des Sportsponsoring - dargestellt am Beispiel der Marke OPEL, in: Meffert, H./Wagner, H. (Hrsg.): Sponsoring, Dokumentation des Workshops vom 16.11.89, S. 15-36.

Daweke, K./Schneider, M.: Die Mission des Mäzens - Zur öffentlichen und privaten Förderung der Künste, Opladen 1986.

Deimel, K.: Erinnerungswirkungen der Sportwerbung - Ergebnisse einer empirischen Studie, in : Marketing ZFP Zeitschrift für Forschung und Praxis, Nr. 1/1993, S. 5-14.

Deimel, K.: Sponsoring, in: Wirtschaftsstudium, Juli 1987, S. 351-354.

Deimel, K.: Wirkungen der Sportwerbung - eine verhaltenswissenschaftliche Analyse, Frankfurt a.M. 1992.

Dellmann, K.: Eine Systematisierung der Grundlagen des Controlling, in: Spremann, K./Zur, E. (Hrsg.): Controlling: Grundlagen - Informationssysteme - Anwendungen, Wiesbaden 1992, S. 113-140.

Demuth, A.: Eine Verfassung für das Unternehmen - Verbindliche Grundsätze legen gemeinsame Werte fest, in: Blick durch die Wirtschaft, vom 16.12.1988, S. 7.

Detig, J.: Marketing-Kommunikation gegen Wettbewerb, in: absatzwirtschaft, Nr. 6/1993, S. 66-71.

Deutsche Gruppe der Internationalen Handelskammer, ICC - Verhaltensregeln für die Umwelthaftung, Publ.-Nr. 509, o.J.

Deventer, F.: Auftragskunst oder Kunst-Auftrag?, in: Strahlendorf, P. (Hrsg.): Jahrbuch Sponsoring 1991, Düsseldorf - Wien - New York 1991, S. 103-107.

Dialoge 3: Berichtsband, Die Stern-Bibliothek, Hamburg 1990.

Diem, W.: Die Entwicklung und die Konsequenzen einer Corporate Identity, in: VM International, Nr. 7-8/1990, S. 4-5.

Díez-Hochleitner, R.: Ethik bringt Visionen, in: absatzwirtschaft, Nr. 1/1994, S. 14-17.

Diller, H./Kusterer, M.: Beziehungsmanagement - Theoretische Grundlagen und explorative Befunde, in: Marketing ZFP, Nr. 3/1988, S, 211-220.

Dilthey, W.: Gesammelte Schriften, hrsg. von Groethuysen, B., Stuttgart/Göttingen 1979, entnommen aus Loock, F.: Kunstsponsoring, Diss., Wiesbaden 1988.

DIW: Kultur als Wirtschaftsfaktor in Berlin - Eine DIW-Studie im Auftrag der Senatsverwaltung für Kulturelle Angelegenheiten, Berlin 1992.

Dr. Salcher Team GmbH: Empirische Marktuntersuchung "Image-Transfer durch ausgesuchte Sportarten", entnommen o.V.: Werbe-Wettstreit mit sportiver Note, in: handel heute, Nr. 10/1988, S. 71.

Drees, N./Hermanns, A.: Sponsoringspezialisten, in: Frankfurter Allgemeine Zeitung, 3.5.1988, Nr. 103, S. B13.

Drees, N.: Das Sponsoring-Barometer - Ergebnisse einer Unternehmensbefragung, in: Werbeforschung & Praxis, Nr. 1/1991, S. 16-20.

Drees, N.: Öko-Preise - Umweltkommunikation mit besonderem Anspruch, in: Werbeforschung & Praxis, Nr. 1/1992, S. 10-15.

Drees, N.: Sportsponsoring, 3., durchgesehene Auflage, Wiesbaden 1992.

Drees, N.: Sportsponsoring, Diss., Wiesbaden 1989.

Drees, N.: Werbung an Rennstrecken: Präsenz und Erinnerungswirkung ausgewählter Werbeträger bei Fernsehübertragungen, in: Werbeforschung & Praxis, Nr. 1/1987, S. 9-12.

Dreyer, A.: Aktionen und Athleten, in: absatzwirtschaft, Sondernummer, Oktober 1987, S. 196-208.

Dreyer, A.: Werbung im und mit Sport - Kaufverhaltensrelevante Faktoren der Sportwerbung im Lichte der Freizeitentwicklung, Göttingen 1986.

Duden Rechtschreibung, 18., neu bearbeitete und erweiterte Auflage, Mannheim 1980.

Eder, T.B./Herrmann, A.: Ads follows Culture - Schlüssel zum Erfolg von Werbekampagnen auf Auslands-Märkten, in: Marketing-Journal, Nr. 6/1992, S. 594-596.

Ehrhardt, M.: Wettbewerbsvorteile eines Unternehmens: Corporate Prestige, in: Die Kammer, Nr. 7/93, S. 70-71.

Engelhardt, W. H./Günter, B.: Investitionsgütermarketing, Stuttgart-Berlin-Köln-Mainz 1981.

Engelhardt, W. H./Witte, P.: Konzeptionen des Investitionsgüter-Marketing - eine kritische Bestandsaufnahme ausgewählter Ansätze, in: Kliche, M. (Hrsg.): Investitionsgütermarketing - Positionsbestimmung und Perspektiven, Wiesbaden 1990, S. 3-17.

Engelhardt, W.H./Kleinaltenkamp, M./Reckenfelderbäumer, M.: Leistungsbündel als Absatzobjekte - Ein Ansatz zur Überwindung der Dichotomie von Sach- und Dienstleistungen, in: zfbf, Nr. 5/1993, S. 395-426.

Erdtmann, S. L.: Sponsoring und emotionale Erlebniswerte - Wirkungen auf den Konsumenten, Wiesbaden 1989.

Erlhoff, M.: Die kulturelle und ökonomische Kraft der Form - Das Verhältnis von Corporate Identity und Produkt-Design, in: Blick durch die Wirtschaft, Nr. 10 vom 13.01.1989, S. 7.

Ernst-Motz, A.: Öko-Sponsoring: Frisch, unverbraucht, Top Business, Nr. 9/92, S. 218-220.

Ernst-Motz, A.: Schöne Grüsse aus dem Bauch - Musik in der Werbung, in: Top Business, Juli 1992, S. 60-65.

Everding, A.: Kunst und Sponsoring - Neue Abhängigkeit oder neue Freiheit? in: Marketing Journal, Nr. 3/90, S. 224-229.

Faix, W. G.: Soziale Kompetenz: das Potential zum unternehmerischen und persönlichen Erfolg, Wiesbaden 1991.

Feldmann, B.: Festspiele und Sponsoren, in: Strahlendorf, P. (Hrsg.): Jahrbuch Sponsoring 92, Düsseldorf - Wien - New York - Moskau 1992, S. 81-88.

Feldmeier, S.: TV-Programm-Sponsoring: Würfel sind noch nicht gefallen, in: w & v, Nr. 7/1993, 19.2.1993, S. 76-80.

Fertsch-Röver, H.: Ein Herz für Künste - von der Wirtschaft entdeckt, in: Horizont, Nr. 19/1990, S. 36.

Festinger, L.: A Theory of Cognitive Dissonance, Stanford 1957. Deutsche Übersetzung unter dem Titel Theorie der kognitiven Dissonanz, Bern 1978.

Flimm, J.: Ich bin kein Moralfritze vom Alstertor, in: Der Spiegel, Nr. 38/1988, S. 212-221.

Franck, C.: Umwelt-Sponsoring der Commerzbank, in: Strahlendorf, P. (Hrsg.): Jahrbuch Sponsoring 1992, Düsseldorf - Wien - New York - Moskau 1992. S. 97-104.

Franke, H. W.: Kunst, Technik, Sponsoring, in: Strahlendorf, P. (Hrsg.): Jahrbuch Sponsoring 91, Düsseldorf - Wien - New York 1991, S. 108-110.

Freiberger, S./Rudloff, W.: Die Rolle der Public Relations im Investitionsgütergeschäft, in: Rost, D./Strothmann, K.-H. (Hrsg.): Handbuch Werbung für Investitionsgüter, Wiesbaden 1983, S. 451-472.

Freimann, J./Pfriem, R.: Unternehmen und natürliche Umwelt - programmatische und wissenschaftstheoretische Aspekte sozial-ökologischen Denkens in der Betriebswirtschaftslehre, in: Schauenberg, B. (Hrsg.): Wirtschaftsethik - Schnittstellen von Ökonomie und Wissenschaftstheorie, Wiesbaden 1991, S. 117-134.

Frey, U.D.: Das Management von Sales Promotions, in: Berndt, R./Hermanns, A. (Hrsg.): Handbuch Marketing-Kommunikation, Wiesbaden 1993, S. 577-592.

Freyer, W.: Marketing-Training für den Sport - Was Hoeneß und Tiriac können ... aber nie gelernt haben, in: absatzwirtschaft, Sondernummer Oktober 1980, S. 152-169.

Friedrichs, J.: Methoden empirischer Sozialforschung, 13. Auflage, Opladen 1985.

Friese, U.: Nur wenige Sponsoren sind in Seoul am Start, in: Handelsblatt, Nr. 177, vom 14.9.1988, S. 18.

Fuchs, R./Kleindiek, H. W.: Öffentlichkeitsarbeit heute, Bochum 1984.

Gabele, E.: Werthaltungen mittelständischer Unternehmer in Europa im Vergleich, in: Schauenberg, B. (Hrsg.): Wirtschaftsethik - Schnittstellen von Ökonomie und Wissenschaftstheorie, Wiesbaden 1991, S. 83-100.

Gardner, B./Levy, S.: The Product and the Brand. Harvard Business Review, Heft 33, 1955.

Geipel, P.: Industrie-Design als Marktfaktor bei Investitionsgütern, Diss., München 1990.

Geisser, H.: Service in der Maschinenindustrie - 10 Thesen, in: Thexis, Nr. 1/1986, S. 25-26.

Gemünden, H.G.: Innovationsmarketing, Interaktionsbeziehungen zwischen Hersteller und Verwender innovativer Investitionsgüter, Tübingen 1981.

Gietz, A.: Sponsorship-Erfolg ist planbar - Rahmenbedingungen für ein Sport-Engagement, in: Strahlendorf, P. (Hrsg.): Jahrbuch Sponsoring 1991, Düsseldorf - Wien - New York 1991, S. 45-56.

Glaser, H.: Stadtrat, Schul- und Kulturreferat Stadt Nürnberg, 26.4.1988, zitiert nach Roth, P. (Hrsg.): Kultur-Sponsoring, S. 24.

Gomez, A. B.: Not Public Relations but integrated social communications, in: International Public Relations Review, Nr. 2/1992, S. 9-10.

Gomringer, E.: Zur Einheit von Qualität und Schönheit bei Industrie-Produkten, in: Kunst & Industrie, Bielefeld 1983, S. 142-160.

Grafers, H. W.: Investitionsgütermarketing, Stuttgart 1980.

Gregory, J. R./Wiechmann, J. G.: Marketing Corporate Image - The Company As Your Number One Product, Illinois 1991.

Gröne, A.: Marktsegmentierung bei Investitionsgütern - Analyse und Typologie des industriellen Einkaufsverhaltens als Grundlage der Marketingplanung, Wiesbaden 1977, S. 147.

Gross, M.: Sport-Sponsoring-Praxis - nicht jedes Gold glänzt, in: Strahlendorf, P. (Hrsg.): Jahrbuch Sponsoring 1991, Düsseldorf - Wien - New York 1991, S. 96-102.

Groß, M.: Sport-Sponsoring-Praxis - nicht jedes Gold glänzt, in: Strahlendorf, P. (Hrsg.): Jahrbuch Sponsoring 1991, Düsseldorf, Wien, New York 1991, S. 96-102.

Große-Oetringhaus, W. F.: Sozialkompetenz - ein neues Anspruchsniveau für die Personalpolitik, in: zfbf, Nr. 3/1993, S. 270-295.

Grühsem, S.: Sponsoring erreicht sein Ziel nur, wenn es auch richtig gelenkt wird, in: Handelsblatt, Nr. 89/ 9.5.1990, S. 29.

Grüßer, B.: Handbuch Kultursponsoring - Ideen und Beispiele aus der Praxis, Hannover 1992.

Grüßer, B.: Image durch erfolgreiches Ökosponsoring - mit 50 Fallbeispielen, Landsberg am Lech 1992.

Günter, B./Kleinaltenkamp, M.: Marketing-Management für neue Fertigungstechnologien, in: zfbf, Nr. 5/1987, S. 323-354.

Günter, B./Platzek, T.: Management von Kundenzufriedenheit - Zur Gestaltung des After-sales-Netzwerkes, in: M&M Marktforschung & Management, Nr. 2/1992, S. 109-114.

Günter, B.: Anbieterkoalitionen bei der Vermarktung von Anlagengütern - Organisationsformeen und Entscheidungsprobleme, in: zfbf Schmalenbachs Zeitschrift für betriebswirtschaftliche Forschung, Sonderheft 7/1977, S. 155-172.

Günter, B.: Das Marketing von Großanlagen - Strategieprobleme des Systems Selling, Berlin 1979.

Günter, B.: Mit Marketing aus der Theaterkrise, in: absatzwirtschaft, Sondernummer Oktober 1993, S. 56-63.

Günter, B.: Probleme der Projektleitung und des Projektteam-Einsatzes im industriellen Anlagengeschäft, Arbeitsbericht Nr. 29 des Instituts für Unternehmensführung und Unternehmensforschung der Ruhr-Universität Bochum, Juni 1983.

Günter, B.: Systemdenken und Systemgeschäft im Marketing - Ansatzpunkte und Schwierigkeiten für Konzeption und Umsetzung, in: M&M Marktforschung und Management, Nr. 4/1988, S. 106-110.

Günter, B.: Unternehmenskooperation im Investitionsgüter-Marketing - Überlegungen zu einer unterschätzten Strategie, in: zfbf, Nr. 9/1992, S. 792-808.

Günther, K.: Öko-Bilanzen als Grundlage eines Umwelt-Auditings, in: Steger, U. (Hrsg.): Umwelt-Auditing - Ein neues Instrument der Risikovorsorge, Frankfurt a.M. 1991, S. 59-80.

Gutjahr, G.: Markt- und Werbepsychologie, Teil 1: Verbraucher und Produkt, Heidelberg 1972.

Haas, H./Rust, H.: Kultursponsoring - Ein neues Instrument der Corporate Communications, in: Dorer, J./Lojka, K. (Hrsg.): Öffentlichkeitsarbeit. Theoretische Ansätze empirischer Befunde und Berufspraxis der Public Relations, Wien 1991, S. 150-164.

Haedrich, G./Jeschke, B.G.: Zum Management des Unternehmensimages, in: Die Betriebswirtschaft, Nr. 2/1994, S. 211-220.

Haedrich, G./Jeschke, B.G.: Zur Integration sozio-politischer Interessen beim Innovations-Management, in: Thexis, Nr. 5/6/1993, S. 8-13.

Haedrich, G./Kreilkamp, E.: Zur Situation der Öffentlichkeitsarbeit in deutschen Unternehmen, in: DBW, Nr. 3/1983, S. 431-443.

Haedrich, G./Tomczak, T.: Strategische Markenführung, Stuttgart 1990.

Haedrich, G.: Öffentlichkeitsarbeit und Marketing, in: Haedrich, G./Barthenheiner, G./Kleinert, H. (Hrsg.): Öffentlichkeitsarbeit. Dialog zwischen Institutionen und Gesellschaft. Ein Handbuch, Berlin 1982, S. 67-75.

Haedrich, G.: Zum Verhältnis von Marketing und Public Relations, in: Marketing ZFP Zeitschrift für Forschung und Praxis, Nr. 1/1987, S. 25-31.

Hafner, L./ Philipp, E.: Ökologie, Hannover 1978.

Hahn, D./Oppenländer, K.H./Scholz, L.: Stand und Entwicklungstendenzen der strategischen Unternehmensplanung in der Bundesrepublik Deutschland - Erste Ergebnisse eines empirischen Forschungsprojektes, in: Hahn, D./Taylor, B. (Hrsg.): Strategische Unternehmensplanung - Strategische Unternehmensführung - Stand und Entwicklungstendenzen, 6., aktualisierte Auflage, Heidelberg 1992, S. 971-1010.

Hahn, D.: Frühwarnsysteme, Krisenmanagement und Unternehmensplanung, in: ZfB Ergänzungsheft, Nr. 2/1979, S. 25-46.

Haibach, M.: Professionelles Spendensammeln. Fundraising in USA und Deutschland, in: Leif, T./Galle, U. (Hrsg.): Social Sponsoring und Social Marketing, Köln 1993, S. 177-189.

Hänggi, G.: Der Wertewandel beeinflußt auch Design und Verpackung, in: VM International, Nr. 1/1991, S. 4-6.

Hanrieder, M.: Die Planungssystematik der Sportwerbung, in: Roth, P. (Hrsg.): Sportwerbung, Landsberg am Lech 1986, S. 97-144.

Hansen, U./Jeschke, K.: Nachkaufmarketing - Ein neuer Trend im Konsumgütermarketing, in: Marketing ZFP, Nr. 2/1992, S. 88-97.

Harich, R. W./Drees, N.: Schweigen ist Silber - Wer über Umweltschutz redet und nicht davon versteht, riskiert seine Glaubwürdigkeit, in: manager magazin Spezial, Nr. 2/1991, S. 50-59.

Härle, M.: Soziokultureller Wandel und Unternehmensführung: Wege und Ansätze zu kulturbewußter Unternehmensführung, Augsburg 1991.

Hart, N.A.: Industrial Advertising and Publicity, 2. Auflage, London 1978.

Hartwig, H. A.: Wann sind Sie mit dabei? in: Strahlendorf, P. (Hrsg.): Jahrbuch Sponsoring 91, Düsseldorf - Wien - New York 1991, S. 37-44.

Hätty, H.: Der Markentransfer, Heidelberg 1989.

Hätty, H.: Zentrale Erfolgsfaktoren des Markentransfers, in: VM International, Nr. 2/1990, S. 18-20.

Häusel, H.-G.: Unternehmen brauchen ein ikonisches Leitbild, in: Harvard Manager, Nr. 2/1991, S. 27-32.

Head, V.: Sponsorship - The newest marketing skill, Cambridge 1981.

Hecht, J.-P.: Modell für erfolgreiche Sportförderung - Dargestellt am Beispiel des Deutschen Tennis Bundes, in: Strahlendorf, P. (Hrsg.): Jahrbuch Sponsoring 92, Düsseldorf - Wien - New York - Moskau 1992, S. 77-80.

Heinen, E./Dill, P.: Unternehmenskultur - Überlegungen aus betriebswirtschaftlicher Sicht, in: ZfB Zeitschrift für Betriebswirtschaft, Nr. 3/1986, S. 202-217.

Heinen, E.: Industriebetriebslehre als Entscheidungslehre, in: Heinen, E. (Hrsg.): Industriebetriebslehre. Entscheidungen im Industriebetrieb. 8., durchgesehene und verbesserte Auflage, Wiesbaden 1985, S. 5-75.

Heinrich, D.: Instrument der Defensive, in: pr magazin, Nr. 6/86, S. 36-38.

Heinrich, D.: Musik-Sponsoring als Wettbewerbs-Instrument, in: der Markt, Nr. 2/1990, S. 59-61.

Heinrich, D.: Ökologisch orientierte Unternehmenspolitik, in: Der Betriebswirt, Nr. 1/1993, S. 13-17.

Heinrich, D.: Product Placement = Schleichwerbung ?, in: planung und analyse, Nr. 3/1990, S. 97-100.

Heinrich, D.: Sportsponsoring als Wettbewerbsinstrument, in: planung und analyse, Nr. 9/1990, S. 329-332.

Heintz, P.: Soziale Vorurteile, Köln 1957.

Henkel, H.-O.: Umwelt-Sponsoring - Engagement verpflichtet, in: Strahlendorf, P. (Hrsg.): Jahrbuch Sponsoring 1991, Düsseldorf - Wien - New York 1991, S. 111-116.

Hensel, R.: Sponsoring - Chancen für die Kommunikationsarbeit, Bericht über die BDW Herbst-Arbeitstage im Sept. 1986, in: Marketing Journal, Nr. 5/1986, S. 462-465.

Hermann, B.: Wirtschaftsethik - Stand der Forschung, in: ZfB Zeitschrift für Betriebswirtschaft, Ergänzungsheft Unternehmensethik: Konzepte - Grenzen - Perspektiven, Nr. 1/1992, S. 1-33.

Hermanns, A./Drees, N./Püttmann, M.: Siegen mit Siegern, in: absatzwirtschaft, Sonderausgabe, Nr. 10/1986, S. 220-232.

Hermanns, A./Drees, N./Wangen, E.: Kampf um das Augenmerk, in: pr magazin, Nr. 10/1986, S. 27-30.

Hermanns, A./Drees, N.: Kultursponsoring - Neue Möglichkeiten für die Kommunikationspolitik, in: Jahrbuch der Absatz- und Verbrauchsforschung, Nr. 1/1987, S. 6-24.

Hermanns, A./Drees, N.: Kultursponsoring als Instrument der Kommunikationspolitik, in: pr magazin, Nr. 7/87, S. 23-30.

Hermanns, A./Drees, N.: Kultursponsoring, Studien- und Arbeitspapiere Marketing, Nr. 10 des Instituts für Produktionswirtschaft und Marketing an der Universität der Bundeswehr München, München 1987.

Hermanns, A./Drees, N.: Wirkungsaspekte bei der Nutzung offizieller Prädikate im Sportsponsoring, in: Hermanns, A. (Hrsg.): Sport- und Kultursponsoring, München 1989, S. 112-121.

Hermanns, A./Drees, N.: Wirkungsaspekte bei der Nutzung offizieller Prädikate im Sportsponsoring, in: Thexis, Nr. 6/1988, S. 20-24.

Hermanns, A./Püttmann, M.: Sponsoring-Barometer, in: absatzwirtschaft, Nr. 9/1990, S. 80-86.

Hermanns, A./Püttmann, M.: Die ökologische Herausforderung für die Marketing-Kommunikation, in: Werbeforschung & Praxis, Nr. 1/1990, S. 5-9.

Hermanns, A./Püttmann, M.: Grundlagen, Wirkung und Management des Sponsoring, in: DBW Die Betriebswirtschaft, Nr. 2/1992, S. 185-199.

Hermanns, A./Püttmann, M.: Integrierte Marketing-Kommunikation, in: Hermanns, A./Berndt, R. (Hrsg.): Handbuch Marketing-Kommunikation, Wiesbaden 1993, S. 19-42.

Hermanns, A./Püttmann, M.: Internationales Sponsoring - Das Beispiel Musik; Schriftliche Fassung des Vortrags im Rahmen der BDW/EBS-Veranstaltung "Kulturförderung und Kultursponsoring" am 5. Nov. 1988 an der European Business School Oestrich-Winkel.

Hermanns, A./Püttmann, M.: Wissenschafts-Sponsoring - Grundlagen, Besonderheiten und Beispiele, in: ZfB Zeitschrift für Betriebswirtschaft, Nr. 11/1992, S. 1171-1185.

Hermanns, A.: Profilierung durch Sponsoring - Erlebnisorientiertes Instrument der Marktkommunikation und Wettbewerbsfaktor, in: Marktforschung & Management, Nr. 3/1988, S. 79-82.

Hermanns, A.: Sponsoring - 15 Merkpunkte zu einem noch jungen Thema, in: Marketing Journal, Nr. 6/1986, S. 556-557.

Hermanns, A.: Sponsoring - Innovatives Instrument der Kommunikationspolitik im Marketing, in: Das Wirtschaftsstudium, 16. Jg., Nr. 8-9/1987, S. 435-441.

Hermanns, A.: Sponsoring - Zukunftsorientiertes Instrument der Marktkommunikation, in: Hermanns, A. (Hrsg.): Sport- und Kultursponsoring, München 1989, S. 1-14.

Hermanns, A.: Sponsoring: Kommunikationsinstrument mit Zukunft, in: Werbeforschung & Praxis, Nr. 4/1990, S. 107-112.

Hermanns, A.: Sport und Werbung - Präsenz und Erinnerungswirkung ausgewählter Werbeträger an Rennstrecken, München 1/1986, Bericht über ein Studienprojekt an der Universität der Bundeswehr München.

Hermanns, A.: Sport und Werbung - Wahrnehmung von Werbebotschaften auf Rennfahrzeugen, München 1/1985, Bericht über ein Studienprojekt an der Universität der Bundeswehr München.

Hermanns, A.: Sport-Sponsoring: Thesen und Entscheidungshilfen, in: absatzwirtschaft, Nr. 7/1988, S. 70-72.

Hermanns, A.: Werbewirkung und Werbewirkungskontrollen im Sportsponsoring, in: planung und analyse, Nr. 8/1987, S. 288-293.

Hermanns, A.: Zur Problematik der Sponsoring-Kontrolle, in: Werbeforschung & Praxis, Nr. 1/1991, S. 29-34.

Herter, R. N.: Weltklasse mit Benchmarking - ein Werkzeug zur Verbesserung der Leistungsfähigkeit aller Unternehmensbereiche, in: Fortschrittliche Betriebsführung und Industrial Engineering, Nr. 5/1992, S. 254-258.

Heuer, C.-H.: Die Besteuerung der Kunst, Köln 1983.

Heyder, H.: Ohne Umwelt-Orientierung ohne Chance - Ein Plädoyer für ein hundertprozentiges Umwelt-Engagement ohne Wenn und Aber, in: Marketing Journal, Nr. 4/1991, S. 320-325.

Heyder, H.: Umwelt-Bewußtsein zur Chance machen - Betonen Sie die Öko-Schiene, auf der Sie Ihre Marketing-Aktivitäten vorantreiben, in: Marketing Journal, Nr. 2/1989, S. 136-138.

Hinterhuber, H.H./Holleis, W.: Gewinner im Verdrängungswettbewerb - Wie man durch Verbindung von Unternehmensstrategie und Unternehmenskultur zu einem führenden Wettbewerber werden kann, in: JfB Journal für Betriebswirtschaft, Nr. 1-2/1988, S. 2-19.

Hochstätter, D.: Manager zu verleihen, in: Wirtschaftswoche, Nr. 19/1989, S. 77.

Hoff, A./Strümpel, B.: Öffentlichkeitsarbeit als Unternehmensfunktion, In: Haedrich, G./Barthenheiner, G./Kleinert, H. (Hrsg.): Öffentlichkeitsarbeit. Ein Dialog zwischen Institutionen und Gesellschaft. Ein Handbuch. S. 35-51.

Hoffmann, H.: Eine Magna Charta für Sponsoren?, in: Horizont, Nr. 50, 16.12.1988, S. 23.

Hoffmann, J.P.: Product Placement: Das heimliche Geschäft, pr magazin, Nr. 9/1985, S. 28-30.

Homann, K.: Marktwirtschaftliche Ordnung und Unternehmensethik, in: ZfB - Ergänzungsheft Unternehmensethik - Konzepte - Grenzen - Perspektiven, Nr. 1/1992, S. 75-89.

Homolka, W.: Umweltfonds - Investieren in die Zukunft, Bonn 1990.

Hormuth, S.: Placement: eine innovative Kommunikationsstrategie, München 1993.

Horváth, P./Herter, R. N.: Benchmarking - Vergleich mit den Besten der Besten, in: Controlling, Nr. 1/1992, S. 4-11.

Horváth, P.: Controlling, in: Dichtl, E./Issing, O. (Hrsg.): Vahlens Großes Wirtschaftslexikon, München 1987, 351 f.

Horx, M.: Trend-Buch - Der erste große deutsche Trendreport, Düsseldorf 1993.

Huber, B.: Strategische Marketing- und Imageplanung - Theorie, Methoden und Integration der Wettbewerbsstrukturanalyse aus Imagedaten, Frankfurt a.M. 1993.

Hüchtermann, M./Lenske, W.: Wettbewerbsfaktor Unternehmenskultur, Köln 1991.

Hüchtermann, M./Spiegel, R.: Unternehmen als Mäzene, Köln 1986.

Hundhausen, C.: Werbung um öffentliches Vertrauen - Public Relations, 1. Band, Essen 1951,

Hussain, W.: Auf der Suche nach dem Kundennutzen, in: Strahlendorf, P. (Hrsg.): Jahrbuch Sponsoring 1991, Düsseldorf - Wien - New York 1991, S. 85-88.

Ind, N.: The Corporate Image - Strategies for effective identity programmes, London 1992.

Johannsen, U.: Das Marken- und Firmen-Image - Theorie, Methodik, Praxis, Berlin 1971 und Diss. 1968.

Johannsen, U.: Image, in: Tietz, B. (Hrsg.): Handwörterbuch der Absatzwirtschaft, Stuttgart 1974, Sp. 810-826.

Jost, H. R./Marti, C. P.: Die Sponsoring-Agentur: Vom reinen Vermarkter und Vermittler zur Beratungsagentur, in: Thexis, Nr. 6/1988, S. 43-45.

Jugel, S./Wiedmann, K.-P./Kreutzer, R.: Die Formulierung der Unternehmensphilosophie im Rahmen einer Corporate Identity-Strategie - Allgemeiner Orientierungsrahmen und empirische Bestandsaufnahme, in: Marketing ZFP Zeitschrift für Forschung und Praxis, Nr. 4/1987, S. 293-303.

Jung, H.: Unternehmensexterne Öffentlichkeitsarbeit, in: Haedrich, G./Barthenheiner, G./Kleinert, H. (Hrsg.): Öffentlichkeitsarbeit. Dialog zwischen Institutionen und Gesellschaft. Ein Handbuch. Berlin 1982, S. 105-110.

Kadereit, C. M.: Sponsoring-Agenturen, ihre Aufgaben und Leistungsdimensionen, in: Strahlendorf, P. (Hrsg.): Jahrbuch Sponsoring 91, Düsseldorf - Wien - New York 1991, S. 157-159.

Kalmus, M.: Aufgaben und Probleme der innerbetrieblichen Öffentlichkeitsarbeit, in: Haedrich, G./Barthenheiner, G./Kleinert, H. (Hrsg.): Öffentlichkeitsarbeit - Ein Handbuch, Berlin - New York 1982, S. 93-103.

Kalweit, U.: Product Placement - Die Bedeutung des Product Placement in TV- und Kinofilmen aus der Sicht des Konsumgüterherstellers, in: Marketing ZFP Zeitschrift für Forschung und Praxis, Nr. 2/1988, S. 111-115.

Kammerer, J.: Beitrag der Produktpolitik zur Corporate Identity, Diss., München 1988.

Kapferer, C.: Image, in: Kapferer, C. (Hrsg.): Kapferer's Marketing Wörterbuch, Hamburg 1979, S. 108-109.

Kernebeck, H.: Motorsport-Sponsoring - Ein Medium stellt sich vor, in: Marketing Journal, Nr. 3/1988, S. 358-362.

Kernen, J.: Sportsponsoring - die erlebnisorientierte Kommunikation, in: VM International Extra 1990, S. 17-18.

Kirsch, W./Kutschker, M./Lutschewitz, H.: Ansätze und Entwicklungstendenzen im Investitionsgütermarketing, 2., überarbeitete und erweiterte Auflage, Stuttgart 1980.

Kirsch, W./Kutschker, M.: Das Marketing von Investitionsgütern, Theoretische und empirische Perspektiven eines Interaktionsansatzes, Wiesbaden 1978.

Kirsch, W./Lutschewitz, H./Kutschker, M.: Ansätze und Entwicklungstendenzen im Investitionsgütermarketing, München 1977.

Klages, H.: Wertewandel in Deutschland in den 90er Jahren, in: von Rosenstiel, L./Djarrahzad, M./Einsiedler, H. E./Streich, R. K. (Hrsg.): Wertewandel - Herausforderung für die Unternehmenspolitik in den 90er Jahren, 2. Auflage, Stuttgart 1993, S. 1-15.

Kleinaltenkamp, M./Rohde, H.: Mit Kompetenzzentren Barrieren überwinden, in: absatzwirtschaft 11/1988, S. 106-115.

Kleinaltenkamp, M./Seinsche, R.: CIM - eine Herausforderung für das Marketing des Werkzeugmaschinenhandels, in: Marktforschung & Management, Nr. 3/1989, S. 89-93.

Kleinaltenkamp, M.: Investitionsgüter-Marketing aus informationsökonomischer Sicht, in: zfbf, Nr. 9/1992, S. 809-829.

Kleinaltenkamp, M.: Typologien von Business-to-Business-Transaktionen - Kritische Würdigung und Weiterentwicklung, in: Marketing ZFP, Nr. 2/1994, S. 77-88.

Kleiner, A.: Unternehmen werden "grün", in: Harvard Manager, Nr. 2/1992, S. 24-33.

Kleinert, H.: Ökonomische Aspekte der Öffentlichkeitsarbeit, in: Haedrich, G./Barthenheiner, G./Kleinert, H. (Hrsg.): Öffentlichkeitsarbeit. Dialog zwischen Institutionen und Gesellschaft. Ein Handbuch. Berlin 1982.

Kleinfeld, K.: Benchmarking für Prozesse, Produkte und Kaufteile - Ein Weg zu permanenter Verbesserung im Unternehmen, in: M&M Marktforschung und Management, Nr. 1/1994, S. 19-24.

Kleining, G.: Zum gegenwärtigen Stand der Imageforschung, in: Psychologie und Praxis, 3. Jg., 1959, S. 198-212.

Kliche, M. (Hrsg.): Investitionsgütermarketing - Positionsbestimmung und Perspektiven, hrsg. mit Thomas Baaken und Ronald Pörner, Festschrift zum 60. Geburtstag von Karl-Heinz Strothmann, Wiesbaden 1990.

Kliche, M.: Industrielles Innovationsmarketing, Wiesbaden 1991.

Knapp, H. G.: Marketing: Sozialtechnik oder Marktethik? in: Schauenberg, B. (Hrsg.): Wirtschaftsethik - Schnittstellen von Ökonomie und Wissenschaftstheorie, Wiesbaden 1991, S. 69-82.

Koblitz, H. G.: Kompetenz, in: Harvard Manager, Nr. III/1989, S.

Kohtes, P. J.: Der Nutzen von Image-Programmen, in: Manager Magazin (Hrsg.): Imageprofile 88, Düsseldorf 1988, S. 47-53.

Koinecke, J. (Hrsg.): Handbuch Marketing, Bd. II, Gernsbach 1978.

Körke, H.: Firmen-Philosophien: in aller Munde, doch kaum in aller Herzen, in: Blick durch die Wirtschaft, 18.7.1991, S. 1.

Koschnick, W. J.: Standard-Lexikon für Marketing, Marktkommunikation, Markt- und Mediaforschung, München - London - New York - Oxford - Paris 1987.

Kotler, P./Bliemel, F.: Marketing-Management - Analyse, Planung, Umsetzung und Steuerung, 7., vollständig neu bearbeitete und für den deutschen Sprachraum erweiterte Auflage, Stuttgart 1992.

Kotler, P.: Marketing-Management, einmalige und limitierte Sonderausgabe der 4., völlig neubearbeiteten Auflage, Stuttgart 1989.

Kramer, F./Kramer, M.: Marketing-Kompetenz und Total-Quality Management, in: Thexis, Nr. 5/6/1993, S. 22-31.

Kreikebaum, H.: Unternehmensethik und strategische Planung, in: Hahn, D. /Taylor, B. (Hrsg.): Strategische Unternehmensplanung - Strategische Unternehmensführung: Stand und Entwicklungstendenzen, 6., aktualisierte Auflage, Heidelberg 1992, S. 838-851.

Kroeber-Riel, W.: Die inneren Bilder der Konsumenten: Messung - Verhaltenswirkung - Konsequenzen für das Marketing, in: Marketing ZFP, Nr. 2/1986, S. 81-96.

Kroeber-Riel, W.: Die Werbung von morgen muß Firmen und Marken inszenieren, in: Harvard Manager, Nr. 3/1989, S. 78-86.

Kroeber-Riel, W.: Konsumentenverhalten, 4., verbesserte und erneuerte Auflage, München 1990.

Krystek, U.: Controlling und Frühaufklärung - Stand und Entwicklungstendenen von Systemen der Frühaufklärung, in: Controlling, Nr. 2/1990, S. 68-75.

Kühn, R.: Wandel im Marketing und seine Konsequenzen, in: Marketing & Kommunikation, Nr. 6/1994, S. 8-11.

Kulturkreis im Bundesverband der Deutschen Industrie e.V. (Hrsg.): Die Wirtschaft als Kulturförderer, Ergebnisse einer Befragung bei den Mitgliedern der Vollversammlungen aller Industrie- und Handelskammern in der Bundesrepublik Deutschland, Köln 1987.

Landgrebe, K. P.: Imagewerbung und Firmenstil, Hamburg 1980.

Langner, H.: Segmentierungsstrategien für den europäischen Markt, Wiesbaden 1991.

Laube, G.L.: Betriebsgrößenspezifische Aspekte der Public Relations - Eine vergleichende theoretische und empirische Analyse der Public Relations in mittelständischen Unternehmungen und Großunternehmungen, Frankfurt am Main 1986.

Lavater, M.: Einen höheren Stellenwert für Promotionen und Event-Marketing, in: VM International Extra 1991, S. 4-6.

Leeb, L.: Kultursponsoring - Vertragliche Grundlagen, Wien 1992.

Lehnhoff, D.: Sponsoring + Redaktionelle Berichterstattung = Schleichwerbung, in: Strahlendorf, P. (Hrsg.): Jahrbuch Sponsoring 92, Düsseldorf - Wien - New York - Moskau 1992, S. 67-76.

Leibfried, K. H. J./McNair, C. J.: Benchmarking - Von der Konkurrenz lernen, die Konkurrenz überholen, Freiburg i.Br. 1993.

Leinen, J.: Die Kommunikations-Politik zur ökologischen Visitenkarte des Unternehmens machen, in: Marketing Journal, Nr. 5/1991, S. 420-422.

Leo, A.: "Als ob Nike einen Marathon sponsert" - Die Golfkrise als "Special Event": US-Industrie macht sich mit Geschenken Freunde unter den GIs, in: Horizont, Nr. 2/1991, S. 20.

Liebl, F.: Issue Management - Bestandsaufnahme und Perspektiven, in: ZfB, Nr. 3/1994, S. 359-382.

Lietsch, F.: Abstand nehmen vom schnellen Verbrauch - Echtes (Öko-) Marketing: Coup der Wirtschaft und Chance für die Umwelt, in: Horizont, Nr. 46/1990, S. 9.

Lilli, W.: Perzeption, Kognition: Image, in: Irle, M. (Hrsg.): Marktpsychologie als Sozialwissenschaft, Göttingen 1983.

Lippegans, A.: Geplanter Transfer von Markenimages, in: Markenartikel - Zeitschrift der Markenartikelindustrie, Nr. 9/1984.

Loock, F.: Der Weg der Kultur zum Marketing, in: Loock, F. (Hrsg.): Kulturmanagement - Kein Privileg der Musen, Wiesbaden 1991, S. 357-365.

Loock, F.: Kunstsponsoring - Eine neue Dimension der künstlerischen Abhängigkeit?, in: Hermanns, A. (Hrsg.): Sport- und Kultursponsoring, München 1989, S. 176-182.

Loock, F.: Kunstsponsoring, Ein Spannungsfeld zwischen Unternehmen, Künstlern und Gesellschaft, Diss., Wiesbaden 1988.

Maar, C.: Die Medien als Initiator und Kontrolle im Kulturbetrieb, in: Strahlendorf, P. (Hrsg.): Jahrbuch Sponsoring 1991, Düsseldorf - Wien - New York 1991, S. 89-95.

Maaß, K.: Die industrielle Werbeforschung als Grundlage der Werbeplanung, in: Rost, D./Strothmann, K.-H. (Hrsg.): Handbuch Werbung für Investitionsgüter, Wiesbaden 1983, S. 138-153.

Margulies, W.P.: Verbesserung der Corporate Identity, in: Harvard Manager, Nr. III/92, S. 97-102.

Marken, G. A.: Corporate Image - We All Have One, But Few Work to Project and Project It, in: Public Relations Quarterly, Frühjahr 1990, S. 21-23.

Marquis, H. H.: The Changing Corporate Image, USA 1970.

Mast, C.: Kampf um Marktanteile auf dem Markt der Meinungen - Offensive Information als Herausforderung für Unternehmen, in: Blick durch die Wirtschaft, vom 13.9.1991, S. 7.

Matthée, I./Walter, A.: Sponsoren-Clubs öffnen den Zugang zur Wissenschaft - Technologie-Transfer kann helfen, in: Blick durch die Wirtschaft, vom 21.10.1993, S. 1 + 8.

Mauerer, S.: So finden Sie den richtigen Sponsor, München 1992.

Mauersberger, J.: Ziele und Erscheinungsformen des Öko-Sponsoring, in: Werbeforschung & Praxis, Nr. 1/92, S. 6-9.

Mayer, A./Mayer, R.U.: Imagetransfer, Hamburg 1987.

Mayer, H./Christner, B.: Der Hitchcock-Effekt im Sponsoring - Eine psychologische Untersuchung zur Wirkung des Kultursponsorings, in: GfK Jahrbuch der Absatz- und Verbrauchsforschung, Nr. 4/1991, S. 347-360.

McDonald, C.: Sponsorship and the Image of the Sponsor, in: European Journal of Marketing, Nr. 11/1991, S. 31-38.

Meenaghan, J. A.: Commercial Sponsorship, in: European Journal of Marketing, Nr. 2/1983, S. 5-73.

Meenaghan, T.: Sponsorship - Legitimising the Medium, in: European Journal of Marketing, Nr. 11/1991, S. 5-10.

Meffert, H./Gass, C.: Tue Gutes und rede darüber - die richtige Devise für die Öffentlichkeitsarbeit?, in: manager magazin (Hrsg.): Imageprofile '88, Düsseldorf 1988, S. 31-39.

Meffert, H./Heinemann, G.: Operationalisierung des Imagetransfers - Begrenzung des Transferrisikos durch Ähnlichkeitsmessungen, in: Marketing ZFP, Nr. I/1990, S. 5-10.

Meffert, H./Kirchgeorg, M./Ostmeier, H.: Der Einfluß von Ökologie und Marketing auf die Strategien, in: absatzwirtschaft Sondernummer Oktober 1990, S. 42-56.

Meffert, H./Kirchgeorg, M.: Marktorientiertes Umweltmanagement - Grundlagen und Fallstudien, 2., überarbeitete und erweiterte Auflage, Stuttgart 1983.

Meffert, H./Kirchgeorg, M.: Marktorientiertes Umweltmanagement: Grundlagen und Fallstudien, 2. überarbeitete und erweiterte Auflage, Stuttgart 1993.

Meffert, H.: Corporate Identity, in: DBW Die Betriebswirtschaft, Nr. 6/1991, S. 817-819.

Meffert, H.: Marketing, 7., überarbeitete und erweiterte Auflage, Wiesbaden 1991.

Meffert, H.: Quantensprünge durch Öko-Marketing - Der Einzug ökologischer Ideen in die Werbebranche, in: Innovatio, Nr. 5/6-1988, S. 32-34.

Meffert, H.: Umweltbewußtes Konsumentenverhalten - ökologieorientiertes Marketing im Spannungsfeld zwischen Individual- und Sozialnutzen, in: Marketing ZFP Zeitschrift für Forschung und Praxis, Nr. 1/1993, S. 51-54.

Merbold, C.: Marken-Status bei Investitionsgütern, in: Werbeforschung & Praxis, Nr. 3/1990, S. 55-56.

Merbold, C.: Marken-Wirkungen bei Investitionsgütern - Psychologische Effizienz bei Kaufentscheidungen, in: Marktforschung & Management, Nr. 3/1991, S. 109-112.

Merbold, C.: Sportsponsoring aus der Sicht eines Investitionsgüterherstellers, in: Hermanns, A. (Hrsg.): Sport- und Kultursponsoring, München 1989. S. 122-132.

Meuser, T.: Umweltschutz und Unternehmensführung: ein Konzept aktiver Integration, Wiesbaden 1993.

Meyer, C.F.J./Kohtes, M.M.: Nein danke? Umwelt-Sponsoring als Herausforderung für Gesellschaft und Management, in: Strahlendorf, P. (Hrsg.): Jahrbuch Sponsoring 91, Düsseldorf - Wien - New York 1991, S. 73-84.

Meyer, C.F.J.: Erfolgskontrolle ist doch möglich, in: w&v, Nr. 19/1992, S. 96-98.

Miller, G. J./Meyer, A. D./Nakane, J.: Benchmarking Global Manufacturing - Understanding international suppliers, customers, and competitors, Illinois 1992, S. 19 f.

Müller, F.: Banden- und Sportwerbung - Eine Untersuchung zur Wirkung von Bandenwerbung und zur Einstellung gegenüber Werbung im Sport, in: Interview und Analyse, Nr. 4/1983, S. 152-156 und Nr. 5/1983, S. 211-215.

Müller, G.: Das Image des Markenartikels, Opladen 1971.

Munkelt, I.: Kultur- und Öko-Sponsoring kaum bekannt, in: absatzwirtschaft, Nr. 5/1991, S. 34.

Mussler, D.: Forderung nach Glaubwürdigkeit steht im Mittelpunkt - Umweltsponsoring als künftiges Kommunikationsinstrument, in:Horizont, Nr. 46/1990, S. 44.

Mussler, D.: Sponsor und Sport im Ausgleich der Interessen, in: absatzwirtschaft, Sonderheft Okt. 88, S. 200-205.

Mussler, D.: Sponsoring in den 90er Jahren, in: Strahlendorf, P. (Hrsg.): Jahrbuch Sponsoring 1991, Düsseldorf - Wien - New York 1991, S. 7-19.

Nagel, G.: Durch Firmenkultur zur Firmenpersönlichkeit: Manager entdecken ein neues Erfolgspotential, Landsberg am Lech 1991.

Naisbitt, J./Aburdene, P.: Megatrends 2000 - Zehn Perspektiven für den Weg ins nächste Jahrtausend, Düsseldorf, Wien 1991.

Naundorf, S.: Charakterisierung und Arten von Public Relations, in: Berndt, R./Hermanns, A. (Hrsg.): Handbuch Marketing-Kommunikation, Wiesbaden 1993, S. 595-616.

Nebenzahl, I. D./Jaffe, E. D.: The Effectiveness of Sponsored Events in Promoting a Country's Image, in: International Journal of Advertising, Nr. 10/1991, S. 223-237.

Neu, M.: Musik als Schlüsselreiz zur Erhöhung der Werbeeffizienz, in: Wirtschaftsstudium, Nr. 3/1993, S. 186-189.

Neubauer, D.: Dynamik ist Trumpf, in: Wirtschaftswoche, Nr. 22, 24.5.91, S. 104-107.

Niederquell, M.O.: Integrating the Strategic Benefits of Public Relations into the Marketing-Mix, in: Public Relations Quarterly, Frühjahr 1991, S. 23-24.

Nieschlag, R./Dichtl, E./Hörschgen, H.: Marketing, 15., überarbeitete und erweiterte Auflage, Berlin 1988.

Nieschlag, R./Dichtl, E./Hörschgen, H.: Marketing, 16., durchgesehene Auflage, Berlin 1991.

Nitsch, H.: Dynamische Public Relations - Unternehmerische Öffentlichkeitsarbeit - Strategie für die Zukunft, Stuttgart 1975.

Nuber, K.H.: Management by Corporate Identity - Ein neues Konzept der integrierten Kommunikation, in: Harvard Manager, Nr. 3/1985, S. 105-108.

o.V.: Abgesang der Amateure, in: Industriemagazin, Nr. 8/1991, S. 42-46.

o.V.: Effizienz in der Sportwerbung: Wie Ihre Marke gewinnt, in: absatzwirtschaft, Nr. 7/1981, S. 28-39.

o.V.: Ein Stoff kommt ins Gerede, ein Unternehmen reagiert, in: absatzwirtschaft, Sonderausgabe, Nr. 10/1985, S. 70-74.

o.V.: Für deutliche Trennung von Werbung und Programm, in: Der Tagesspiegel, 2.7.1988, S. 19.

o.V.: Interview mit Apitz, K.: Den meisten Unternehmern fehlt der Krisenplan, in: impulse, Nr. 10/86, S. 155-156.

o.V.: Investitionsgüter: Maschinen, Farbe, Philosophie, in: absatzwirtschaft, Nr. 7/1986, S. 44-48.

o.V.: Lehren aus dem Schock - Chemieunfälle, in: Wirtschaftswoche, Nr. 50/1986, S. 146-153.

o.V.: Mit Filmstars und Comic-Figuren neue Märkte schaffen, in: impulse, Nr. 10/1986, S. 180-185.

o.V.: Selbstverständliches nicht als Widerstand erleben müssen, in: w&v, Nr. 5/1993, S. 32-33.

o.V.: Sponsoring-Spitze: Deutsche Firmen europaweit an der Spitze im Sponsoren-Ranking, in: w&v, Br. 41/1992, S. 46.

o.V.: Sportwerbung hebt das Image der Firmen, in: impulse, Nr. 10/87, S. 108-113.

o.V.: Theatersponsoring: Kalkulierbare Partner, in: Horizont, Nr. 11, 17.3.89, S. 10.

o.V.: Wenn Hamlet mit dem "Boss"-Jacket, in: Blick durch die Wirtschaft, 16.12.88, S. 7.

o.V.: Werbe-Wettstreit mit sportiver Note, in: handel heute, Nr. 10/88, S. 70-79.

o.V.: Werbung gegen Gage: Lassen Stars die Kasse klingeln, in: absatzwirtschaft, Nr. 9/1977, S. 24-77.

o.V.: Wertewandel-Briefe, in: Marketing Journal, Nr. 1/1991, S. 85.

Oberholz, A.: Nach dem Sportsponsoring jetzt das Ökosponsoring, in: Blick durch die Wirtschaft, vom 9.11.1990, S. 1.

Oeckl, A.: Handbuch der Public Relations, München 1964.

Oeckl, A.: PR-Praxis, Düsseldorf 1976.

Olschewski, J.: Das I+T-Unternehmen in der Verantwortung gegenüber der Öffentlichkeit - Neue Marketingstrategien unter Berücksichtigung von Recycling, Ergonomie und Sicherheit, in: Hofmaier, R. (Hrsg.): Investitionsgüter- und High-Tech-Marketing (ITM): Erprobte Instrumentarien, Erfolgsbeispiele, Problemlösungen, Landsberg/Lech 1992, S. 579-588.

Otker, T./Hayes, P.: Judging the efficiency of sponsorship: Experiences from the 1986 Soccer World Cup, in: Werbeforschung & Praxis, Nr. 1/1991, S. 35-47.

Parker, K.: Sponsorship: The Research Contribution, in: European Journal of Marketing, Nr. 11/1991, S. 23.

Paulin, R.: Theater muß man erleben, um es zu erlernen, in: Loock, F. (Hrsg.): Kulturmanagement - Kein Privileg der Musen, Wiesbaden 1991, S. 209-217.

Peter, S./Schneider, W.: Strategiefaktor Kundennähe - Vom Transaktionsdenken zum Relationship Marketing, in: M&M Marktforschung und Management, Nr. 1/1994, S. 7-11.

Peters, U.: Psychologie der Marketingkommunikation: ein Handbuch der Psychologie für Marketing-, Verkaufs- und Werbepraktiker, Savosa 1991.

Playfair, V./Harrop, M.: Public Relations and the environment, in: International Public Relations Review, Nr. 1/1992, S. 35-40.

Plinke, W.: Ausprägungen der Marktorientierung im Investitionsgüter-Marketing, in: zfbf, Nr. 9/1992, S. 830-846.

Plinke, W.: Fallgruben der Kundenorientierung überspringen, in: absatzwirtschaft, Nr. 3/1992, S. 97-101.

Plinke, W.: Investitionsgütermarketing, in: Marketing ZFP, Nr. 3/1991, S. 172-177.

Plötner, O.: Bedeutung des Kundenvertrauens im Systemmarketing, in: M&M Marktforschung & Management, Zeitschrift für marktorientierte Unternehmenspolitik, Nr. 2/1992, S. 75-79.

Popcorn, F.: Der Popcorn-Report - Trends für die Zukunft, 5. Auflage, München 1992.

Prahalad, C. K./Hamel, G.: Nur Kernkompetenzen sichern das Überleben, in: Harvard Manager, Nr. II/1991, S. 66-78.

Pratz, G.: Ist jeder Sponsor ein verlorener Anzeigenkunde?, in: Strahlendorf, P. (Hrsg.): Jahrbuch Sponsoring 1992, Düsseldorf-Wien-New York-Moskau 1992, S. 58-66.

Püttmann, M.: Das Management von Sponsoring, in: Berndt, R./Hermanns, A. (Hrsg.): Handbuch Marketing-Kommunikation: Strategien - Instrumente - Perspektiven, Wiesbaden 1993, S. 649-669.

Püttmann, M.: Musik-Sponsoring: Grundlagen und Ergebnisse einer Veranstalterbefragung, in: Werbeforschung & Praxis, Nr. 1/1991, S. 21-29.

Püttmann, M.: Sponsoring - Erfolgreiche Symbiose zwischen Wirtschaft und Gesellschaft?, in: planung und analyse, Nr. 7/91, S. 262-265.

Radmann, F. H.: Sponsoring als Dienstleistungsangebot - Leistungen einer spezialisierten Agentur, in: Dahlhoff, H. D. (Hrsg.): Sponsoring - Chancen für die Kommunikationsarbeit, Berichtsband über die BDW-Herbst-Arbeitstage 1986, S. 1-25.

Raffée, H./Wiedmann, K.-P.: Corporate Communications als Aktionsinstrumentarium des strategischen Marketing, in: Raffée, H./Wiedmann, K.-P.: Strategisches Marketing, Ungekürzte Sonderausgabe, Stuttgart 1989, S. 662-691.

Raffée, H./Wiedmann, K.-P.: Das gesellschaftliche Bewußtsein in der Bundesrepublik und seine Bedeutung für das Marketing, hrsg. von Stern, Gruner & Jahr Verlag, Reihe Dialoge, Hamburg 1983.

Raffée, H./Wiedmann, K.-P.: Der Wertewandel als Herausforderung für Marketingforschung und Marketingpraxis, in: Marketing ZFP Zeitschrift für Forschung und Praxis, Nr. 3/1988, S. 198-210.

Raffée, H./Wiedmann, K.-P.: Glaubwürdigkeits-Offensive, in: absatzwirtschaft, Nr. 12/1983, S. 52-61.

Raffée, H.: Marketing und Umwelt, Mannheim 1979.

Raffée, H.: Wertewandel in seinen Konsequenzen für das Konsumentenverhalten und das unternehmerische Marketing. Zusammenfassung eines Referats im Rahmen einer Fachtagung, in: Wimmer, F./Weßner, K.: Marketing in einer sich ändernden Umwelt, Dokumentation einer Fachtagung, Bamberg 1986, S. 5-24.

Rebstock, M.: Organisation und Ethik: Zur Entwicklung und Umsetzung individueller moralischer Kompetenz in Unternehmen, Frankfurt am Main, 1992.

Reiter, G./Serr, T.: Sportwerbung an der Bande - Wirkungsmessung anläßlich der Fußball-Weltmeisterschaft 1990 in Italien, in: planung und analyse, Nr. 4/1991, S. 143-146.

Reitz, H.-J.: Die Corporate Identity-Konzeption, in: pr magazin, Nr. 10/83, S. 37-38.

Rempen, T.: Öko-Werbung muß sich ehrlichere Ziele stecken, in: w&v, Nr. 5/1993, S. 54-56.

Renner, J./Tischler, S.: Sportfans gegen Bandenwerber 6:4, in: absatzwirtschaft, Nr. 2/1977, S. 34-36.

Resel, W.: Über die Kehrseite der Sponsoring-Medaille, in: Werbeforschung & Praxis, Nr. 2/91, S. 68-69.

Ricker, R.: Mehr Rechtsklarheit für Werbung in den Privaten: Unterbrecherwerbung, Sponsoring, Teleshopping, in: Horizont, Nr. 7/1989, 17.2.1989, S. 22.

Risch, S.: Zwischen allen Stühlen, in: manager magazin Spezial, Nr. 2/1991, S. 81-85.

Rittner, V./Mrazek, J.: Die Differenzierung des Sports - Zur Notwendigkeit der Differenzierung des Sportsponsoring, in: Hermanns, A.: Sport- und Kultursponsoring, München 1989, S. 78-87.

Ritzerfeld, U.: Marketing-Mix-Strategien in Investitionsgütermärkten - Entwicklung und Simulation marktstrukturspezifischer Strategien, Wiesbaden 1993.

Rohleder, P. J./Schmidt, D. W.: Kompetenz im Wettbewerb - Aufbau und Management zentraler Erfolgsfaktoren im Unternehmen, in: Marktforschung & Management, Nr. 2/1989, S. 57-60.

Rohleder, P. J./Woodger, C.: Corporate Design - Visuelle Manifestation der Strategie - langfristiger Erfolgsfaktor eines Unternehmens, in: Marktforschung & Management, Nr. 3/1991, S. 101 - 103.

Roloff, E.: Messen und Medien - Ein sozialpsychologischer Ansatz zur Öffentlichkeitsarbeit, Wiesbaden 1992.

Rosenberg, M.J./Hovland, C.I.: Cognitive, affective, and behavioral components of attitudes, in: Rosenberg, M.J./Hovland, C.I. (Hrsg.): Attitude organization and change, New Haven, Conn. 1960, S. 1-14, zitiert nach Staehle, W.: Management, 6., überarbeitete Auflage, München 1991, S. 158.

Roth, P.: Kultur-Sponsoring, in: Thexis, Nr. 6/1988, S. 36-38.

Roth, P.: Kultur-Sponsoring: Zur Situation heute, in: Roth, P. (Hrsg.): Kultur-Sponsoring, Meinungen, Chancen und Probleme, Konzepte, Beispiele, Landsberg am Lech 1989.

Roth, P.: Sport heute - Bewegung für Millionen und die einsame Spitze, in: Roth, P. (Hrsg.): Sportwerbung, Landsberg am Lech 1986, S. 23-27.

Roth, P.: Sport-Werbung: Werbung in einem besonders attraktiven Erlebnisfeld treiben, in: Marketing Journal, Nr. 3/1985, S. 253-256.

Rüßmann, K. H.: Strahlkraft durch Kompetenz, in: Manager Magazin, Nr. 4/1988, S. 254-273.

Sachs, G.: Unternehmen im Spiegel der Presse, München 1979.

Sack, R.: Product Placement im Fernsehen: Medien-, urheber- und wettbewerbsrechtliche Grenzen, in: Marketing ZFP Zeitschrift für Forschung & Praxis, Nr.3/1987, S. 196-200.

Schade, C./Schott, E.: Kontraktgüter im Marketing, in: Marketing ZFP, Nr. 1/1993, S. 15-25.

Schalk, I. van der: Sponsoringmanagement in Vereinen: eine Analyse im Golfsport, Wiesbaden 1993.

Schauenberg, B.: Zur Notwendigkeit der Verbindung von Ethik und Betriebswirtschaftslehre, in: Schauenberg, B. (Hrsg.): Wirtschaftsethik - Schnittstellen von Ökonomie und Wissenschaftstheorie, Wiesbaden 1991, S. 1 - 12.

Scheuch, F.: Entscheidungen im Marketing, 2., überarbeitete Auflage, Wien 1981, S. 284.

Scheuch, F.: Investitionsgüter-Marketing, Opladen 1975.

Schiebusch, A.: Event-Marketing - Part für clevere Spezialisten, in: w&v, Nr. 17/1991, S. 104-105.

Schildbach, T.: Begriff und Grundproblem des Controlling aus betriebswirtschaftlicher Sicht, in: Spremann, K./Zur, E. (Hrsg.): Controlling: Grundlagen - Informationssysteme - Anwendungen, Wiesbaden 1992, S. 21-36.

Schiller, H. I.: Kultursponsoring in den USA - Das unaufhaltsame Eindringen des Sponsoring in die Kulturszene, in: Dorer, J./Lojka, K. (Hrsg.): Öffentlichkeitsrarbeit. Theoretische Ansätze, empirische Befunde und Berufspraxis der Public Relations, Wien 1991, S. 143-149.

Schlicksupp, H.: Kreativ-Workshop - Ideenfindungs-, Problemlösungs- und Innovationskonferenzen planen und veranstalten, Würzburg 1993.

Schmidt, K.: Öko-Kultur entwickeln, in: w&v, Nr. 36/1992, S. 118.

Schmidt, U.: Wettbewerbsvorteile durch umweltschutzorientiertes Marketing, in: Marktforschung & Management, Nr. 4/1989, S. 128-134.

Schneider, D. J. G./Wührer, G. A.: Unternehmenskultur und CI-Strategie, in: JfB Journal für Betriebswirtschaft, Nr. 4/1991, S. 138-154.

Schneider, D. J. G.: Corporate Identity, Corporate Culture und Corporate Image als strategische Erfolgsfaktoren, in: Marktforschung & Management, Nr. 4/1989, S. 103-109.

Schneider, W./Müller, S./Mai, T.: Kommunikationswirkung von Sozio-Sponsoring - Erfolgskontrolle mit Hilfe eines experimentellen Designs, in: Marktforschung & Management, Nr. 3/1991, S. 129 - 134.

Schoch, R. B.: Sponsoren und Sponsoring, in: Wissen, Einstellungen und Meinungen in der Öffentlichkeit, in: Thexis, Nr. 6/1988, S. 28-33.

Schönle, A.: "Diesen Beitrag widmet ihnen ..." - Medien-Sponsoring 90: Untersuchungsergebnisse aus der Region München, in: Werbeforschung & Praxis, Nr. 5/1990, S. 168-174.

Schreiber, R. L.: Ökomarketing: Die Management-Jahrhundertaufgabe, in: Marketing ZFP Zeitschrift für Forschung und Praxis, Nr. 4/1985, S. 291-292.

Schreiner, M.: Marketing und Umwelt: Neuorientierung zum Öko-Marketing, in: Gablers Magazin, Nr. 10/1988, S. 36-39.

Schreiner, M.: Umweltorientierung als Marketingperspektive, in: Umweltorientierung schafft Wettbewerbsvorteile, Protokoll vom 30. Würzburger Werbefachgespräch am 20./21.2.1992, Würzburg 1992, S. 8-19.

Schubert, G.: Arbeitstage Kultursponsoring, 4./5.11.88, Schloß Reichartshausen, Nachlese, S. 30-31.

Schuh, A.: Vom instrumentellen zum identitätsgestützten Sponsoring, in: Thexis, Nr. 6/1988, S. 15-19.

Schürmann, P. H.: Sponsoring: Unternehmerisches Geldverschenken verliert seine Unschuld!, in: io Management Zeitschrift, Nr. 6/1988, S. 296-298.

Schweiger, G.: Das Image des Herkunftslandes als Grundlage für den Imagetransfer zwischen Landes- und Markenimage, in: Werbeforschung & Praxis, Nr. 3/1990, S. 57-59.

Schweiger, G.: Imagetransfer - Ergebnisse von empirischen Imagetransferstudien zum Thema "Österreichische Exportwerbung", in: der markt, Nr. 4/1989, S. 159-177.

Schweiger, G.: Imagetransfer - Kann ein neues Produkt durch "gemeinsamen Markennamen" von einem eingeführten Produkt profitieren?, in: Marketing Journal, Nr. 4/1982, S. 321-322.

Schweitzer, M./Friedl, B.: Beitrag zu einer umfassenden Controlling-Konzeption, in: Spremann, K./Zur, E. (Hrsg.): Controlling: Grundlagen - Informationssysteme - Anwendungen, Wiesbaden 1992, S. 141-167.

Scior, W.: Der Bedingungsrahmen für die unternehmensinterne Öffentlichkeitsarbeit, in: Haedrich, G./Barthenheier, G./Kleinert, H. (Hrsg.): Öffentlichkeitsarbeit - Ein Handbuch, Berlin - New York 1982, S. 77-91.

Secord, P.F./Backman, C.W.: Social psychology, New York 1964, zitiert nach Staehle, W.: Management, 6., überarbeitete Auflage, München 1991, S. 159.

Seffer, A. M.: Juristische Aspekte der Umweltwerbung, in: Werbeforschung & Praxis, Nr. 1/1992, S. 16-21.

Seiler, P.: Spendenmarkt und Spendenmarketing in der Bundesrepublik Deutschland - Eine kritische Analyse, Diplomarbeit an der Universität Augsburg, Wirtschafts- und Sozialwissenschaftlicher Fachbereich, Augsburg 1984.

Signitzer, B.: Aspekte neuerer Public Relations Theorie und wissenschaftliche PR-Beratung, in: pr-magazin, Nr. 11/1989, S. 31-42.

Silberer, G.: Wertewandel und Werteorientierung in der Unternehmensführung, in: Marketing ZFP Zeitschrift für Forschung & Praxis, Nr. 2/1991, S. 77-85.

Simkins, J.: Sponsorship 1980/81, The Economist Intelligence Unit, Special Report No. 86, London.

Slany, H. E.: Erlebniskomponenten im Investitionsgüter-Design - Bereichsübergreifende Entscheidungsprozesse für verwendergerechte Produkte, in: Marktforschung & Management, Nr. 1/1988, S. 15-18.

Sonderegger, R.: Ökomarketing - Ein pragmatischer Ansatz bei der Marktleistungsgestaltung in der Kunststoffbranche, in: VM International, Nr. 5/1991, S. 19-21.

Spiegel, B./Nowak, H.: Image und Image-Analyse, in: Marketing Enzyklopädie, Bd. 1, Das Marketing-Wissen unserer Zeit in drei Bänden, München 1974.

Spiegel-Dokumentation (Hrsg.): Innovatoren, Hamburg 1988.

Spindler, G. P.: Das Unternehmen in kritischer Umwelt - Öffentlichkeitsarbeit zwischen Macht und Menschen, Frankfurt a. M. 1987.

Staehle, W.H.: Management, 6., überarbeitete Auflage, München 1991.

Stelzer, J.: Im Schlepptau der Heroen, in: Management Wissen, Nr. 12/1990, S. 55-60.

Stippel, P.: Zehn Jahre ist es her - Budget-Planung 1994, in: absatzwirtschaft, Nr. 10/1993, S. 104-107.

Stitzel, M.: Ökologische Ethik und wirtschaftliches Handeln, in: Schauenberg, B. (Hrsg.): Wirtschaftsethik - Schnittstellen von Ökonomie und Wissenschaftstheorie, Wiesbaden 1991, S. 101-116.

Stöhlker, K. J.: Bieten Sie Corporate Prestige - Denn Kunden suchen nicht nur Leistung, Qualität und Sicherheit bei den Marken, in: Marketing Journal, Nr. 1/1992, S. 44-47.

Strenski, J. B.: Marketing Public Relations Sells: Case Studies Prove it, in: Public Relations Quarterly, Frühjahr 1991, S. 25-26.

Strothmann, K.-H./Böttger, C./Erichsson, S./Prüser, S./Ginter, T.: Kundenzufriedenheit nach Kaufentscheid, Fachreihe Dialog der Marktpartner, Nr. 12, Würzburg 1991.

Strothmann, K.-H./Kliche, M.: Innovationsmarketing - Markterschließung für Systeme der Bürokommunikation und Fertigungsautomation, Wiesbaden 1989.

Strothmann, K.-H./Simon, D./Prüser, S./Ginter, T.: Kundenzufriedenheit in Investitionspausen, Fachreihe Dialog der Marktpartner, Nr. 14, Würzburg 1993.

Strothmann, K.-H.: Corporate Identity: Das Grundgesetz des Unternehmens, in: Marketing Journal, 6/81, S. 597-598.

Strothmann, K.-H.: Das Verhältnis von Firmen- und Produkt-Image. Vortrag auf dem 4. Forum für die Industriewerbung in Deutschland 8./9.11.1973, Die Welt, Hamburg 1973.

Strothmann, K.-H.: Dienstleistung - Das Instrument im Marketing für innovative Systeme, in: Hofmaier, R. (Hrsg.): Investitionsgüter- und High-Tech-Marketing (ITM), Landsberg/Lech 1992.

Strothmann, K.-H.: Image-Politik für innovative Technologien, in: innovation, Nr. 1/1986, S. 53 ff.

Strothmann, K.-H.: Image-Politik für innovative Technologien, in: Meynen, H. (Hrsg.): Jahrbuch der Industriewerbung 1986, Wiesbaden 1986, S. 53.

Strothmann, K.-H.: Innovationsmarketing, Herausforderungen für Theorie und Praxis, in: Baaken, T./Simon, D. (Hrsg.): Abnehmerqualifizierung als Instrument des Technologie-Marketing, Berlin 1987, S. 181-200.

Strothmann, K.-H.: Innovatoren - Eine Pilotstudie zum Innovationsmarketing in Maschinenbau und Elektroindustrie, Hamburg 1988.

Strothmann, K.-H.: Investitionsgütermarketing, München 1979.

Strothmann, K.-H.: Zeigen Sie auch auf der Messe Ihr sozio-ökologisches Engagement, in: Marketing Journal, Nr. 5/1989, S. 490.

Strothmann, K.-H.: Zur gegenwärtigen und künftigen Situation der Investitionsgüter-Werbung, in: Rost, D./Strothmann, K.-H. (Hrsg.): Handbuch Werbung für Investitionsgüter, Wiesbaden 1983, S. 23-37.

Stubenvoll, R.: Mehr Verständnis für die Freizeit - Das B.A.T Freizeit-Forschungsinstitut als Beispiel für aktives Wissenschafts-Sponsoring, in: Strahlendorf, P. (Hrsg.): Jahrbuch Sponsoring 1991, Düsseldorf - Wien - New York 1991, S. 142-147.

Tafertshofer, A.: Corporate Identity - Magische Formel als Unternehmensideologie, in: Die Unternehmung - Schweizerische Zeitschrift für Betriebswirtschaft, Nr. 1/1982, S. 11-25.

Thiel, E.: Sport und Sportler - Image und Marktwerk: Einsatzmöglichkeiten im Marketing, Landsberg am Lech 1991.

Tietz, B.: Die Grundlagen des Marketing, II. Band, Die Marketing-Politik II, München 1975.

Tödtmann, C.: Bitterer Beigeschmack - Deutsche Unternehmen polieren mit Spenden für Attentatsopfer ihr Image auf, in: Wirtschaftswoche, Nr. 29/1993, S. 43.

Tomczak, T./Belz, C.: Marketingbudgets in der Rezession, in: Thexis, Nr. 5/6/1993, S. 14-21.

Trappschuh, E.: Sponsoring-Euphorie, in: Handelsblatt, vom 1.3.1988, S. 27.

Troll, K. F.: Bandenwerbung: Aufstiegschancen für Recall-Werte, in: absatzwirtschaft, Nr. 3/1983, S. 38-42.

Troll, K. F.: Wirkung von Bandenwerbung - Bericht über ein Pilotprojekt, in: GfK Nürnberg, Gesellschaft für Konsum-, Markt- und Absatzforschung o.V. (Hrsg.): Jahrbuch der Absatz- und Verbrauchsforschung, Nr. 3/1983, S. 201-221.

Trommsdorff, V./Schuster, H.: Strategie- und Imageplanung für junge Technologiefirmen, absatzwirtschaft, Nr. 9/85.

Tschechne, M.: Wes Brot ich eß..., in: art, Nr. 1/89, S. 65-74.

Vester, F.: Neuland des Denkens - Vom technokratischen zum kybernetischen Zeitalter, 7. Auflage, Stuttgart 1984.

Volk, H.: An ihren Taten sollt Ihr sie erkennen, in: VM International, Nr. 7-8/1990, S. 47-49.

von Keller, V.: Maecenas' Erben, in: Wirtschaftswoche, Nr. 47, 16.11.90, S. 128-142.

von Lersner, H.: Messen + Ausstellungen - Umwelt-Schutz ist machbar, in: Marketing Journal, Nr. 4/1992, S. 354-357.

von Matt, D.: Nützt die Dach-Marke dem Images Ihres Angebotes - oder nur Ihrem eigenen? in: Marketing Journal, Nr. 2/1990, S. 170-172.

von Rosenstiel, L./Ewald, G.: Marktpsychologie, Bd. II, Psychologie der absatzpolitischen Instrumente, Stuttgart 1979, S. 40 f.

von Specht, A. D.: Sponsorship als Marketinginstrument, in: Markenartikel, Nr. 11/1986, S. 514-519.

Vorwerk, K.: Rechtliche Dimensionen des Sponsoring, in: Strahlendorf, P. (Hrsg.): Jahrbuch Sponsoring 1991, Düsseldorf - Wien - New York 1991, S. 20-27.

Wachta, H.: Machen wir ein bißchen "In Sponsoring"! Über das komplizierte Verhältnis Sponsor - Gesponserter - Medien beim Kultursponsoring, in: Werbeforschung & Praxis, Nr. 6/1990, S. 203-207.

Wachta, H.: Umweltbilanzen - Ein neues PR-Instrument, in: Werbeforschung & Praxis, Nr. 2/1990, S. 47-49.

Wagner-Fox, P./Kett, I.: Strategisches Umwelt-Management - Ein noch weitgehend ungenutztes Potential, in: Marketing Journal, Nr. 5/1992, S. 444-448.

Walkhoff, G.: Entwicklung und Perspektiven des Sport-Sponsoring in Deutschland, in: Strahlendorf, P. (Hrsg.): Jahrbuch Sponsoring 1992, Düsseldorf - Wien - New York - Moskau 1992, S. 37-47.

Walleck, A. S./O'Halloran, J. D./Leader, C. A.: Benchmarking worldclass performance, in: The McKinsey Quarterly, Nr. 1/1991, S. 3-24.

Webster, F. E./Wind, Y.: A General Model of Organizational Buying Behavior, in: Journal of Marketing, Nr. 36/1972, S. 15.

Wegerhoff, S.: Sponsoring im Kunst- und Kulturbereich, in: Strahlendorf, P. (Hrsg.): Jahrbuch Sponsoring 1992, Düsseldorf - Wien - New York - Moskau 1992, S. 48-57.

Weidner, L. E.: Sponsoring - ein Beispiel für den neuen Dialog: Innovatives Programm wird ausgefüllt, in: Marketing Journal, Nr. 6/1986, S. 555.

Weinhold-Stünzi, H.: Sponsoring als Idee und als Instrument, in: Thexis, Nr. 6/1988, S. 2.

Weiss, P. A.: Die Kompetenz von Systemanbietern - Ein neuer Ansatz im Marketing für Systemtechnologien, Berlin 1992.

Weissman, A./Weßner, K.: Visionäre Marktforschung: Fit für die Zukunft, in: absatzwirtschaft, Nr. 4/1994, S. 36-40.

Wheeler, M.: Ethics and the Sports Business, in: Business Ethics - A European Review, Nr. 1/1994, S. 8-15.

Wiedmann, K.-P.: Konzeptionelle und methodische Grundlagen der Früherkennung, in: Raffée, H./Wiedmann, K.-P.: Strategisches Marketing, 2. Auflage, ungekürzte Sonderausgabe, Stuttgart 1989, S. 301-348.

Wiedmann, K.-P.: Public Marketing und Corporate Communications als Bausteine eines strategischen und gesellschaftsorientierten Marketing, Arbeitspapier Nr. 38 des Instituts für Marketing, Universität Münster, Mannheim 1986.

Wiegandt, W./Eisenbarth, T.: Selbstläufer - Umweltmanagement hat keine Chance, wenn die Mitarbeiter nicht mitziehen, in: manager magazin Spezial Nr. 2/1991, S. 77-80.

Wiegel, C.-H.: Optimale Unternehmensimagepolitik, Frankfurt a.M./Bern/New York 1983.

Wilde, C.: Product Placement - Ein vieldiskutiertes Kommunikations-Instrument stellt sich vor, in: Marketing Journal, Nr. 2/1986, S. 182-183.

Wilkening, H.-R.: Corporate Identity - auf die Umsetzung kommt es an: Glaubwürdigkeit und Engagement der Führungskräfte bestimmen den Erfolg, in: Blick durch die Wirtschaft, vom 29.10.1991, S. 7.

Wilkes, M. W.: "Sozial-Erfindungen" - Ein bedeutsamer Weg im "Quality of life"-Konzept des Marketing, in: Marketing Journal, Nr. 6/1991, S. 524-526.

Wimmer, H.: Möglichkeiten und Grenzen des Sponsoring im Rahmen der Marketingaktivitäten von Anbietern, Diplomarbeit an der Universität Augsburg, Wirtschafts- und sozialwissenschaftliche Fakultät, Augsburg 1987.

Winter, G.: Das umweltbewußte Unternehmen, Ein Handbuch der Betriebsökonomie mit 28 Checklisten für die Praxis, 5., vollständig neubearbeitete Auflage, München 1993.

Wirz, J.: Sponsoring - Eine skeptische Einstellung kann durchaus hilfreich sein, in: Marketing Journal, Nr. 4/1988, S. 390-395.

Witcher, B./Craigen, J. G./Culligan, D./Harvey, A.: The Links Between Objectives and Function in Organizational Sponsorship, in: International Journal of Advertising, Nr. 10/1991, S. 13-33.

Witt, G./Angenendt, C.: Wege der Wirkungskontrolle beim Sponsoring, in: planung und analyse, Nr. 3/1992, S. 10-14.

Wöhe, G.: Einführung in die Allgemeine Betriebswirtschaftslehre, 17., überarbeitete und erweiterte Auflage, München 1990.

Wöhrle, M.: Imagebildung als Ziel von PR-Prozessen, in: pr magazin, Nr. 8/1987, S. 23-30.

Wolfrum, B./Rasche, C.: Kompetenzorientiertes Management, in: Thexis, Nr. 5/6/1993, S. 65-70.

Wünsch, B.: Umwelt steht vor Rock und Pop - Studie über Kultur-, Sozio- und Ökosponsoring: Hohe Akzeptanzwerte, in: Horizont, Nr. 2/1991, S. 9.

Würzberg, H. G.: Sport-Sponsoring - Ergebniskontrolle, in: Strahlendorf, P. (Hrsg.): Jahrbuch Sponsoring 1991, Düsseldorf - Wien - New York 1991, S. 28- 36.

Zahn, E.: Konzentration auf Kompetenz - ein Paradigmawechsel im Strategischen Management?, in: Zahn, E. (Hrsg.): Erfolg durch Kompetenz - Strategie der Zukunft, Stuttgart 1992, S. 1-38.

Zanoni, U.: Sportmarketing von Start bis Ziel - Über Imagewerbung und die "schönste Nebensache", in: Horizont, Nr. 39/1988, S. 51.

Zastrow, H.: Neue Mafo-Erkenntnisse über die Wirkung von Sponsoring, in: Strahlendorf, P. (Hrsg.): Jahrbuch Sponsoring 1992, Düsseldorf - Wien - New York - Moskau 1992, S. 18-24.

ZAW (Hrsg.): Werbung in Deutschland 1993, Bonn 1993.

Zedtwitz-Arnim, G.V. Graf von: Tue Gutes und rede darüber, Public Relations für die Wirtschaft, Berlin/FfM/Wien 1961.

Zillesen, R./Rahmel, D.: Umweltsponsoring, Frankfurt a.M. 1991.

Zorn, E.: Entwicklungen im Bereich des Sozio- und Kultursponsoring, in: Meffert, H./Wagner, H. (Hrsg.): Sponsoring, Dokumentation des Workshops vom 16.11.89, S. 37-49.

GPSR Compliance

The European Union's (EU) General Product Safety Regulation (GPSR) is a set of rules that requires consumer products to be safe and our obligations to ensure this.

If you have any concerns about our products, you can contact us on ProductSafety@springernature.com

In case Publisher is established outside the EU, the EU authorized representative is:

Springer Nature Customer Service Center GmbH
Europaplatz 3
69115 Heidelberg, Germany

Batch number: 10815974

Printed by Printforce, the Netherlands